"十四五"职业教育国家规划教材

"十三五"职业教育国家规划教材

汽车电工电子基础

（第2版）

主　编　林俊标　盛国超

副主编　林振昺　高　辉　张江涛

参　编　杨少妹　江国奋　陈达燊　刁维芹

机械工业出版社

本书是“十四五”职业教育国家规划教材，主要介绍了直流电路、电磁器件、交流电路、常见半导体器件和简单数字电路5个模块。每个模块分设不同的任务，通过任务引领和理论学习，使读者正确运用工具设备连接和检测电路，厘清不同电路的特点，掌握正确的电路分析方法，为汽车电气设备、汽车电控系统和新能源汽车的学习奠定坚实的基础。

本书准确地体现了职业教育的特点，按照模块化编写体例，以工作岗位所需的知识和技能为出发点，理论内容“够用、实用”，实训内容贴合工作一线实际，易懂易学。

本书采用彩色印刷，版式活泼，同时运用了“互联网+”技术，在教材相关知识点附近设置了实训视频，以二维码形式嵌入，方便教学。

本书可作为职业教育汽车类专业的教材，也可作为汽车维修企业技术人员的参考用书。

为方便教学，本书配有电子课件、电子教案等资源。凡选用本书作为授课教材的教师，均可登录 www.cmpedu.com 以教师身份注册后免费下载，或来电咨询：010-88379201。

图书在版编目（CIP）数据

汽车电工电子基础/林俊标，盛国超主编. —2版（修订版）. —北京：机械工业出版社，2022. 12（2025. 8重印）
“十三五”职业教育国家规划教材
ISBN 978-7-111-71830-7

Ⅰ. ①汽… Ⅱ. ①林…②盛… Ⅲ. ①汽车—电工技术—职业教育—教材②汽车—电子技术—职业教育—教材 Ⅳ. ①U463.6

中国版本图书馆CIP数据核字（2022）第193937号

机械工业出版社（北京市百万庄大街22号 邮政编码100037）
策划编辑：师 哲 责任编辑：师 哲 于志伟
责任校对：贾海霞 王明欣 封面设计：张 静
责任印制：常天培
北京瑞禾彩色印刷有限公司印刷
2025年8月第2版第17次印刷
210mm×285mm · 12印张 · 222千字
标准书号：ISBN 978-7-111-71830-7
定价：49.80元

电话服务 网络服务
客服电话：010-88361066 机 工 官 网：www.cmpbook.com
010-88379833 机 工 官 博：weibo.com/cmp1952
010-68326294 金 书 网：www.golden-book.com
封底无防伪标均为盗版 机工教育服务网：www.cmpedu.com

关于“十四五”职业教育
国家规划教材的出版说明

为贯彻落实《中共中央关于认真学习宣传贯彻党的二十大精神的决定》《习近平新时代中国特色社会主义思想进课程教材指南》《职业院校教材管理办法》等文件精神，机械工业出版社与教材编写团队一道，认真执行思政内容进教材、进课堂、进头脑要求，尊重教育规律，遵循学科特点，对教材内容进行了更新，着力落实以下要求：

1. 提升教材铸魂育人功能，培育、践行社会主义核心价值观，教育引导学生树立共产主义远大理想和中国特色社会主义共同理想，坚定“四个自信”，厚植爱国主义情怀，把爱国情、强国志、报国行自觉融入建设社会主义现代化强国、实现中华民族伟大复兴的奋斗之中。同时，弘扬中华优秀传统文化，深入开展宪法法治教育。

2. 注重科学思维方法训练和科学伦理教育，培养学生探索未知、追求真理、勇攀科学高峰的责任感和使命感；强化学生工程伦理教育，培养学生精益求精的大国工匠精神，激发学生科技报国的家国情怀和使命担当。加快构建中国特色哲学社会科学学科体系、学术体系、话语体系。帮助学生了解相关专业和行业领域的国家战略、法律法规和相关政策，引导学生深入社会实践、关注现实问题，培育学生经世济民、诚信服务、德法兼修的职业素养。

3. 教育引导学生深刻理解并自觉实践各行业的职业精神、职业规范，增强职业责任感，培养遵纪守法、爱岗敬业、无私奉献、诚实守信、公道办事、开拓创新的职业品格和行为习惯。

在此基础上，及时更新教材知识内容，体现产业发展的新技术、新工艺、新规范、新标准。加强教材数字化建设，丰富配套资源，形成可听、可视、可练、可互动的融媒体教材。

教材建设需要各方的共同努力，也欢迎相关教材使用院校的师生及时反馈意见和建议，我们将认真组织力量进行研究，在后续重印及再版时吸纳改进，不断推动高质量教材出版。

机械工业出版社

前 言

本书立足2021年教育部颁布的职业教育专业目录，满足新时代汽车产业“智能化、网联化、电动化、共享化”发展对汽车生产制造和售后服务等岗位（群）的要求，对初版教材相关内容进行了更新与完善。

1. 本书将文化教育与素质教育相融合，以专业人才培养目标为依据，以所在专业能力结构为主线，贯彻落实党的二十大精神，用社会主义核心价值观铸魂育人。文字简洁、通俗易懂、图文并茂、形象直观，在培养学生专业能力的同时，关注学生身心的健康发展，坚定学生的理想信念，加强职业道德与爱国主义的教育，激发学生的家国情怀和使命担当，培养学生的工匠精神，培养适合新时代发展需要的高素质人才。

2. 在教材开发与更新上严格遵循《职业院校教材管理办法》，坚持立德树人，体现以学生为中心，突出教材的职教特色和育人载体功能。

3. 在内容选择上紧贴汽车产业的实际生产场景，进一步体现教材对技术进步的反应速度，也充分体现教材的角色匹配性、易读性、实践性、职业性和兼顾性等。

4. 在呈现形式上，依托福建省精品课程建设，更新了教材配套资源，开发有视频、动画、图片素材、课件、电子教案、习题集和试卷等，同时紧抓数字化机遇，将二维码等数字技术融入教材，使本书内容立体化、可视化、数字化，能够满足“人人皆学、处处能学、时时可学”的学习需要，助力学生学习成长，进一步丰富、优化、更新教材数字化资源，推进教育数字化。

5. 教材的教学资源均已上传至福建职业教育与终身教育网和超星学习通课程平台，并已开展丰富的信息化教学实践，读者可登录https：//mooc1.chaoxing.com/course/205654866.html，获取教学资源，开展线上线下融媒体教学。

6. 根据汽车专业领域技能大赛规程和职业技能等级证书标准要求，对有关内容进行了调整与修改，为学生将来参加职业技能大赛和考取职业技能等级证书打下坚实基础，充分体现“岗课赛证”综合育人的理念。

本书由林俊标、盛国超任主编，林振昺、高辉、张江涛任副主编，杨少妹、江国奋、陈达燊、刁维芹参与了编写，全书由林俊标负责统稿。

由于编者水平有限，书中不妥之处在所难免，敬请广大读者批评指正。

编者

二维码索引

目　录

模块一　直 流 电 路

【模块描述】

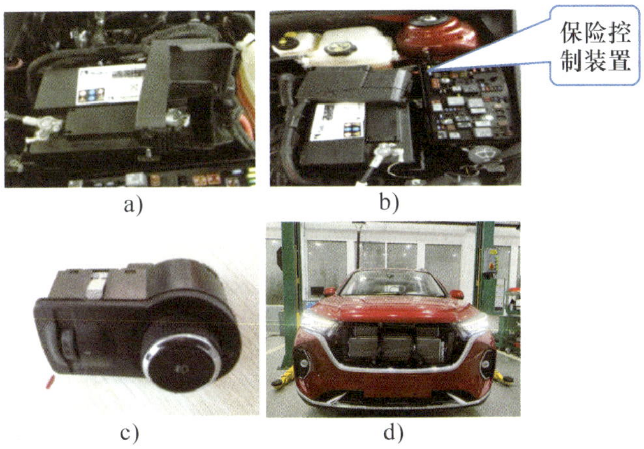

图 1-1　雪佛兰科鲁兹车灯工作所需的要素及位置

a）蓄电池　b）保险控制装置位置　c）灯组合控制开关　d）左右前照灯

本模块主要借助雪佛兰科鲁兹汽车车灯实际控制电路、数字万用表和 EWB 仿真软件，把直流电路中的各种隐性、抽象的知识点或概念，如电流、电压、电位、功率、欧姆定律、电路的 3 种状态及基尔霍夫定律等内容，通过直观的动手实践或仿真实验进行介绍。科鲁兹汽车所用蓄电池、灯控制开关、保险控制装置及前照灯位置如图 1-1 所示。打开汽车发动机舱盖后，可以发现蓄电池的位置，如图 1-1a 所示，保险控制装置所处的位置如图 1-1b 所示，打开车门可以发现灯组合控制开关所处的位置如图 1-1c 所示，左右前照灯位置如图 1-1d 所示。

想一想

要让图 1-1 中雪佛兰科鲁兹的这些灯亮起来，需要哪些条件？

任务一　认知汽车检修数字万用表

【任务目标】

知识目标：	核心素养：	技能目标：
1）熟知多一牌 DY2201B 汽车检修数字万用表的结构和作用； 2）牢记万用表使用注意事项。	树立规范使用仪表的意识，养成爱护仪器仪表和精益求精的工作态度。	1）熟练掌握万用表的操作方法； 2）熟练掌握万用表测量电源电压（包括搭铁）、电流和电阻的操作方法。

建议课时：2 课时。

【任务描述】

万用表是电工电子设备调试、检测及维护不可或缺的工具。常用的万用表有模拟式和数字式两大类，本任务借助多一牌 DY2201B 数字万用表蜂鸣档的使用，来介绍其使用方法和注意事项。DY2201A 数字万用表的外观和功能与其相似，可参照使用。

【任务实施】

一、器材

练习使用图 1-2 所示的 DY2201B 数字万用表蜂鸣档。

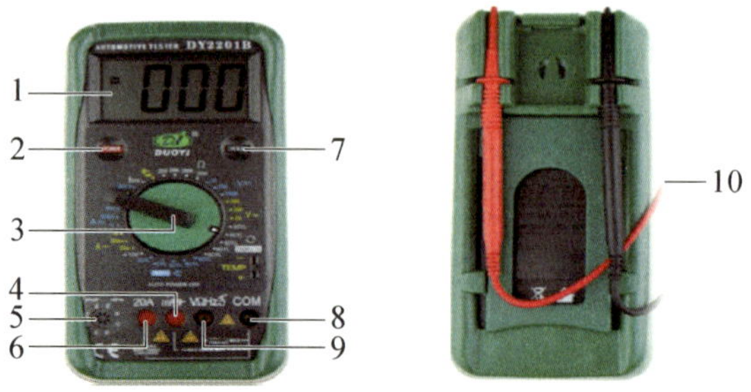

a)　　b)

图 1-2　多一牌 DY2201B 数字万用表的结构

a）前面板　b）背部结构

1—数字液晶显示屏　2—Power（电源开关）按钮　3—档位选择旋钮　4—mA 电流测量红表笔插孔　5—晶体管放大倍数测试引脚插孔　6—20A 电流测量红表笔插孔　7—Hold（锁屏）按钮　8—黑表笔插孔　9—测量 VΩHzC 红表笔插孔　10—表笔

二、蜂鸣档的使用

1. 插入表笔

把红表笔插入 DY2201B 数字万用表的 VΩHzC 插孔，黑表笔插入 COM 插孔，如图 1-3 所示。

2. 选择档位

旋转档位选择旋钮，旋钮上的指示点指向蜂鸣器档，如图 1-4 所示。

3. 打开电源

按下 Power 按钮，显示屏显示“1”的字样。

4. 检测

将红、黑表笔的测量端短接，如图 1-5 所示。可以听到蜂鸣器发出声音，并且显示屏显示数字“0”，表示数字万用表的蜂鸣器档及表笔连接正常。如果听不到蜂鸣器发出的声音，且显示屏仍旧显示“1”，说明表笔或万用表异常，需要检查。

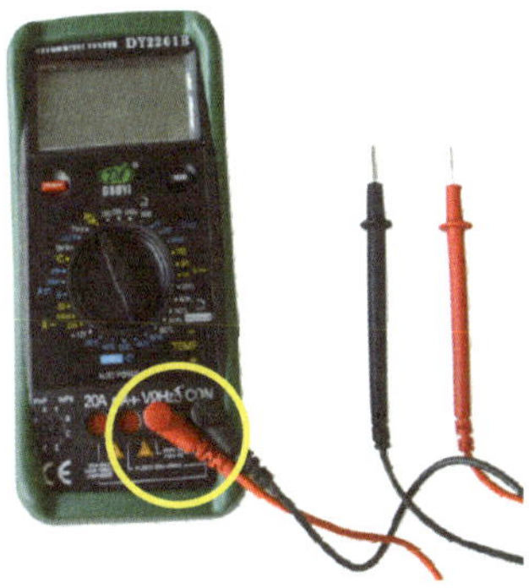

图 1-3 插入红、黑表笔

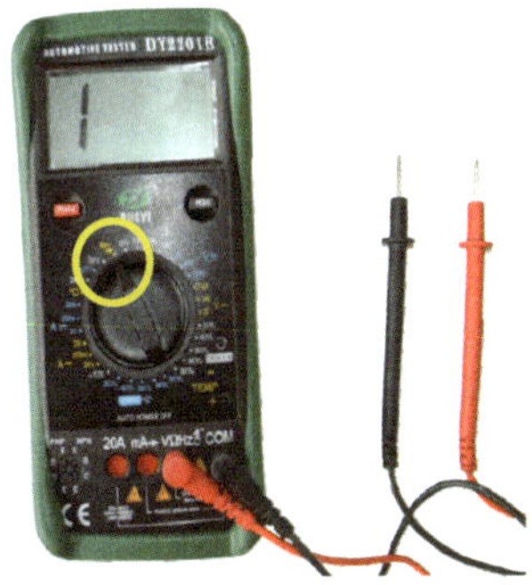

图 1-4 选择蜂鸣器档

图 1-5 红、黑表笔测量端短接

5. 仪表归位

检测完毕，按下 Power 按钮，关断电源，并把档位选择旋钮旋转至交流电压档的最大档位，收好表笔，把万用表及表笔放置在指定位置。

【检测评价】

检测评价见表 1-1。

表 1-1 检测评价

序号	评价项目	评价内容	评分细则	分值	得分
1	准备工作	插入表笔	检查表笔，把表笔置于正确位置	45	
		选择档位	动作规范合理，正确选择档位		
		打开电源	动作规范合理，正确打开电源		

（续）

序号	评价项目	评价内容	评分细则	分值	得分
2	短接测试	选择蜂鸣器档，将红、黑表笔短接	动作规范合理，正确打开档位，正确短接红、黑表笔，不能长时间短接	35	
3	素养提升	爱护仪器仪表	规范使用并爱护仪表，具有珍惜、爱护仪器仪表的工作态度	5	
		安全文明生产	按指导老师要求操作，操作完毕，把万用表归位，并进行工位清洁和整理	5	
4	时间	操作时间为 20min	操作时间为 20min，每超过 1min 扣 1 分	10	
合　计				100	
说明：每项分都是扣完为止					

扫一扫

万用表的使用

【知识链接】

一、DY2201B 数字万用表的各测量档位名称介绍

DY2201B 数字万用表的各测量档位名称如图 1-6 所示。

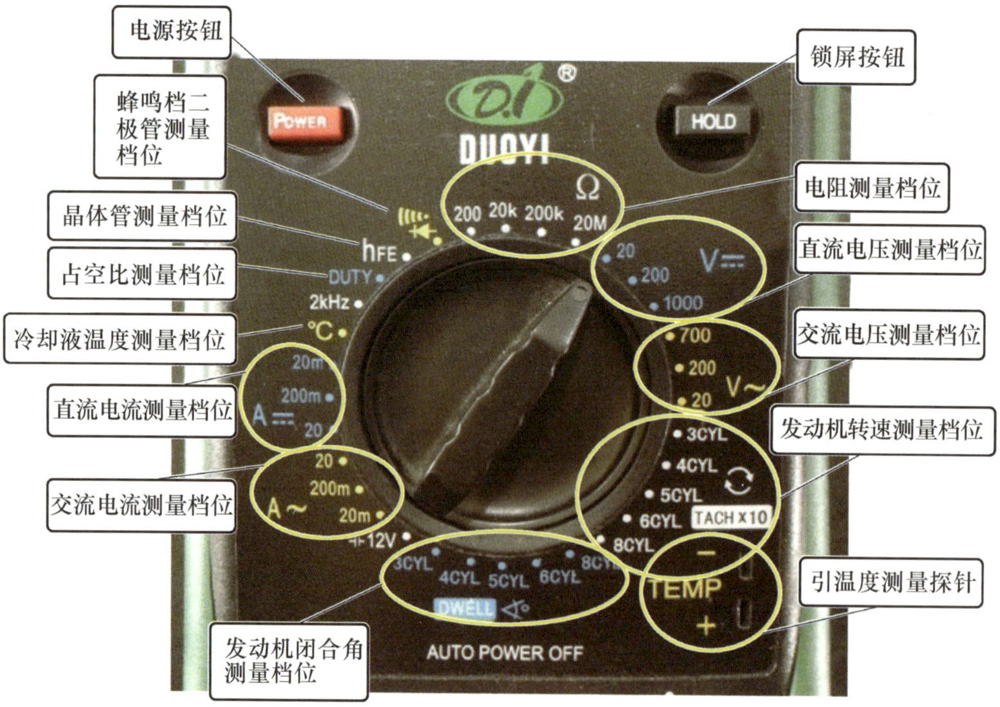

图 1-6　DY2201B 数字万用表的各测量档位名称

课堂互动

你会用图 1-6 中的数字万用表测量汽车前照灯电路中的一些物理量吗？

二、DY2201B 数字万用表的使用注意事项

1）在使用数字万用表前一定要先仔细阅读使用说明

书，了解数字万用表面板的各档位功能。

2）使用数字万用表时若出现液晶显示器不显示现象，应检查数字万用表使用的蓄电池是否正常、内部熔丝是否熔断。

3）测量前一定要根据要求，把表笔插入数字万用表上的对应孔位，并选择正确的档位。测量电路电流时，数字万用表要串接至待测电路中，红表笔是电流流入，黑表笔是电流流出；测量电压时，数字万用表要并接在待测电路或元件两端。不能误用电阻档或电流档去测电压，否则极易烧坏万用表。

4）当无法估测被测电压或电流大小时，应先用最高量程档进行估测，再选用合适的档位测量。档位越接近被测元件的真实值，测量的结果越准确。

5）测量电阻时，要先关闭电路电源连接，断开供电回路，双手不能同时触碰两支表笔的金属部分，防止人体电阻与被测电阻并联，导致测量结果不准确。

6）测量高电压时，要先选好量程，并把黑表笔预先固定在待测电压一端，再用一只手持红表笔去接触待测电压另一端。若显示屏有数字和警告符号显示时，表明待测电压超过万用表最高量程，可能会损害仪表，应停止操作。

7）数字万用表使用完毕后，应先关闭电源开关，并将档位拨至交流电压最高量程档位。

任务二 连接汽车前照灯控制电路

【任务目标】

知识目标：	核心素养：	技能目标：
1）识别汽车前照灯控制电路的结构； 2）熟记电路、电流、电压、电动势、电位、电功率、负载额定值等基本定义； 3）辨析电路3种工作状态。	爱护器材设备、仪器仪表和工量具等，养成节约耗材的工作习惯和耐心细致的工作作风。	1）掌握电路原理图的画法，会连接汽车前照灯控制电路； 2）具备用万用表检测易熔丝、断电器、灯组合开关和前照灯是否损坏的能力，掌握使用万用表判别电路工作状态的方法； 3）会使用剥线钳，能修理或更换插接器电缆端子和电线（包括焊接修复）。

建议课时：6课时。

【任务描述】

汽车前照灯根据照射距离的不同分为近光灯和远光灯。科鲁兹汽车前照灯安装位置如图 1-1 所示，汽车前照灯内各装有 1 只近光灯泡和 1 只远光灯泡。本任务通过连接前照灯控制电路，来分析电路、电流、电压、电动势、电位、电功率、负载额定值等基本概念以及电路的 3 种工作状态。

【任务实施】

一、器材

连接汽车前照灯控制电路所需器材见表 1-2。

表 1-2　连接汽车前照灯（用普通灯泡代替）控制电路所需器材

序号	名　称	实　物　图	序号	名　称	实　物　图
1	导线		6	开关	 （任务实施代替开关）  （车上实际使用灯组合控制开关）
2	斜口钳				
3	剥线钳		7	数字万用表	
4	熔丝		8	灯泡	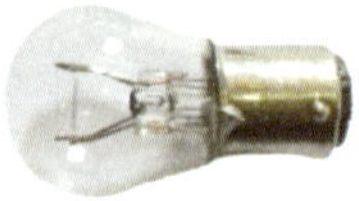 （任务实施代替灯泡）  （实际前照灯）
5	蓄电池				

二、用数字万用表检测元件

用数字万用表检测元件的方法见表 1-3。

表 1-3　用数字万用表检测元件的方法

检 测 元 件	检 测 方 法	检测示意图	读数	元 件 好 坏
熔丝	把红、黑表笔分别插入数字万用表的 VΩHzC 和 COM 插孔；把档位旋钮置于测二极管和蜂鸣器档；打开电源；把红、黑表笔与熔丝的两个引脚并接，如右图所示，观察万用表读数并记录	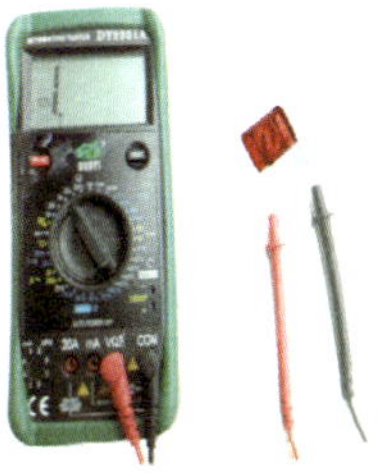		
灯组合控制开关（这里用普通开关替换）	万用表操作同上，检测如右图所示，观察万用表读数并记录（断开与闭合）	 		
前照灯电阻	表笔插入同上；把档位旋钮置于测电阻 200Ω 档；打开电源；把红、黑表笔与前照灯的两个引脚并接，如右图所示，观察万用表读数并记录	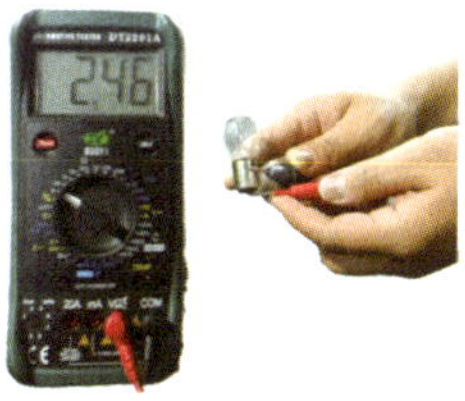		
蓄电池电压	表笔插入同上；把档位旋钮置于测直流电压 20V 档；打开电源；把红、黑表笔与蓄电池的两个正、负引脚并接，如右图所示，观察万用表读数并记录	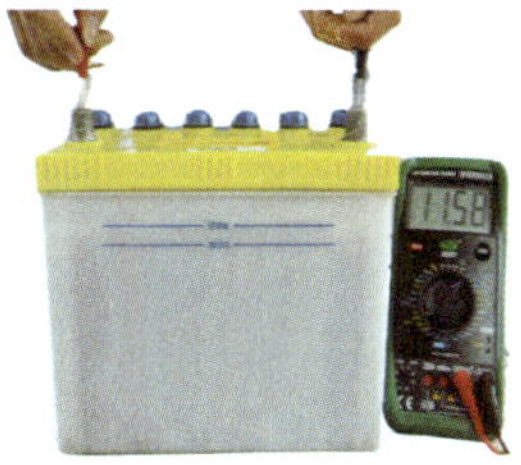		

三、连接汽车前照灯控制电路

汽车前照灯控制电路连接步骤见表 1-4。

表 1-4　汽车前照灯控制电路连接步骤

步骤	任务实施描述	实施示意图
1	根据电路连接需要，用斜口钳裁剪合适长度的导线	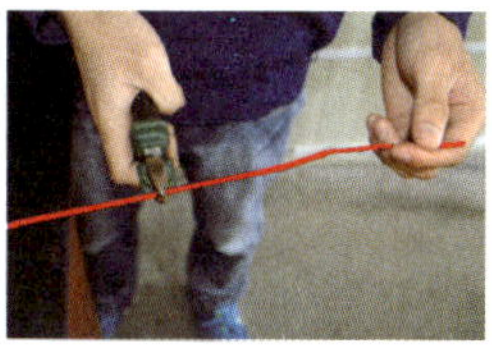

（续）

步骤	任务实施描述	实施示意图
2	按要求用剥线钳剥离裁剪下的导线两端的绝缘皮	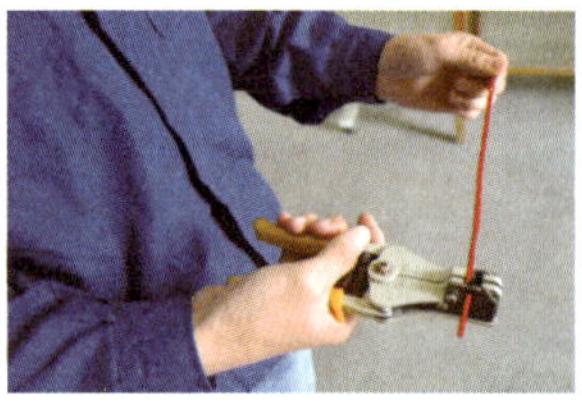
3		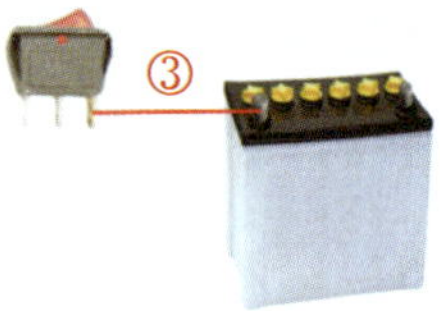
4		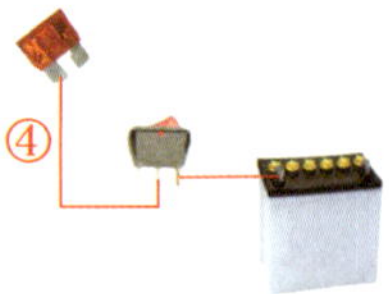
5		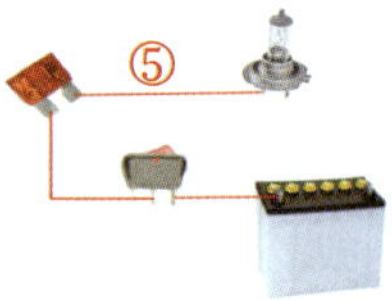
6		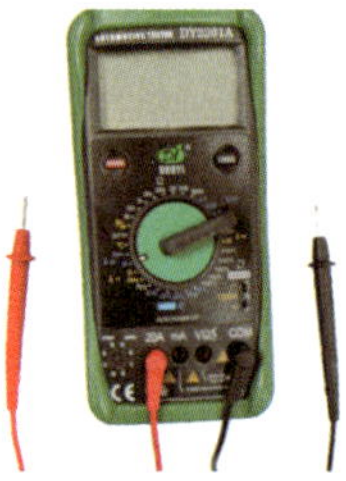
7		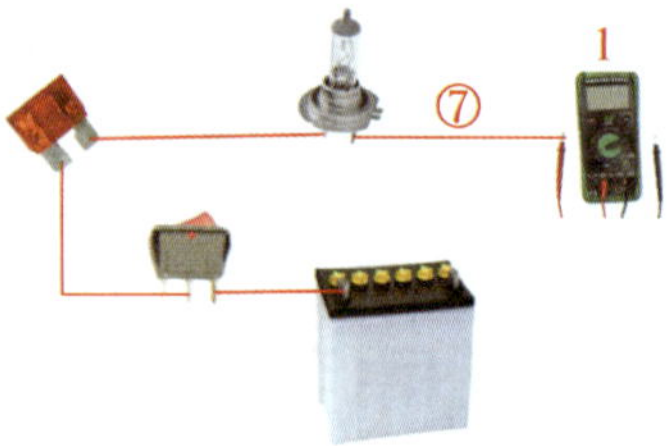
8		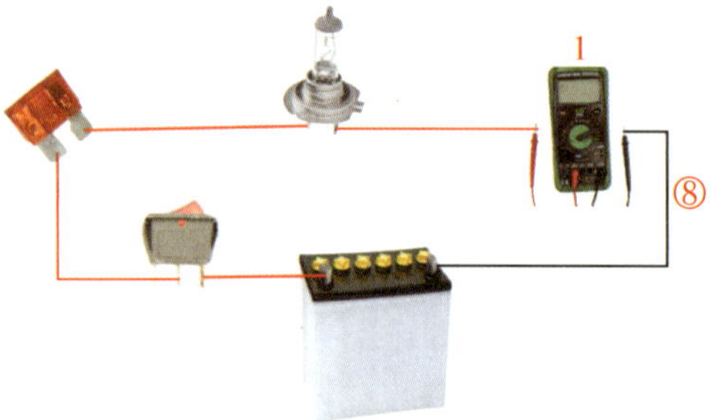

（续）

步骤	任务实施描述	实施示意图
9		
10		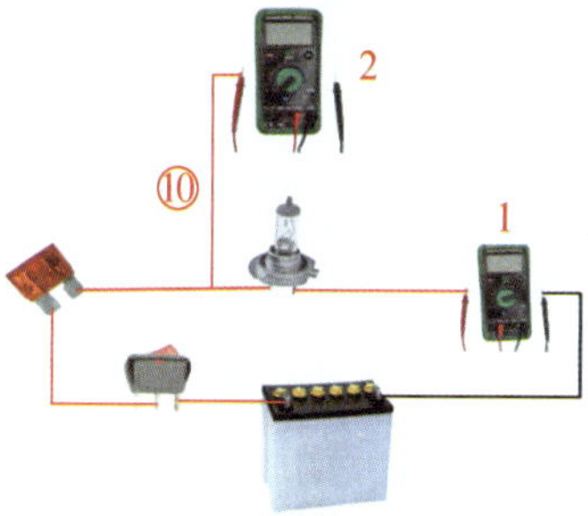
11		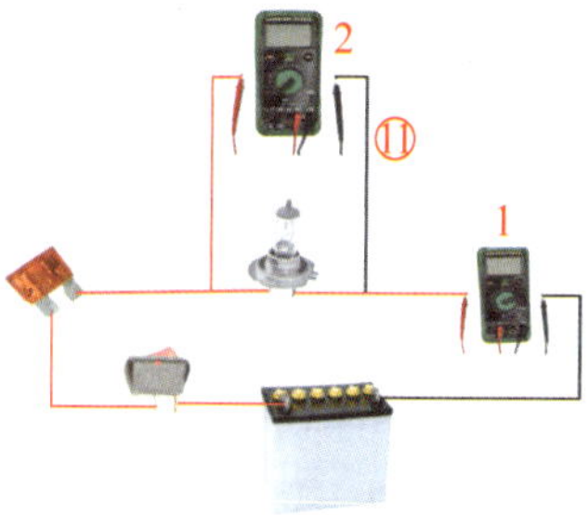
12	打开数字万用表 1、2 的电源，把灯组合控制开关置于接通状态，观察前照灯的现象及数字万用表 1、2 的读数，并记录	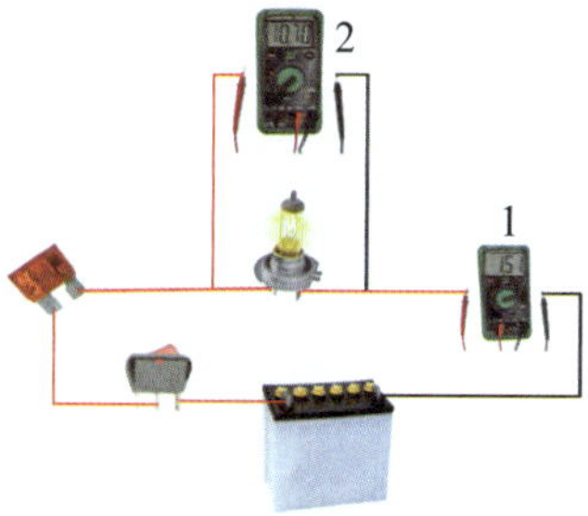
13	把灯组合开关置于 OFF 位置，对调数字万用表 1、2 的红黑表笔位置，再次接通万用表电源，并把灯组合控制开关置于接通状态，观察前照灯的现象及数字万用表 1、2 的读数，并记录	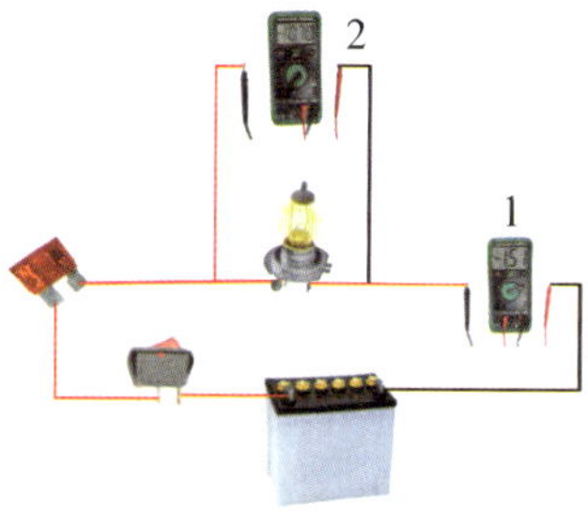
14	实训完毕，关掉电源，按要求断开连接导线，收好器件和仪表	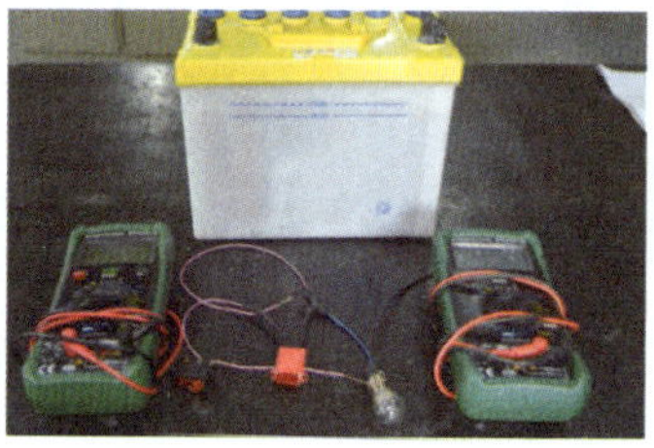

（续）

步骤	任务实施描述	实施示意图
15	实车电路连接图	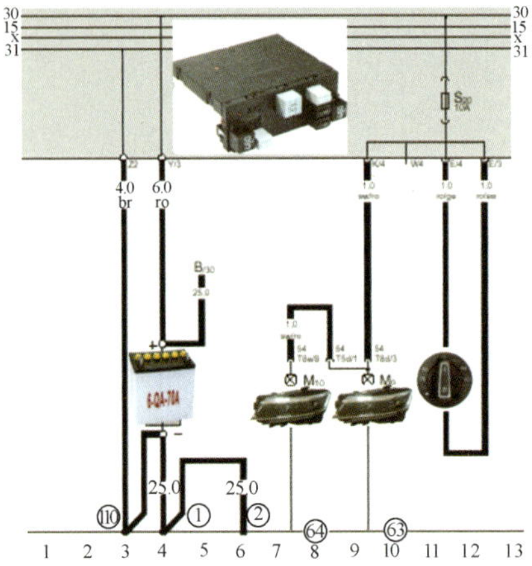

【检测评价】

检测评价见表 1-5。

表 1-5　检测评价

序号	评 价 项 目	评 价 内 容	评 分 细 则	分值	得分
1	准备工作	作业前准备	准备实训相关器材、仪表等	10	
2	连接电路	裁剪导线和剥离绝缘皮	动作规范合理，导线裁剪长度合适，绝缘皮剥离长度合适	10	
		安装表笔和选择数字万用表档位	动作规范合理，正确安装表笔，正确选择档位	15	
		连接相关电路	动作规范合理，正确连接线路，正确连接数字万用表 1，正确连接数字万用表 2	15	
3	通电测试	接通电路，观察灯泡是否点亮，并观察数字万用表数值变化	动作规范合理，通电灯亮，万用表有读数	20	
4	素养提升	勤俭节约意识	裁剪导线选择不宜过长，耗材选择不宜过量，养成勤俭节约的工作意识和行为习惯	10	
		安全文明生产	按指导老师要求操作，操作完毕，把器材仪表归位，并进行工位清洁和整理	10	
5	时间	操作时间为 25min	每超过 1min 扣 1 分	10	
合　计				100	
说明：每项分都是扣完为止					

【知识链接】

扫一扫

汽车基本电路连接

一、电路

由表 1-4 步骤 8 的实施示意图可看到：蓄电池、前照灯、熔丝、前照灯控制开关、数字万用表 1（在汽车上没用）、连接导线构成了一个完整的电路。电路是电流流经的途径，表 1-4 步骤 12 的实施示意图中，万用表 1 的读数为 1.51A，就是指汽车前照灯工作时，所流过该电路电流的大小。一个完整的电路通常是由供电设备（如蓄电池）、负载（如车灯）、中间环节 3 部分组成的。

课堂互动

万家灯火→实现电能的传输与转换

万里通信→实现信号的传递和处理

——学会归纳总结，通过电路连接的不同功能和作用，透过现象看本质的辩证思想

供电设备俗称电源，它是为电路提供电能的设备或器件，一般分为直流和交流两种供电设备。由直流电源供电的电路叫直流电路，由交流电源供电的电路叫交流电路。本模块主要介绍直流供电电路。

负载也称用电器，是消耗电能的装置。如汽车上的前照灯就是一种将电能转换成为光能的负载。

连接电源和负载的部分统称为中间环节，起传输和调节电能的作用。中间环节包括连接导线（实际设备是用连接线束，如图 1-7 所示）和电气控制器件等。常用的连接导线有铜导线和铝导线等；电气控制器件是对电路进行各种控制的元件，雪佛兰科鲁兹汽车前照灯供电电路常用的器件有车灯组合开关（见图 1-1c）、继电器或熔丝（见图 1-1b）。

图 1-7　汽车上的电路连接线束

二、电路原理图的建立

表 1-4 中，各步骤的实施示意图是用导线把各元件、仪表的实物连接起来，称为电路实物图。在实际应用中，由于一些元件实物尺寸大、画法烦琐，不利于电路图的绘制和分析，故要用一些简单的电气符号来替代实际的元件。用电气符号替代实物描述电路连接的图，称为电路原理图，简称电路图。对于表 1-4，步骤 8 的实施示意图中各元件对应的电气符号见表 1-6。

表 1-6　前照灯连接电路各元件对应的电气符号

序号	元 件 实 物	电 气 符 号	序号	元 件 实 物	电 气 符 号
1		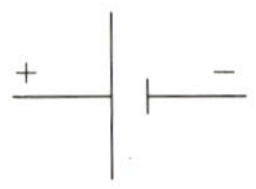	4		
2		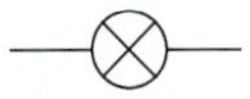	5	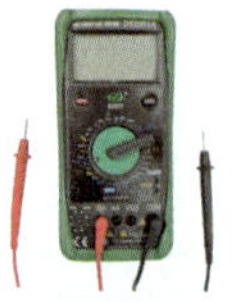	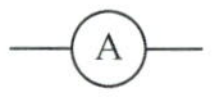
3		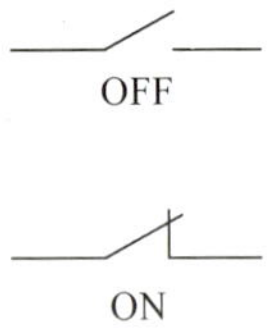	6	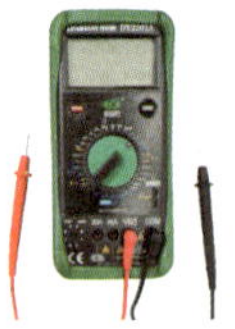	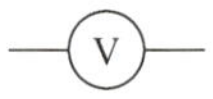

根据表 1-6 所对应的符号，我们可以把表 1-4 中步骤 8 和步骤 12 的实施示意连接图转化成如图 1-8 所示的电路图。

> **课堂互动**
>
> 实际工程电路分析考虑的问题众多，面面俱到往往使电路分析难以进行，用抽象的理想电路元件及其组合，近似地代替实际的元件，从而构成与实际电路相对应的电路模型。用工程近似的方法来分析问题，会带来误差，在误差允许的范围内是允许的。
>
> ——电路分析中的工程近似思维

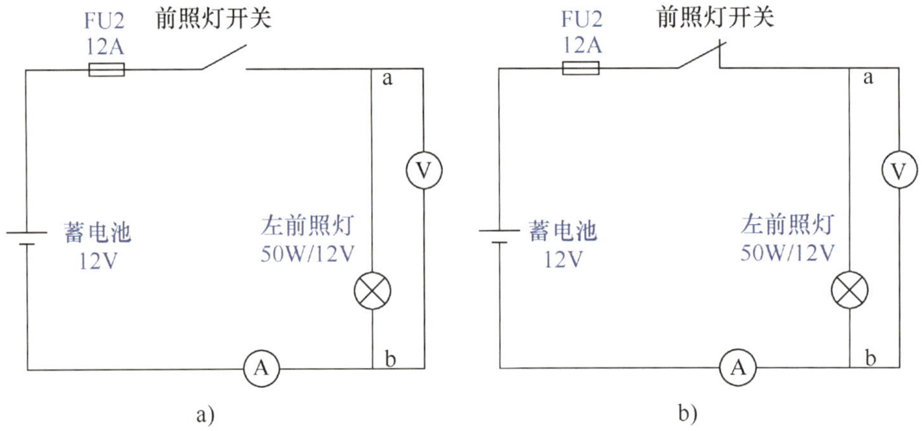

图 1-8　汽车前照灯电路原理图

a）开关处于 OFF 状态　　b）开关处于 ON 状态

电工学中，常见各种器件所对应的电气符号及文字符号见表 1-7。

表 1-7　常见各种器件所对应的电气符号及文字符号

名　称	电气符号	文字符号	名　称	电气符号	文字符号	名　称	电气符号	文字符号
电池		E	电阻		R	电容		C
电压源		U_s	可调电阻		R	可变电容		C
电流源	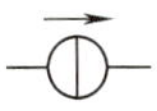	I_s	电位器	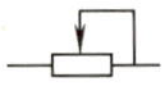	RP	空心线圈		L
发电机			开关		S	铁心线圈		L

（续）

名　称	电气符号	文字符号	名　称	电气符号	文字符号	名　称	电气符号	文字符号
电流表	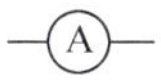		电灯	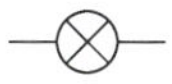	H	接地、接机壳	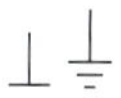	GND
电压表			熔丝		FU	导线交叉点{连接、不连接		

三、直流电路的基本物理量

1. 电流

表 1-4 步骤 12 中，当灯组合开关接通时，前照灯亮，数字万用表 1 在测电流档位上有读数 1.51A，表明电路中有电流流过。电流是一个矢量，既有大小，又有方向。

表 1-4 步骤 12 中万用表 1 的读数 1.51A 就是表示流经该电路电流的大小。电流大小是表示带电粒子定向运动强弱的物理量，是指在单位时间（一定时间）通过导体横截面的电荷量的多少，用 I 表示。

即：$I=\dfrac{Q}{t}$，电流的单位为安培，简称安，用符号 A 表示。

单位换算为　　　　　　　$1\text{A}=10^3\text{mA}=10^6\mu\text{A}$

电荷量的符号是 Q，单位的名称是库仑，简称库，用符号 C 表示。

电流的方向：表 1-4 步骤 12、13 中万用表 1 的显示数字，可以直观说明电流方向的存在，两步骤中的数字万用表 1 的显示大小相等，均为 1.51A，但它们却有正、负之分，步骤 13 中的数字前显示“-”，即两表的电流方向相反。习惯上把正电荷移动的方向规定为电流的方向，因此，自由电子和负离子移动的方向与电流方向相反。

将大小和方向都不随时间变化的电流称为稳恒电流，简称直流；将大小和时间都随时间作相应变化的电流称为交变电流，简称交流。直流与交流的波形如图 1-9 所示。

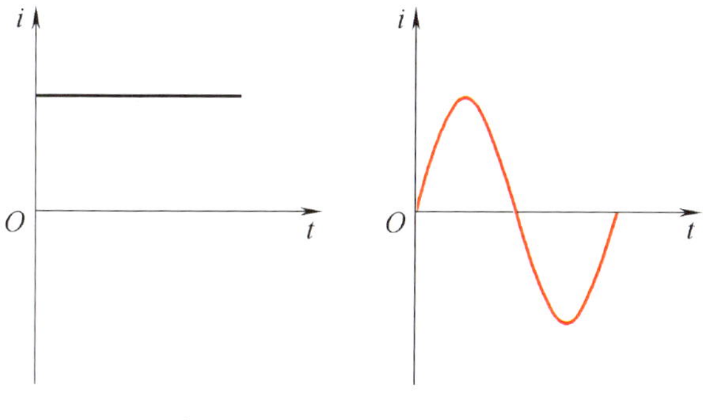

a)　　　　b)

图 1-9　直流与交流的波形

a）直流电　b）交流电

2. 电压

两种不同极性的分离电荷之间可产生电场，电压就是指在电场力的作用下把单位正电荷从 a 点移到 b 点所做的功，称为 a、b 两点之间的电压（a、b 是电场中的任意两点），记为 U_{ab}，电压产生的机理如图 1-10 所示。

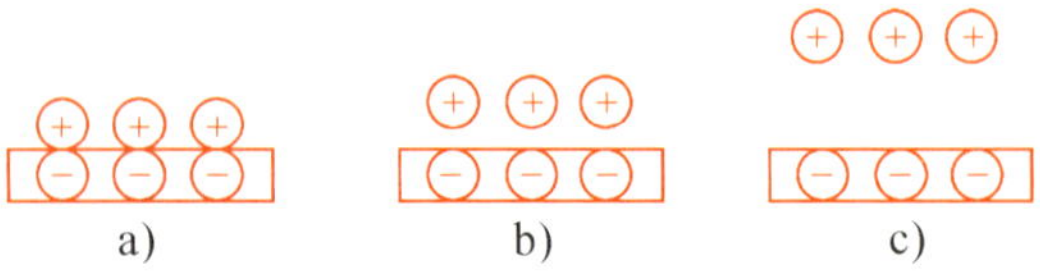

图 1-10　电压产生的机理

a）电压为零　b）低电压　c）高电压

表 1-4 步骤 12 中的数字万用表 2 的读数 10.72V 就是指加在前照灯两端的电压。图 1-8b 中的 U_{ab} 表示 a、b 两点间的电压，方向是从 a 点指向 b 点。电压大小是指当外电路闭合时，外电路中形成电场，在电场力的作用下，电荷经外电路定向移动形成电流 I，电场力移动电荷做功能力的大小即为电压的大小，用 U 表示。电压的单位为伏特，简称伏（V）。比伏（V）更大的单位有千伏（kV）、兆伏（MV），其单位换算为

$$1\text{kV}=10^3\text{V},\ 1\text{MV}=10^6\text{V}$$

为方便理解，这里可以借助常见的水压与水流的关系来描述电压与电流的关系，如图 1-11 所示。

图 1-11a 中上图，由于水槽两边的水位相同，不存在水压，所以没有水流；下图，因存在水压，所以产生水流。

图 1-11b 中上图，由于没有电源，电路中不存在电压差，所以没有电荷的移动，所以灯泡不亮；下图，由于电源正、负极间存在着电压，电路中有正电荷由正极流向负极（实际上是电子由负极流向正极）形成电流，从而使灯泡发光。

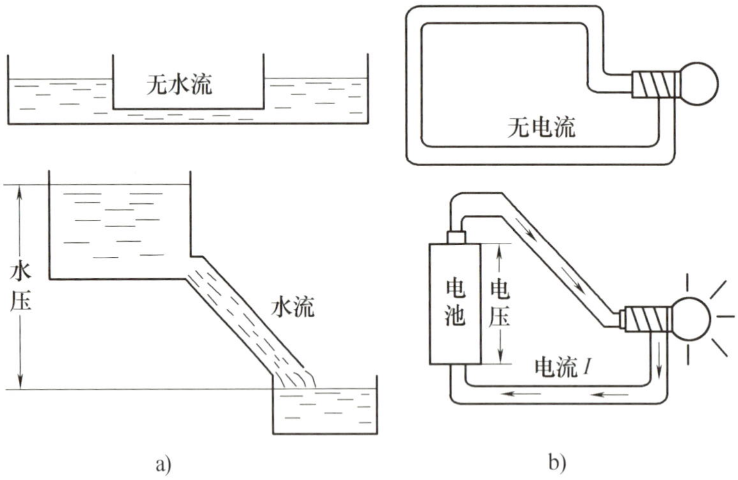

图 1-11　水压与水流和电压与电流的关系

a）水压形成水流　b）电压产生电流

电压的方向：正方向是由“+”极性（高电位）指向“−”极性（低电位），即表示电位降落的方向（表 1-4 中的步骤 12、13 中的数字万用表 2 的显示数字，可以形象说明电压方向的存在，虽然两步骤中的数字万用表 2 的读数大小相等均为 10.72V，但却有正负之分，步骤 13 中的数字万用表的数字前显示“−”，表示数字万用表红表笔连接的顺序与电压的指向相反）。

3. 电位

物理学中的电位又称为电势，电路中每一点都有一定的电位。衡量电位高低必须有一个计算电位的起点，即参考点，称为零电位点，该点电位为0V，即 V_0=0V。不同点的电位用字母 V 加下标表示，如图1-8b中的 V_a 和 V_b，电压 $U_{ab}=V_a-V_b$，即a、b两点间的电压等于a、b间的电位差。

电路中的零参考点可以任意选取，计算某点的电位就是求该点到零参考点之间的电压。一般取大地或电子线路公共点（车架、机壳）为参考点，汽车电路中通常将蓄电池负极作为零电位点，也称为搭铁点，用符号“⊥”表示。图1-12所示为科鲁兹车上的搭铁点。

图1-12 科鲁兹车上的搭铁点

课堂互动

电位和电压有什么异同点？

4. 电动势

在电源内部，非静电力（电源力）将正电荷从负极移到正极所做的功 W 与其电荷量 Q 之比称为电动势，用 E 表示。电动势只存在于电源内部。

$E=\dfrac{W}{Q}$，电动势的单位为伏特，简称伏，用符号V表示。

电动势的方向：在电源内部由负极指向正极。一般情况下，电源的端电压总是低于电源内部的电动势，只有当电源开路时，电源的端电压才与电源的电动势相等。

5. 电功率

电功率是电流在单位时间内所做的功，其物理意义是衡量电路组件或设备在单位时间内吸收或发出的电能。用字母 P 表示，单位为瓦特（W），简称瓦。

计算公式为
$$P=\frac{W}{t}=UI=I^2R=\frac{U^2}{R}$$

请根据表1-4步骤12中数字万用表1、2的读数，利用上式计算一下前照灯的功率。

注意

上述功率计算公式适用于纯电阻电路，因为后两个式子是由欧姆定律推导的，而欧姆定律是针对纯电阻而言的。欧姆定律将在后面介绍。

6. 负载额定值

电气设备安全工作时所允许的最大电流、最大电压和最大功率分别称为它们的额定电流、额定电压和额定功率。一般器件和设备的额定值都标在明显位置，如汽车前照灯上标识了其功率和耐压等。如图1-13所示，表示该前照灯的额定工作电压为12V，功率为90W（近光灯）或100W（远光灯）。

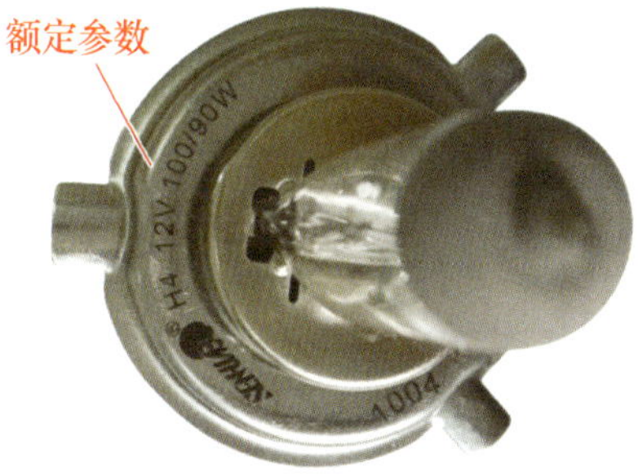

图1-13 前照灯的参数标注示意图

扫一扫

汽车电路的 3 种状态

四、电路的 3 种工作状态

1. 通路（也称闭路）

表 1-4 步骤 12 中，灯组合开关处于接通状态，蓄电池、熔丝、灯组合开关、数字万用表 1、前照灯构成闭合回路，前照灯点亮，电路中有电流通过，数字万用表 1 有读数，这种电路工作状态称为通路。通路状态下，各用电设备可正常工作。

2. 断路（也称开路）

断路可分为控制性断路和故障性断路。表 1-4 步骤 8 中的实施示意图就是控制性断路。电路中的灯组合开关处于关断状态，使得蓄电池、熔丝、灯组合开关、数字万用表 1、车灯未能构成闭合回路，造成电路中无电流通过，前照灯不亮，数字万用表 1 的读数为 0。控制性断路是人们根据需要利用开关将处于通路状态的电路切断，使其停止工作。故障性断路是一种突发性的、故障情况下的断路状态，例如，电源与负载之间连线松脱，如图 1-14 所示，或负载损坏，如车灯灯丝烧断等。

图 1-14　电源与负载之间连线松脱

3. 短路

短路通常分为电路短路状态（事故状态）和检修过程中常用的“短接”状态。

如表 1-4 步骤 13 所示，在连接电路时，误把数字万用表 2 的直流档当作电压档，把它并在前照灯两端，由于数字万用表在直流档的内阻很小，导致前照灯被数字万用表 2 短路，引起流过电路的电流过大，造成熔丝熔断、前照灯不亮现象。通常把电源输出的电流不经过负载，只经过连接导线直接流回电源，或电源输出的电流经过被击穿的负载直接流回电源的状态叫作短路状态，这是一种事故状态。电路出现这种短路可能会导致灾难性事故，如汽车自燃、火灾等，故这种状态是必须避免发生的。在实际应用场合，当出现电路短路时，一定要先查找引起短路的故障点后再重新连接线路。

在电路检修过程中，我们经常用到一种短接方法来检查某个元件是否损坏。如前照灯电路中出现前照灯不亮的故障，检查灯具完好，为了检查是否是开关故障，可以用导线短接开关两端，若灯亮说明是开关故障。这是调试电工电子电路常用的一种简单方法。

任务三　认知与测量常见电阻

【任务目标】

知识目标：	核心素养：	技能目标：
1）辨析汽车上常见电阻的种类与作用，掌握其表示方法； 2）理解电阻、电阻率的概念，会运用电阻的计算公式。	懂得比较、研究、举一反三，训练养成会拓展延伸的思维方式，养成学会类比的学习习惯。	1）能熟读色环电阻的阻值； 2）熟练掌握利用万用表测量汽车上常用电阻阻值的方法。

建议课时：4 课时。

【任务描述】

通过使用数字万用表测量前照灯电阻值，来介绍电阻、电阻率的概念，电阻的计算公式，汽车上常见特殊电阻及其检测方法。

【任务实施】

一、器材

DY2201B 数字万用表、前照灯。

二、测量前照灯电阻

前照灯电阻测量步骤见表 1-8。

表 1-8　前照灯电阻测量步骤

步骤	测 量 描 述	示 意 图	读 数	备 注
1	1）把红、黑表笔分别插入数字万用表的 VΩHzC 和 COM 插孔；把档位旋钮置于电阻档 20Ω 位置；打开电源 2）把红、黑表笔与前照灯的两个引脚并接，如右图所示，测量前照灯在冷态下的电阻值，观察万用表读数并记录			
2	检测完毕，按下 Power 按钮，关断电源，并把档位选择旋钮旋转至交流电压档的最大档位，收好表笔，把万用表及表笔放置在指定位置	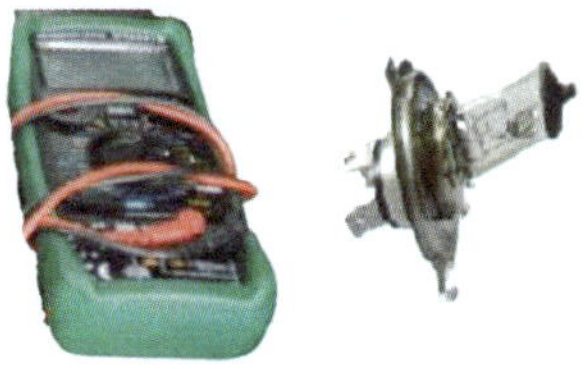		

三、测量注意事项

1）测量前，应先把两支表笔短接，观察数字万用表显示屏上的读数，正常时应为0，如果不为0，要记录下数值；如果还是显示1，表示数字万用表的表笔损坏或数字万用表自身有故障，需检查确认。

2）当数字万用表显示屏上显示的数值为0时，表示档位可能打得太大，为1时，可能档位打得过小或前照灯灯丝熔断。

【检测评价】

检测评价见表1-9。

表1-9　检测评价

序号	评价项目	评价内容	评分细则	分值	得分
1	准备工作	插入表笔	检查表笔，把表笔置于正确位置	35	
		选择档位	动作规范合理，正确选择档位		
		打开电源	动作规范合理，正确打开电源		
2	短接测试	档位选择电阻档 红、黑表笔短接	动作规范合理，正确选择档位，正确测量前照灯电阻	35	
3	素养提升	类比和创新	会分析各类型电阻，进行比较、研究，具备自学习惯和创新意识	10	
		安全文明生产	按指导老师要求操作，操作完毕，把万用表归位，并进行工位清洁和整理	10	
4	时间	操作时间为20min	每超过1min扣1分	10	
合计				100	

说明：每项分都是扣完为止

【知识链接】

一、电阻

扫一扫

电动汽车动力电池正负极绝缘电阻的检测

日常生活中常见的电器（灯泡、汽车前照灯、电炉等）都存在电阻，例如，表1-8中前照灯的电阻为2.07Ω（冷态状态）；用于连接电路的导线也存在电阻，蓄电池内部也存在电阻（这也是为什么蓄电池即使没使用，但在放置一段时间后，其电压也会下降的原因）。带电粒子在导体中运动会遇到阻碍作用，我们把这种导体对电流通过时的阻碍作用称为电阻，用符号“R”或“r”表示。电阻的单位是欧姆，用字母“Ω”来表示，这是以科学家欧姆的名字来命名的，常用单位还有千欧（kΩ）、兆欧（MΩ）。电阻的单位换算关系如下：

$$1\text{M}\Omega=1\times10^3\text{k}\Omega,\ 1\text{k}\Omega=1\times10^3\Omega$$

课堂互动

电阻是任何一种导体都客观存在的，它不随导体两端的电压变化而变化，即使导体两端没有电压（即没有接入电路），导体中的电阻仍然存在。讨论：前照灯的电阻为什么在冷态状态下小呢？

二、电阻率

物体导电性能的优劣一般用电阻率 ρ 来衡量。通常将电阻率低（导电性能好）的物体称为导体，将电阻率很高（导电性能差）的物体称为绝缘体，而介于导体和绝缘体之间的物体称为半导体（将在模块四中介绍）。贵重金属的电阻率小，导电性能都比较好，表 1-10 中列举了几种常见金属在常温（20℃）下的电阻率。

表 1-10　常温下常见金属的电阻率　（单位：Ω · m）

物　质	电 阻 率	物　质	电 阻 率
银	1.586	铜	1.678
金	2.400	铝	2.655
镁	4.450	钨	5.650
锌	5.196	钴	6.640
镍	6.840	铁	9.71

各种材料的电阻率一般都随温度的变化而变化。通常来说，金属的电阻率随温度增加而增加；电解液、半导体和绝缘体电阻率的变化与金属的相反；而有些合金的电阻率几乎不变化。

实验证明：当温度一定时，导体的电阻跟导体的长度 L 成正比，跟导体的粗细（横截面积 S）成反比，并且与导体的材料性质有关。即

$$R=\frac{\rho L}{S}$$

三、汽车上所用的特殊电阻及其检测

汽车上通常会用一些特殊的电阻来执行一些控制功能，如空调调速、油量检测、温度检测等。下面介绍这些特殊电阻的特性及检测方法。

1. 可调电阻器

当我们调节汽车上的空调风速旋钮或冷暖调节旋钮时，如图 1-15 所示，空调的风速或车内的温度会发生变化。这种变化，实际上就是通过旋转来改变电阻值，进而控制风速或车内设定温度的变化。我们把阻值可以调整的电阻器称为可调电阻器，其常见实物和内部结构如图 1-16 所示。

图 1-15　汽车上的空调风速和冷暖调节旋钮

可调电阻器的检测方法可以利用数字万用表的电阻档进行。检测方法与汽车前照灯电阻

测量类似，只不过可调电阻器有 3 个引脚，检测时，表笔要与图 1-16 所示可调电阻器的动片、定片引脚并接，如图 1-17 所示。同时，旋转旋钮，观察数字万用表显示屏显示的数字是否会随旋钮的旋转而变化，会变化表示可调电阻器正常，不会变化表示可调电阻器损坏。

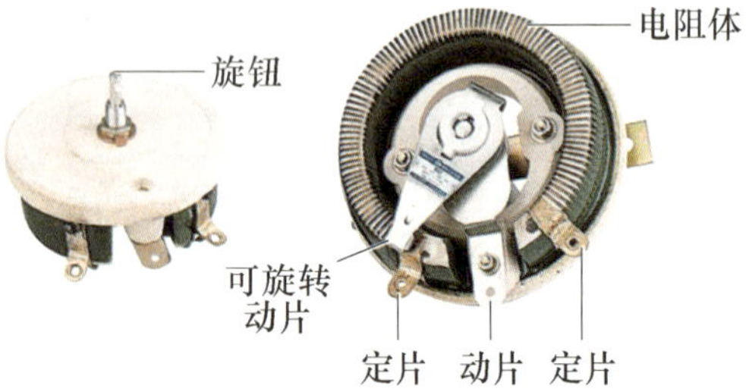

a)　　b)

图 1-16　可调电阻器实物和内部结构

a）实物图　b）内部结构图

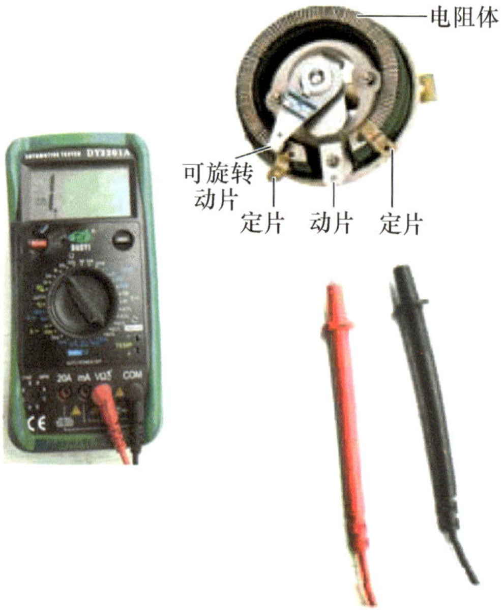

图 1-17　可调电阻器阻值测量示意图

2. 热敏电阻

当汽车运行或行驶一段时间后，我们会发现汽车上温度指示仪上的指示会发生变化，如图 1-18 所示。实际上这种变化就是汽车运行一段时间后，其内部的冷却液温度升高，导致检测元件的阻值发生变化，进而控制温度指示变化。我们把阻值会随着温度变化而变化的电阻，称为热敏电阻，它又可分为正温度系数热敏电阻和负温度系数热敏电阻。

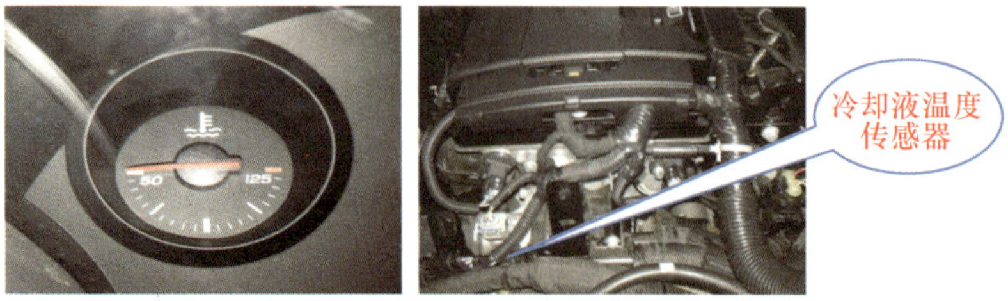

a)　　b)

图 1-18　热敏电阻在汽车上的应用

a）汽车上的温度指示　b）热敏电阻（冷却液温度传感器）的安装位置

正温度系数热敏电阻是一种阻值随着温度的升高而增大，随温度的降低而减小的电阻器，如热吹风机的电阻丝、车灯的灯丝等。一些常见的正温度系数的热敏电阻实物和符号如图 1-19 所示。

负温度系数热敏电阻是一种阻值随着温度的升高而减小，随温度的降低而增大的电阻器，如汽车上冷却液温度传感器、车内及车外温度传感器等。一些常见的负温度系数热敏电阻实物和符号如图 1-20 所示。

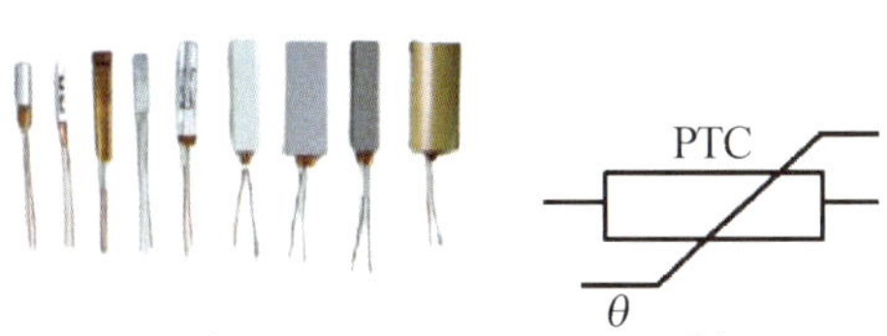

a) b)

图 1-19 正温度系数热敏电阻

a）实物图 b）符号

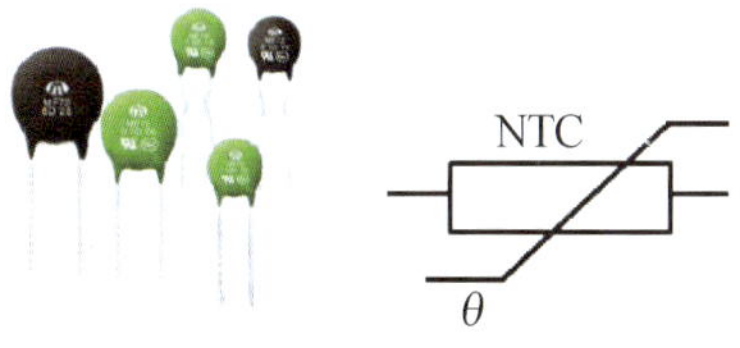

a) b)

图 1-20 负温度系数热敏电阻

a）实物图 b）符号

检测热敏电阻的阻值分两次进行：一是在常温下测量阻值，把数字万用表打到电阻档，表笔与待测电阻两个引脚并接后，读出显示屏上显示的数值；二是对热敏电阻进行加热，待热敏电阻温度上升后，再次测量其阻值，并观察两次测量值。如果两次测量的阻值不一样，表明热敏电阻正常；若前后两次测量的阻值一样，表明热敏电阻损坏。

3. 光敏电阻

安装在汽车风窗玻璃下面用于感应外部光线的器件称为光敏电阻。光敏电阻是一种阻值随光线的强弱而发生变化的电阻，在无光时，其阻值无穷大，有光照射时阻值迅速减小。其形状及符号如图 1-21 所示。

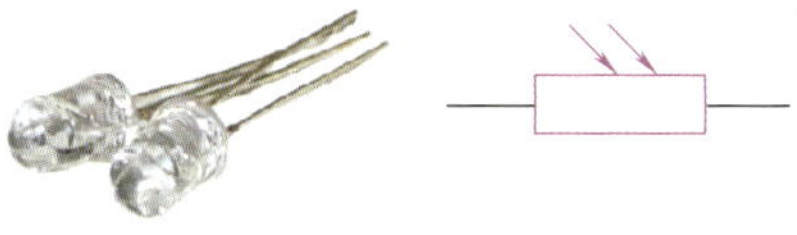

a) b)

图 1-21 光敏电阻

a）形状 b）符号

光敏电阻的检测方法与汽车前照灯电阻测量类似，检测时，在器件不接收光线的情况下测量一下光敏电阻的阻值；接着，让器件接收光线，再次测量其阻值，并观察两次测量值。若前后两次测量的阻值不一样，表明光敏电阻正常；若前后两次测量的阻值一样，表明光敏电阻损坏。

4. 压敏电阻

在汽车上应用于进气歧管的绝对压力传感器，属于压敏电阻，其安装位置、形状和符号如图 1-22 所示。压敏电阻是一种阻值对电压敏感的电阻，其阻值的大小随着加在压敏电阻两端的电压变化而变化。当电压在一定范围内时，电阻阻值很大，电阻中通过电流很小；当电压超过额定值时，阻值迅速减小，有电流通过，呈低电阻状态。

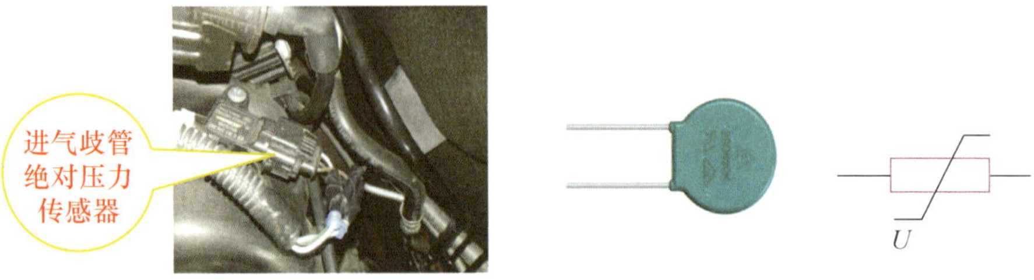

a)　　b)　　c)

图 1-22　压敏电阻及应用

a）压敏电阻在汽车上的安装位置　b）形状　c）符号

四、色环电阻阻值的读取

在实际的应用中，一般采用在电阻上标不同颜色的色环来注明其阻值，这种采用不同色环组合的电阻称为色环电阻。色环电阻常见的有 4 色环（见图 1-23）和 5 色环（见图 1-24）。色环电阻值可根据色环颜色代表的数值直接读取，色环颜色代表的数值见表 1-11。对于 4 色环，前两环的颜色为有效数字，第三环为乘数环，为 10 的 n 次方（其中，n 为颜色代表的数值），第四环为允许偏差环。对于 5 色环，前三环的颜色为有效数字，第四环为乘数环，为 10 的 n 次方（其中，n 为颜色代表的数值），第五环为允许偏差环。

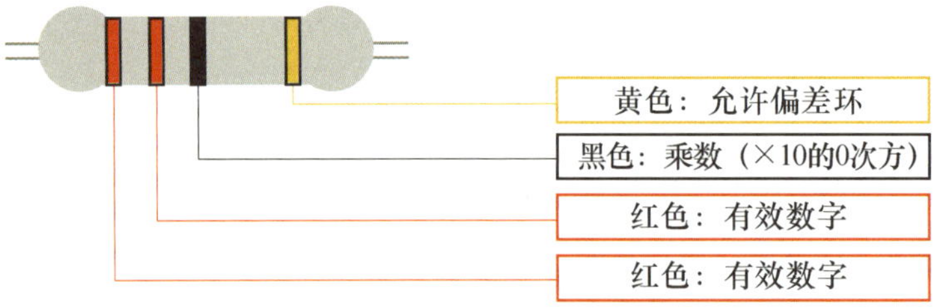

图 1-23　4 色环电阻样式

对于图 1-23 所示的色环电阻，第一环为红色，其数值为 2；第二环为红色，其数值为 2；第三环为黑色，其数值为 0，所以其阻值为 $22\times10^0\Omega$。

对于图 1-24 所示的色环电阻，第一环为黄色，其数值为 4；第二环为紫色，其数值为 7；第三环为黑色，其数值为 0；第四环为黄色，其数值为 4，所以其阻值为 $470\times10^4\Omega$。

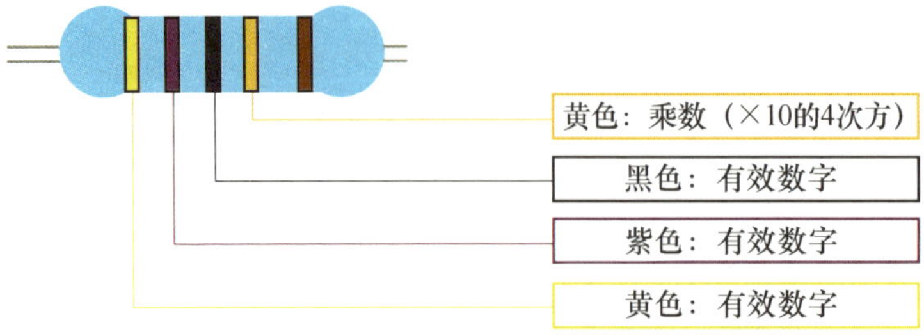

图 1-24　5 色环电阻样式（最后一环代表允许偏差环）

表 1-11 色环表示法

颜 色	第 一 环	第 二 环	第 三 环	第 四 环
棕	1	1	10^1	±1%
红	2	2	10^2	±2%
橙	3	3	10^3	
黄	4	4	10^4	
绿	5	5	10^5	
蓝	6	6	10^6	
紫	7	7	10^7	
灰	8	8	10^8	
白	9	9	10^9	
黑		0	10^0	
金			10^{-1}	±5%
银			10^{-2}	±10%
无色				±20%

任务四 认知与运用欧姆定律

【任务目标】

知识目标：	核心素养：	技能目标：
理解欧姆定律的定义，掌握欧姆定律在实际电路中的应用和计算。	通过认真细致的实践操作，养成认真读数、严谨记录、计算数值、验证结果、规范操作的学习态度。	熟练测量电路中各物理量，并能运用欧姆定律验证测量的数据和结果。

建议课时：4 课时。

【任务描述】

通过连接汽车前照灯控制电路，并借助数字万用表测量前照灯的电阻、电流和电压来学习部分电路和全电路欧姆定律。

【任务实施】

利用数字万用表测量汽车前照灯控制电路中的电流、电压和前照灯的电阻。

一、器材

所需器材见表 1-2。

二、步骤

汽车前照灯控制电路连接及电流、电压测量步骤见表 1-12。

表 1-12　汽车前照灯控制电路连接及电流、电压测量步骤

步　骤	任务实施描述	实施示意图
1	根据电路连接需要，用斜口钳裁剪合适长度的导线	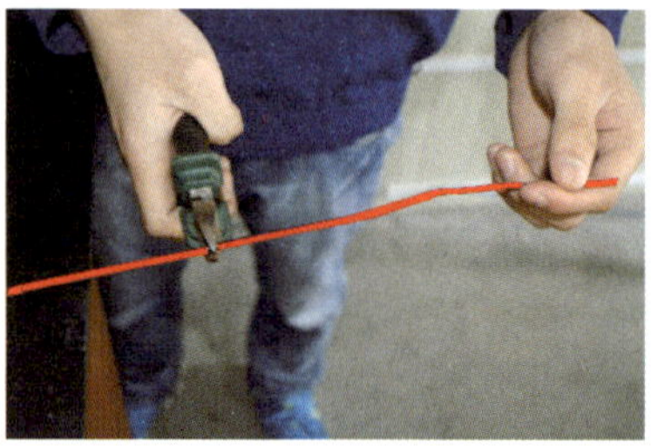
2	按要求用剥线钳剥离裁剪下来的导线两端的绝缘皮	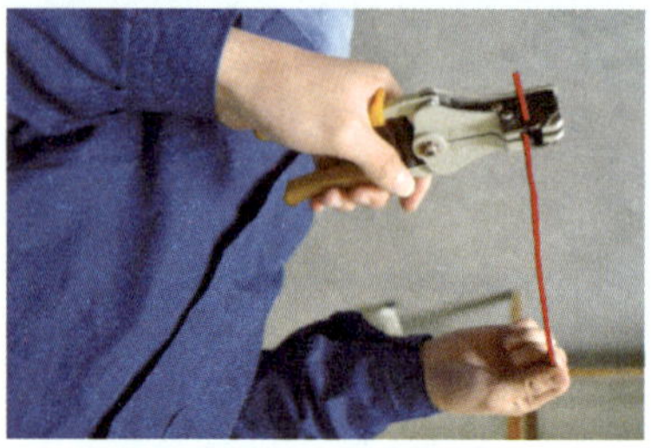
3		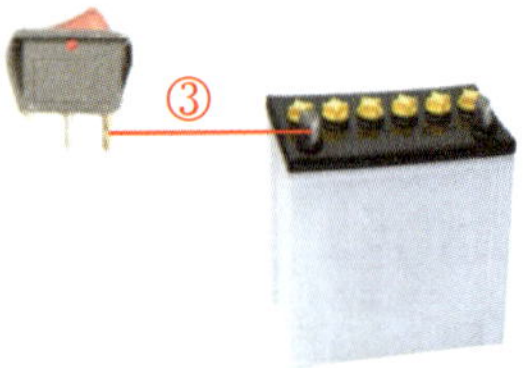
4		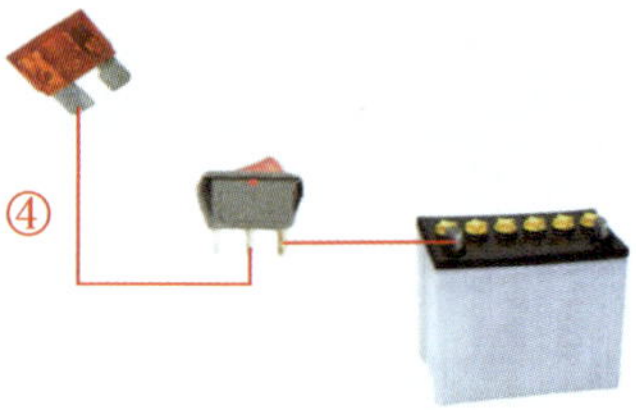
5		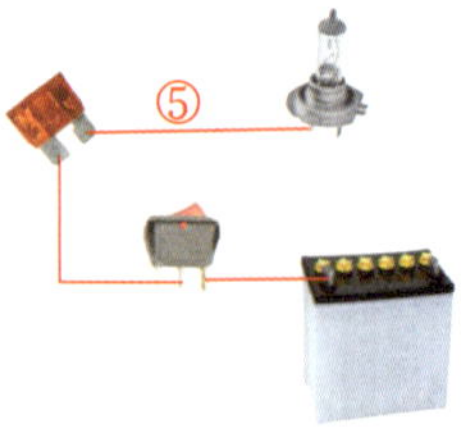
6		

（续）

步　骤	任务实施描述	实施示意图
7		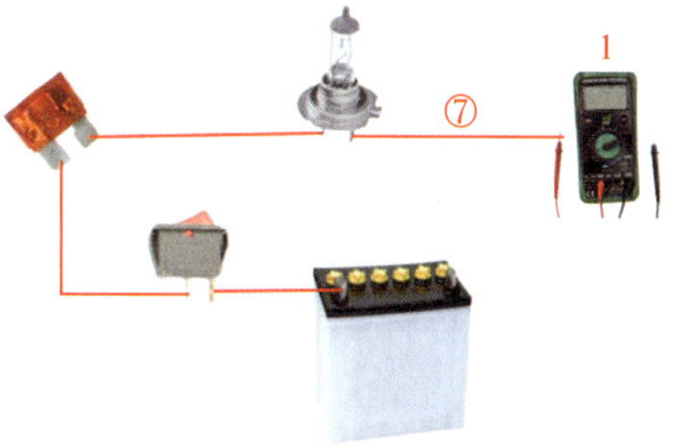
8		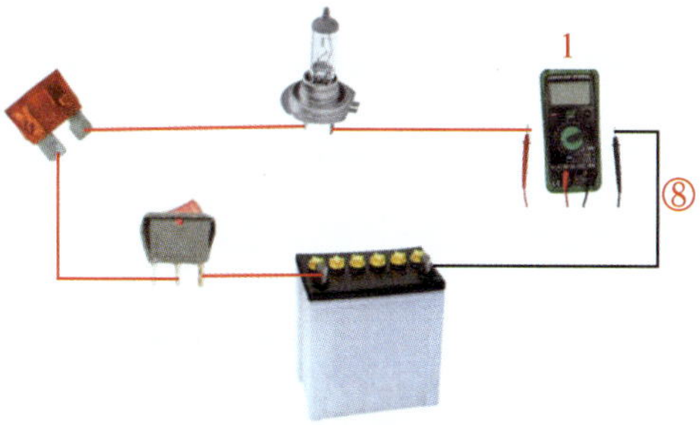
9		
10		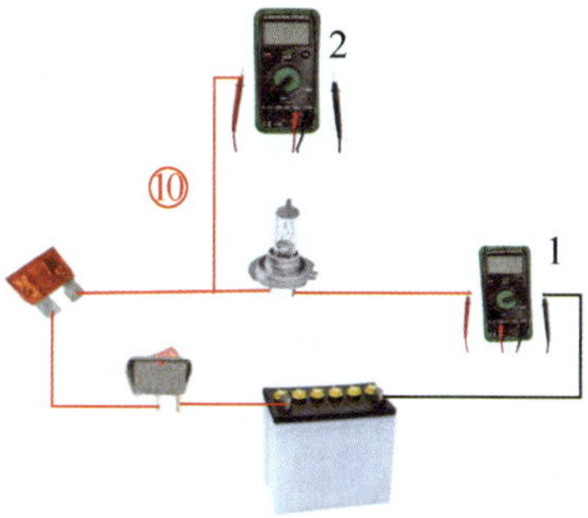
11		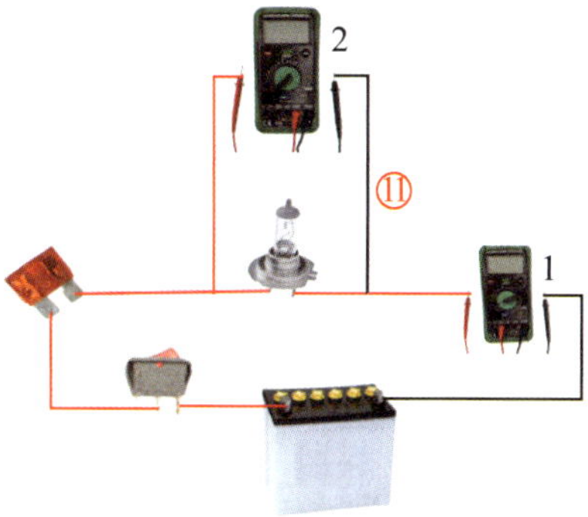

（续）

步　骤	任务实施描述	实施示意图
12	打开数字万用表 1、2 的电源，把灯组合控制开关置于接通状态，观察前照灯及数字万用表 1、2 的现象，并记录	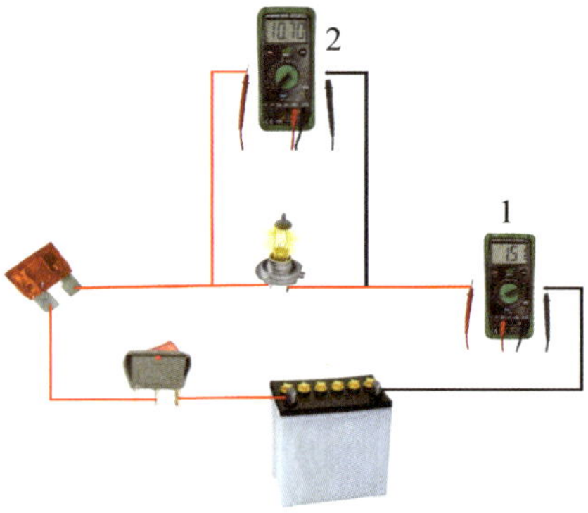
13	实训完毕，关断电源，按要求断开连接导线，收好器件和仪表	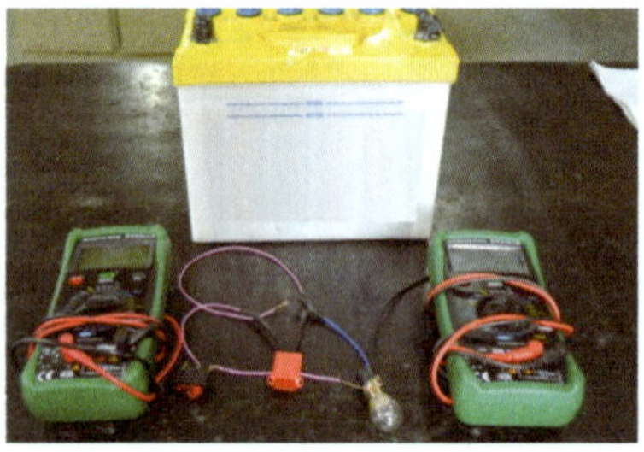

【检测评价】

检测评价见表 1-13。

表 1-13　检测评价

序号	评 价 项 目	评 价 内 容	评 分 细 则	分值	得分
1	准备工作	作业前准备	准备实训相关器材、仪表等	10	
2	连接电路	裁剪导线和剥离绝缘皮	动作规范合理，导线裁剪长度合适，绝缘皮剥离长度合适	10	
		安装表笔和选择数字万用表档位	动作规范合理，正确安装表笔，正确选择档位	15	
		连接电路	动作规范合理，正确连接线路，正确连接数字万用表 1，正确连接数字万用表 2	15	
3	通电测试	接通电路，观察灯泡是否点亮，并观察数字万用表数值变化	动作规范合理，通电灯亮，万用表有读数	20	
4	素养提升	细致严谨	认真细致地实践操作，认真读数、严谨记录、计算数值、验证结果、规范操作	10	
		安全文明生产	按指导老师要求操作，操作完毕，把器材仪表归位，并进行工位清洁和整理	10	
5	时间	操作时间为 25min	每超过 1min 扣 1 分	10	
合　计				100	
说明：每项分都是扣完为止					

【知识链接】

扫一扫

串联电路欧姆定律的验证

欧姆定律是指电路中的电流大小与所加的电压成正比，而与电路的电阻成反比，其数学表达式为

$$I=\frac{U}{R}$$

由公式可知，1V 的电压通过 1Ω 的电阻，其电流大小为 1A。在公式中，符号 I 代表流过电阻的电流，单位为 A（安培）；U 代表加在电阻（负载）两端的电压（电位差），单位为伏特（V）；R 代表电路中的电阻，单位为欧姆（Ω）。

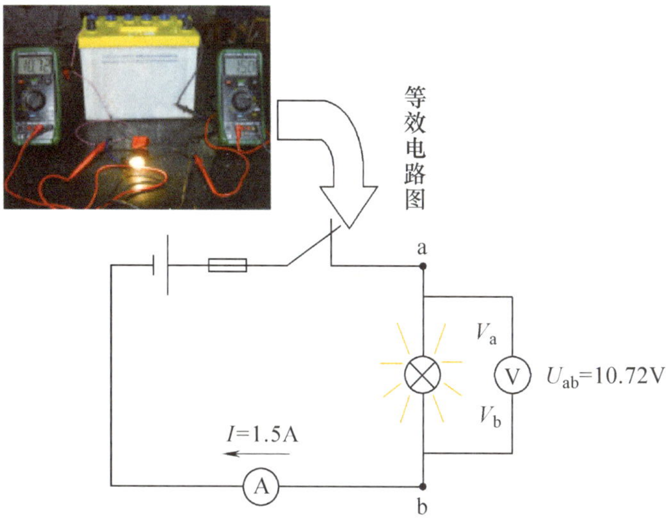

图 1-25 部分电路欧姆定律

一、部分电路欧姆定律

部分电路欧姆定律是在计算外电路的物理参数时将电源看作理想电源，忽略其内阻，如图 1-25 中所示，流过汽车前照灯上的电流与加在前照灯两端的电压成正比，与前照灯的电阻成反比。

扫一扫

并联电路欧姆定律的验证

例 1-1 已知科鲁兹轿车前照灯灯泡的端电压为 12V，通过灯丝的电流为 5A，利用部分电路欧姆定律计算灯丝的电阻约为多少欧姆？

解： 本题中已知电压和电阻，直接应用部分电路欧姆定律求得

$$R=\frac{U}{I}=\frac{12}{5}\ \Omega=2.4\Omega$$

当温度升高时，物体内部原子核的热振动加强，振动的幅度加大，使做定向移动的电子与原子核相碰的机会增多，碰撞次数也增加，金属导体的电阻就增加了。对于纯金属来说，电阻随温度的变化比较规则；在温度变化范围不大时，电阻与温度之间的关系为

$$R=R_0(1+\alpha t)$$

式中，R_0 是 0℃时金属导体的电阻；α 为该金属导体的电阻温度系数。不同金属材料的电阻温度系数 α 也不相同。

想一想

在任务二的表 1-3 中，曾用数字万用表测量过灯泡电阻值，表 1-4 步骤 12 测量了蓄电池电压值，根据欧姆定律 $I=\frac{U}{R}$，请你计算电流值，所计算的结果再与表 1-4 步骤 12 中的数字万用表 1 的读数进行比较。通过比较你发现了什么？知道其中的原因吗？

由此，可以得知为什么实际测量的前照灯电阻值与铭牌上计算出的电阻值有差别。

二、全电路欧姆定律

全电路欧姆定律是指在分析时，要考虑电源内部电阻，电源内部的电路称为内电路，电源内部电阻称为内阻；电源外部的电路称为外电路，外电路的电阻称为外阻，如图 1-26 所示。其中 r 代表蓄电池内阻，R 代表前照灯电阻。

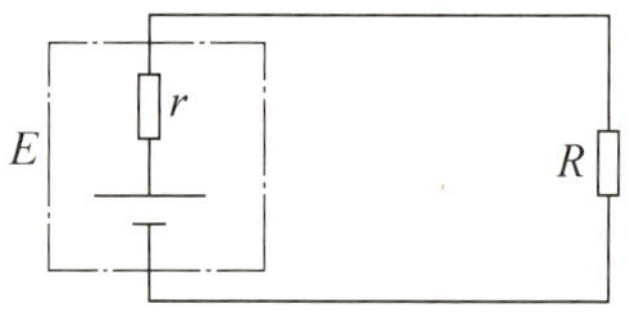

图 1-26　全电路欧姆定律

在全电路中电流强度与电源的电动势成正比，与整个电路内、外电阻之和成反比，即全电路欧姆定律：

$$I=\frac{E}{R+r}$$

几个重要的公式：

1）在闭合电路中电源电动势等于 $U_{内}$ 与 $U_{外}$ 之和：$E=U_{内}+U_{外}$。

2）电源端电压与电源电动势的关系为：$U=E-Ir$。

例 1-2　在例 1-1 中，若蓄电池电动势 E 为 12.5V，内阻 r 为 0.1Ω，通过前照灯的电流仍为 5A，利用全电路欧姆定律求电源端电压 U 和灯泡电阻值 R。

解： 本题中已知电压和电阻，应用全电路欧姆定律得

$$U=E-Ir=(12.5-5\times0.1)\text{V}=12\text{V}$$

$$R=\frac{U}{I}=\frac{12}{5}\Omega=2.4\Omega$$

任务五　连接与运用串 / 并联电路

【任务目标】

知识目标：	核心素养：	技能目标：
1）学会分析串联电路并熟记其电路特点； 2）掌握串联电路分压原理及其在汽车实际中的应用； 3）熟知并联电路在汽车上的应用； 4）学会分析并联电路并熟记其电路特点； 5）辨析串 / 并联电路，学会分析混联电路。	培养团队合作意识，形成团结协作的工作意识，养成手脑并用、主动探究的“做中学，学中做”的学习习惯。	1）会连接串联电路； 2）会连接并联电路； 3）熟练运用数字万用表测量串 / 并联电路的电压、电流、电阻等物理量； 4）具备运用数字万用表验证串 / 并联电路特点的能力； 5）运用欧姆定律计算混联电路。

建议课时：6 课时。

【任务描述】

串 / 并联电路普遍应用于汽车电路中，将图 1-1 中的蓄电池、熔丝、灯组合控制开关和左右前照灯通过一条导线首尾连接起来，即可称之为串联连接；左右前照灯与转向灯之间采用并联连接，两个左右前照灯之间也是并联连接。本任务主要介绍串 / 并联电路的连接与测量，以此来学习串 / 并联电路的特点及其应用。

【任务实施】

完成串联和并联电路的连接，观察串联电路和并联电路的电流和电压特性。

一、器材

所需器材见表 1-2。

二、串 / 并联电路的连接

紧接任务二表 1-4 汽车前照灯控制电路连接步骤 12，串 / 并联电路连接步骤见表 1-14。

表 1-14 串 / 并联电路连接步骤

<table>
<tr><th>步骤</th><th>任务实施描述</th><th>实施示意图</th></tr>
<tr><td>1</td><td>按任务二表 1-4 步骤 12 连接电路，打开数字万用表 1、2 的电源，把灯组合控制开关置于接通状态，观察前照灯现象和数字万用表 1、2 的读数，并记录</td><td>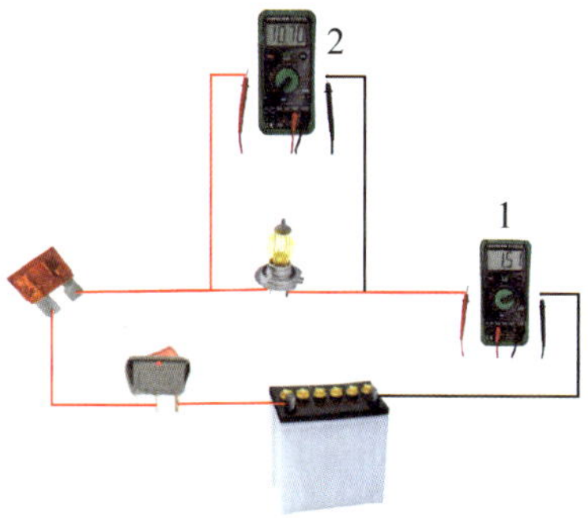
</td></tr>
<tr><td>2</td><td></td><td>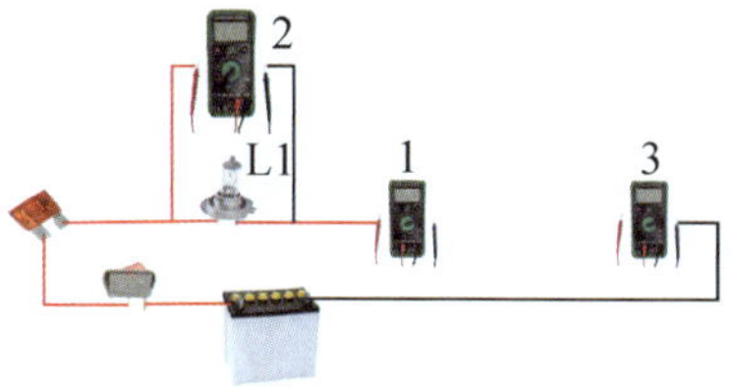
</td></tr>
<tr><td>3</td><td></td><td>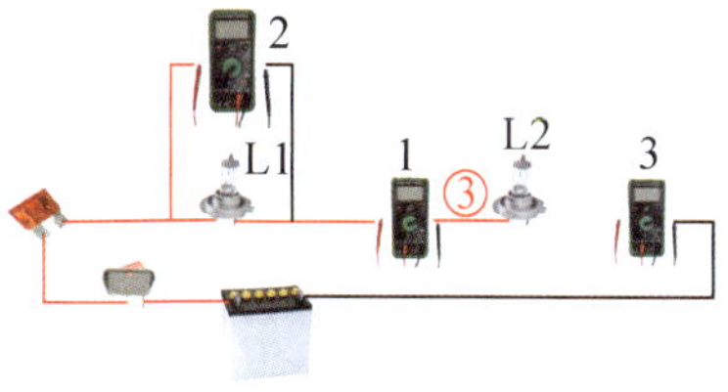
</td></tr>
</table>

（续）

<table>
<tr><th>步骤</th><th>任务实施描述</th><th>实施示意图</th></tr>
<tr><td>4</td><td></td><td>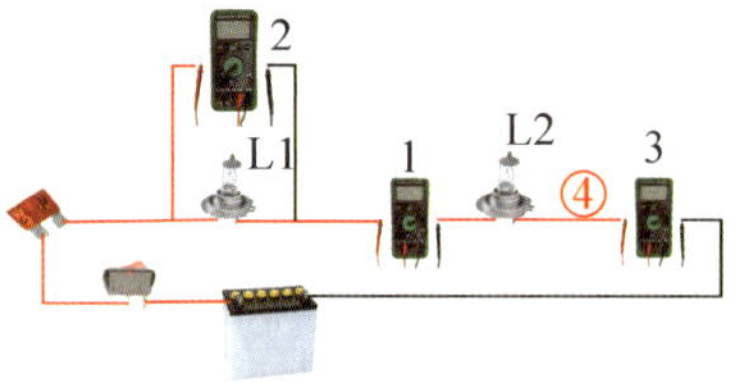
</td></tr>
<tr><td>5</td><td></td><td>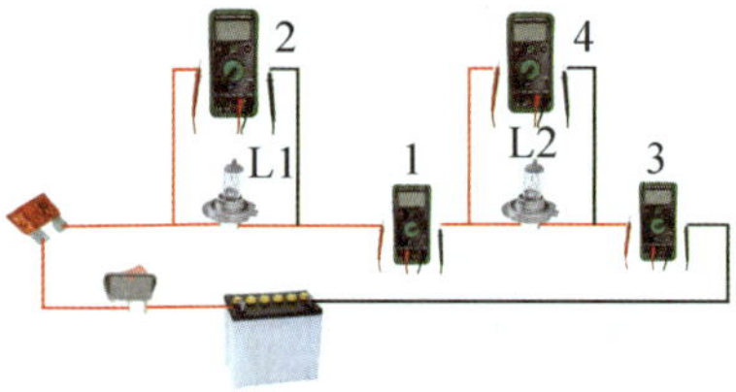
</td></tr>
<tr><td>6</td><td></td><td>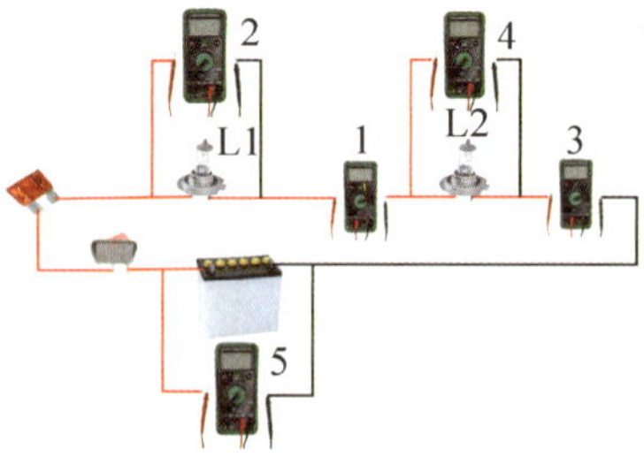
</td></tr>
<tr><td>7</td><td></td><td>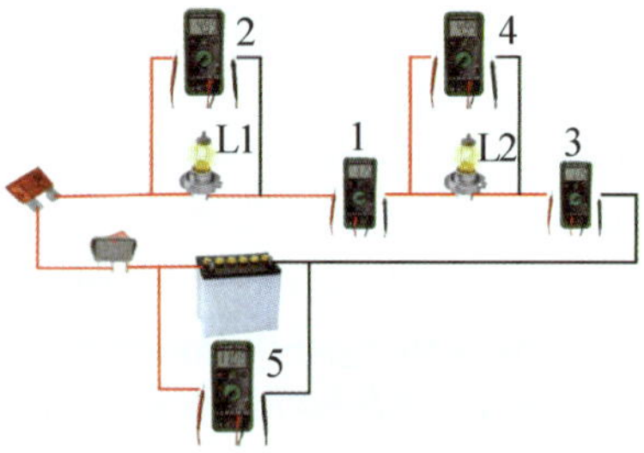
</td></tr>
<tr><td>8</td><td></td><td>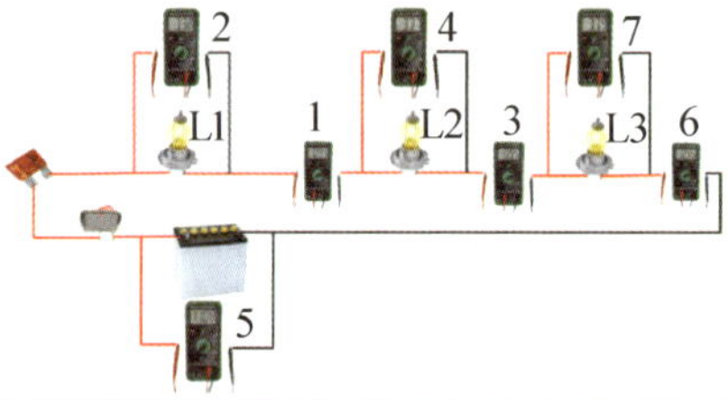
</td></tr>
<tr><td>9</td><td>关断电源，断开连接导线，按要求连接至本表步骤 1</td><td>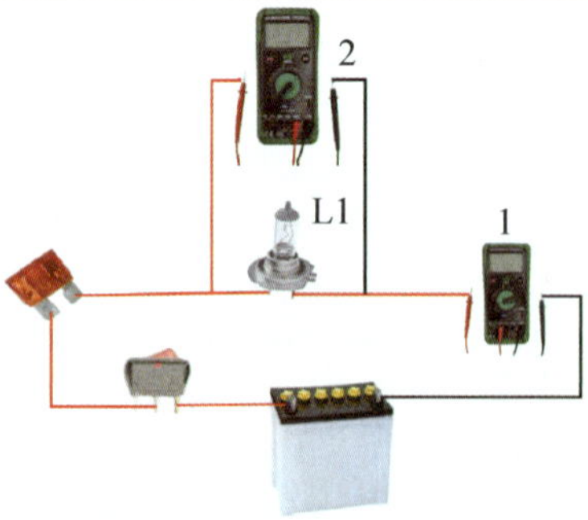
</td></tr>
<tr><td>10</td><td></td><td>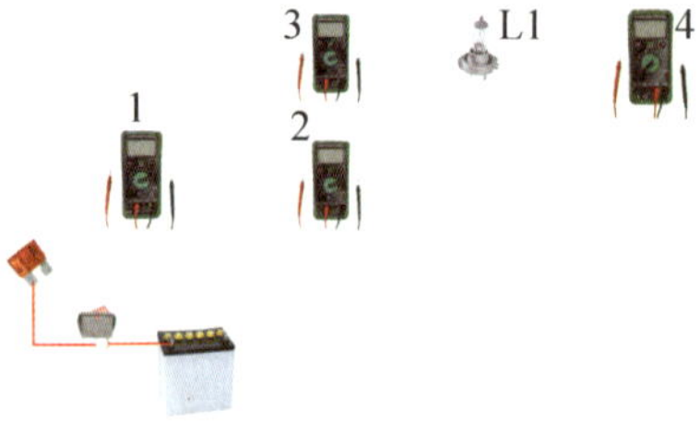
</td></tr>
</table>

（续）

步骤	任务实施描述	实施示意图
11		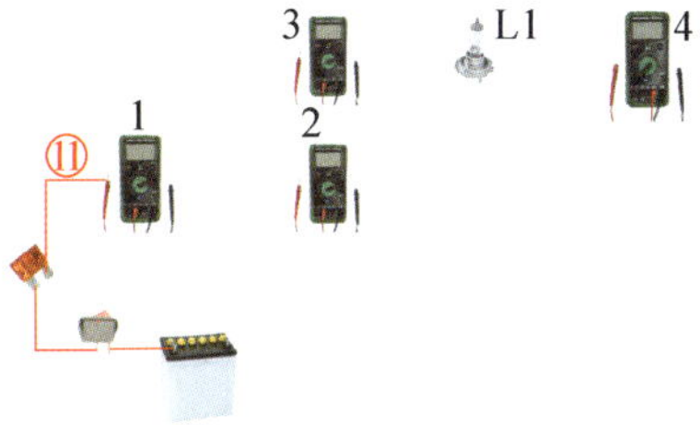
12		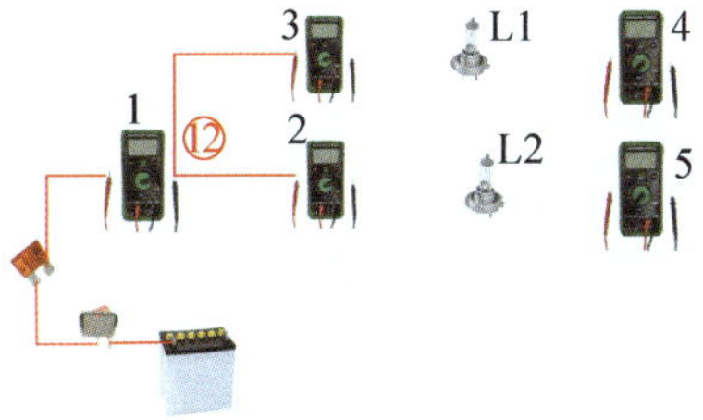
13		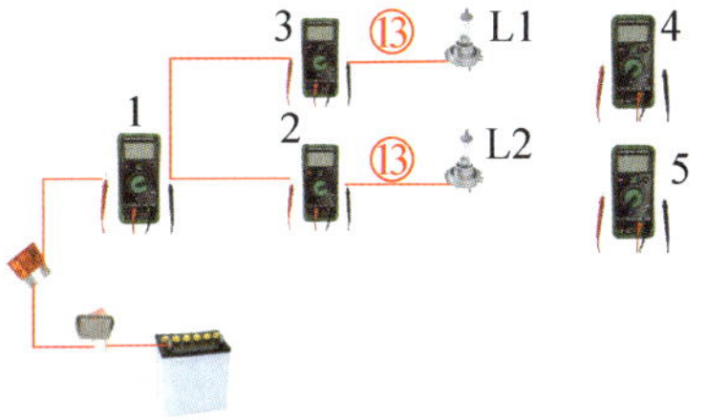
14		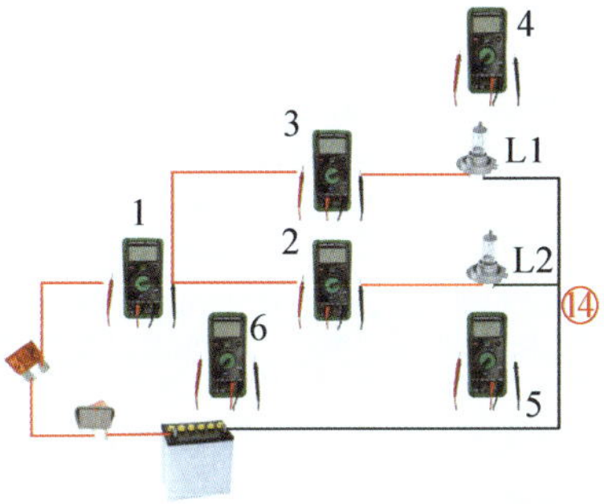
15		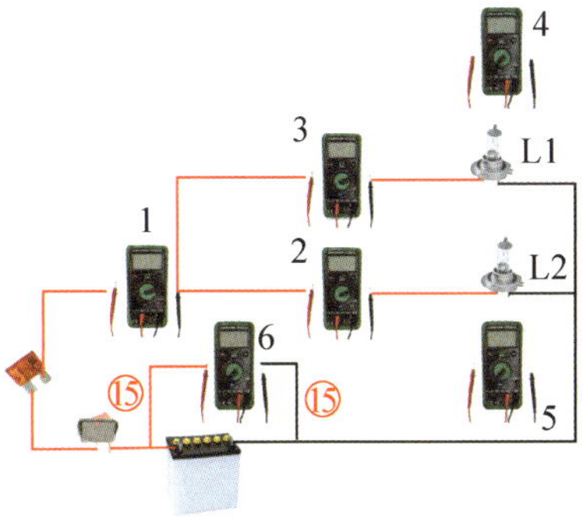
16		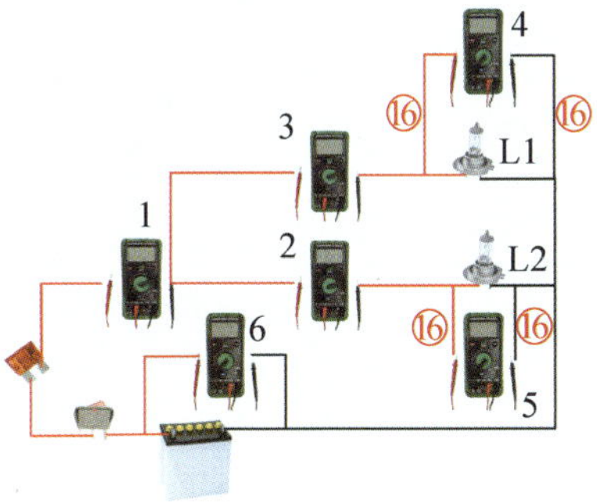

（续）

步骤	任务实施描述	实施示意图
17	打开 6 个数字万用表的电源，将开关置于接通状态，观察 2 个灯泡、6 个数字万用表的现象，并记录	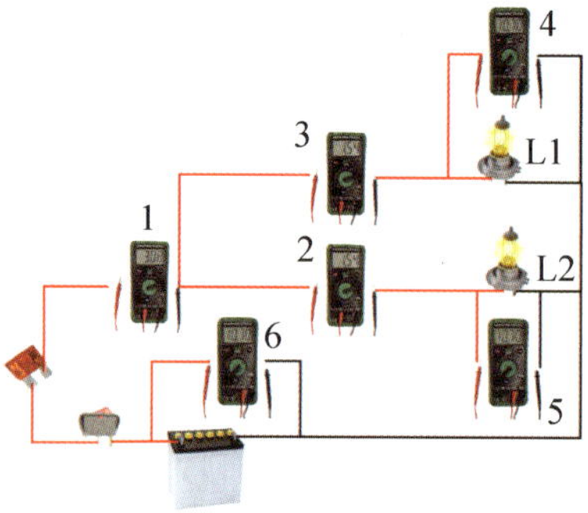
18	试一试：在步骤 17 基础上再并联灯泡 L3，接通开关，观察灯泡亮度、万用表读数，并记录	
19	实训完毕，关断电源，按要求断开连接导线，收好器件和仪表	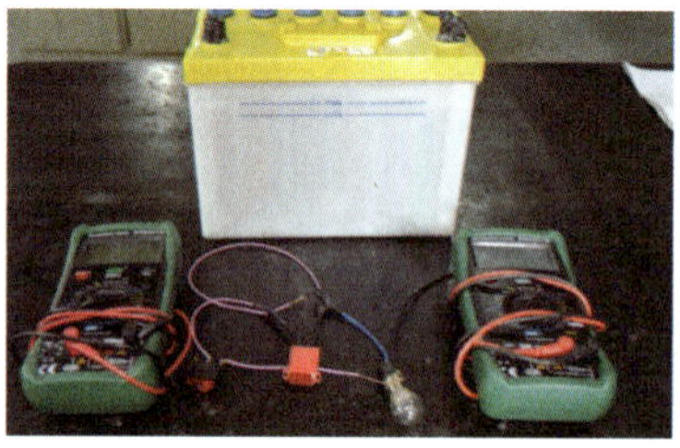

【检测评价】

检测评价见表 1-15。

表 1-15　检测评价

序号	评价项目	评价内容	评分细则	分值	得分
1	准备工作	作业前准备	配取实训用器材、仪表，无重复领取，做好物品领取登记	5	
2	认识器件	照明线路所需器件	写出照明线路所需器件的名称、电气符号	5	
3	器件检测	用数字万用表检测器件	正确使用数字万用表 规范检测串 / 并联电路所需器件	5	
4	串联电路的连接	连接基本电路	动作规范合理，无操作失误 电路连接正确，万用表连接规范，电路图标准	5	
		正确串联灯泡 L2，并连接相应万用表	动作规范合理，无操作失误 电路连接正确，万用表连接规范，电路图标准	10	
		接通电路，观察现象，记录万用表数值	电路接通，灯泡正常发亮 准确记录各万用表读数	5	
		正确串联灯泡 L3，并连接相应万用表	动作规范合理，无操作失误 电路连接正确，万用表连接规范，电路图标准	10	
		接通电路，观察现象，记录万用表数值	电路接通，灯泡正常发亮 准确记录各万用表读数	5	

（续）

序号	评价项目	评价内容	评分细则	分值	得分
5	并联电路的连接	恢复基本电路连接	电路接通，灯泡正常发亮	5	
		正确并联灯泡 L2，并连接相应万用表	准确记录各万用表读数	10	
		接通电路，观察现象，记录万用表数值	动作规范合理，无操作失误	5	
		正确并联灯泡 L3，并连接相应万用表	电路连接正确，万用表连接规范，电路图标准	10	
		接通电路，观察现象，记录万用表数值	电路接通，灯泡正常发亮	5	
6	素养提升	团队协作	具有沟通交流和团队合作意识，主动探究“做中学，学中做”的学习习惯	5	
		安全文明生产	按指导教师要求操作，操作完毕，把器材、仪表等归位，并进行工位清洁和整理	5	
7	时间	操作时间为 40min	每超过 1min 扣 1 分	5	
合计				100	
说明：每项分都是扣完为止					

【知识链接】

一、串联电路

图 1-27 所示是汽车前照灯控制电路实物图。图中从蓄电池正极→灯组合开关→熔丝→前照灯→数字万用表→蓄电池负极，按顺序首尾通过导线相接。这种由两个或两个以上电气元件首尾依次顺序连接起来所构成的无分支的电路叫作串联电路。

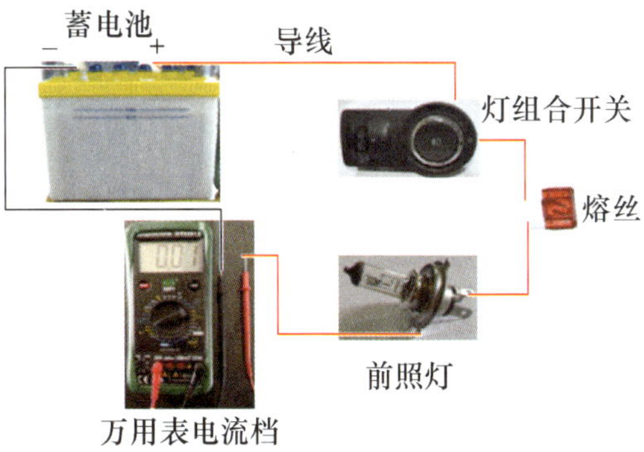

图 1-27 汽车前照灯控制电路实物图

为便于分析，通常把电路中的各元器件分别用一个等效电阻来替代，对于表 1-14 步骤 8 所示的电路，用电阻 R 替代灯泡 L 后的串联电路如图 1-28 所示（本图是利用 EWB 仿真软件绘制的测试电路图）。在图 1-28a 中，R_1、R_2、R_3 3 个电阻串接在一起，并在 3 个不同位置分别串入 A_1、A_2、A_3 3 个数字万用表，用于监测电路的工作电流，V、V_1、V_2、V_3 用于监测电源和 3 个电阻上的电压降。从图中可以看出，因为串联电路中只有一条通路，所以，图 1-28a 电路中，流过一个电阻的电流 I 同时也流过另一个，即 A_1、A_2、A_3 3 个表的读数相同，V_1、V_2、V_3 的读数相加等于 V 的读数；这种电路只需要一个控制开关，且开关的位置对电路没有影响；各电阻之间的工作是互相影响的，只要一个电阻或线路连接异常，其他的电阻也无法正常工作。图 1-28b 中，R_1 与电流表 A_2 的连线断开，整个电路无工作电流，A_1、A_2、A_3 3 个表的读数都为 0。

扫一扫

串联电路的基本特点

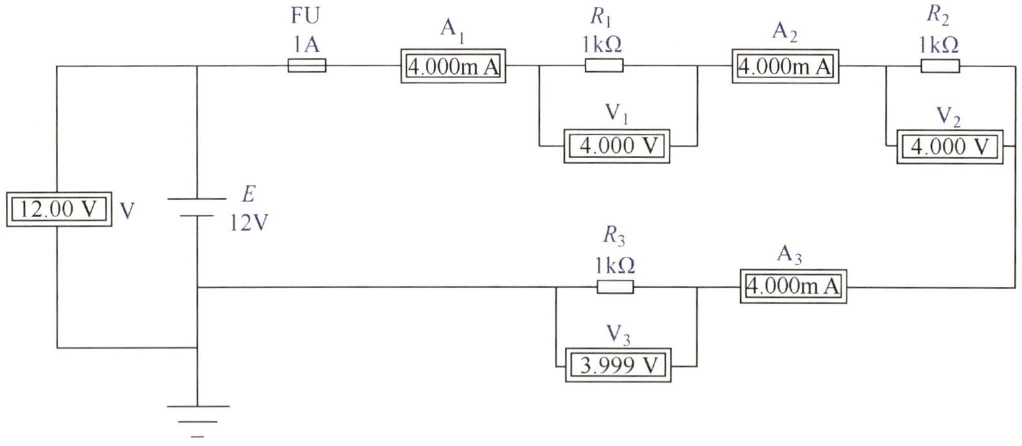

a)

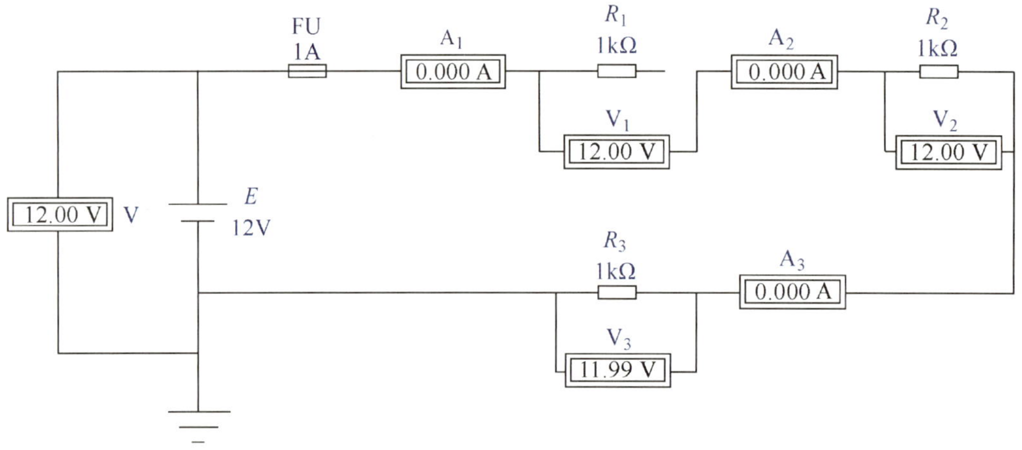

b)

图 1-28　电阻串联电路

a）正常的串联电路　b）异常的串联电路

由表 1-14 的实验和图 1-28a 中的 A_1、A_2、A_3 和 V_1、V_2、V_3、V 的读数，可得出串联电路的特点如下：

1）串联电路中，流过各个负载的电流相等，并等于总电流，即 $I_1=I_2=I_3=\cdots=I_n$。

2）电路两端的总电压等于串联电路中各负载两端的电压之和，即 $U=U_1+U_2+U_3+\cdots+U_n$。串联电路的总功率等于各电阻消耗的功率之和。

3）电路的总电阻等于串联电路中各负载电阻之和，即 $R=R_1+R_2+R_3+\cdots+R_n$。如图 1-29 所示（本图也是利用 EWB 仿真软件绘制的测试电路图），R_1、R_2、R_3 是 3 个阻值分别为 1kΩ 的电阻，这 3 个电阻串接后，用数字万用表测量其总阻值，表上的显示值为 3kΩ，等于 R_1、R_2 和 R_3 的阻值之和。串联电路中各个电阻两端的电压与该阻值成正比，即阻值越大，该电阻两端分得的电压也越大，如图 1-30 所示。由图中可知，R_1 的阻值最小（为 1kΩ），所分得的电压也最小（约 2V）；R_3 的阻值最大（为 3kΩ），分到的电压也最大（约 6V）。

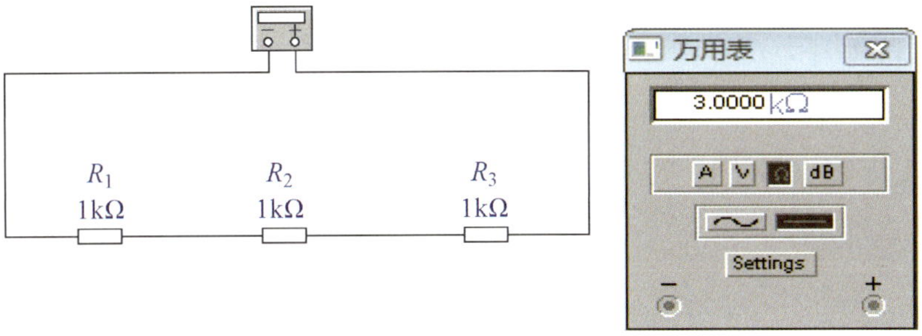

图 1-29 串联电路的总电阻特性

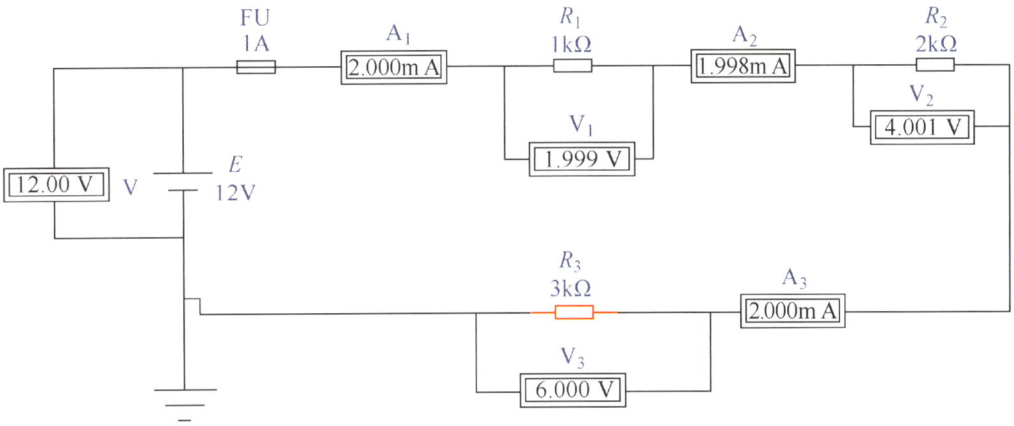

图 1-30 串联电路的分压特性

二、并联电路

观察图 1-31 所示的现象，图 a 表示当灯控制开关接通时，汽车左右前照灯同时亮；图 b 表示汽车左前照灯损坏不亮，但右前照灯正常，能照常点亮。这表明，汽车左右前照灯的工作是相互独立、互不影响的。在实际应用中，常把两个或两个以上的车灯（或用电设备）两端连接在电路相同的两点间，使每个车灯（或用电设备）处于同一电压作用下独立工作，这种电路连接称为并联电路。左右前照灯供电电路的原理图如图 1-32 所示。两个灯并接后，通过灯组合控制开关、熔丝与蓄电池连接。

为了便于分析并联电路的特点，同样用电阻来代替表 1-14 步骤 18 的汽车车灯，代替后的电路如图 1-33 所示。R_1、R_2、R_3 3 个电阻采用并联连接，R_1、R_2、R_3 的支

路上分别串入 A_1、A_2、A_3 3 个数字万用表，用于监测各支路的工作电流，V、V_1 用于监测电源和 3 个电阻上的电压降。从图中可以看出，因为各电阻是接在同一电源上，所以 V_1 与 V 相等；A 的读数等于 A_1、A_2、A_3 的读数之和。因为并联电路有多条支路，电流从干路流入之后，便流向各个支路，然后再汇集流出。为了使各支路安全工作，确保各个用电器之间的工作是互不影响的，这种电路需要安装多路控制开关，就像图 1-31b 一样，一个前照灯损坏，而另一个前照灯仍可以正常工作。具体的电路如图 1-33b 所示，虽然 R_3 与电路的连线断开了，造成该支路不工作，但是 R_1、R_2 支路仍然正常工作。

由表 1-14 步骤 17 和 18 的实验所获得的数据和图 1-33a 的指示数据，可以得出并联电路的特点如下：

1）并联电路中，不论各支路两端负载大小，各个支路两端的电压都相等。即 $U=U_1=U_2=U_3=\cdots=U_n$。并联电路中的总功率也等于各电阻消耗的功率之和。

2）并联电路的总电流等于流经各支路电流之和，即 $I=I_1+I_2+I_3+\cdots+I_n$

3）并联电路总电阻的倒数等于并联电路中各支路电阻倒数之和，即 $\frac{1}{R}=\frac{1}{R_1}+\frac{1}{R_2}+\frac{1}{R_3}\cdots+\frac{1}{R_n}$，其阻值测量示意图如图 1-34 所示。$R_1$、$R_2$、$R_3$ 分别为 1kΩ，3 个电阻并联后，用数字万用表测量其阻值，显示的数字为 333.3Ω。因此，当并联越多负载时，电路的总电阻值将越小，电路中总电流 I 会越大（图 1-33 的数值清晰地表明了这一特点，图 a 为 3 个电阻并联，并联后的总阻值为 333.3Ω，此时，总电流为 36mA 左右；图 b 为 2 个电阻并联，并联后的总阻值为 500Ω，此时，总电流为 24mA ）。

a)　　　　b)

图 1-31　左右前照灯独立工作示意图

a）左右前照灯正常工作　b）一个前照灯不亮

4）并联电路中，各支路的电流视其电阻大小而定：支路的电阻越小，流过该支路的电流越大；反之，电阻越大，则流过电流越小。电阻大到无限大（∞）即视同断路；电阻小到零时则视同短路，其特性如图 1-35 所示。图中支路 1 的电阻 R_1 为 1kΩ，流过的电流表 A_1 的读数为 12mA；支路 2 的电阻 R_2 为 3kΩ，流过的电流表 A_2 的读数为 4mA；支路 3 的电阻 R_3 为 4kΩ，流过的电流表 A_3 的读数为 3mA。总电流表 A 的读数为 19mA。

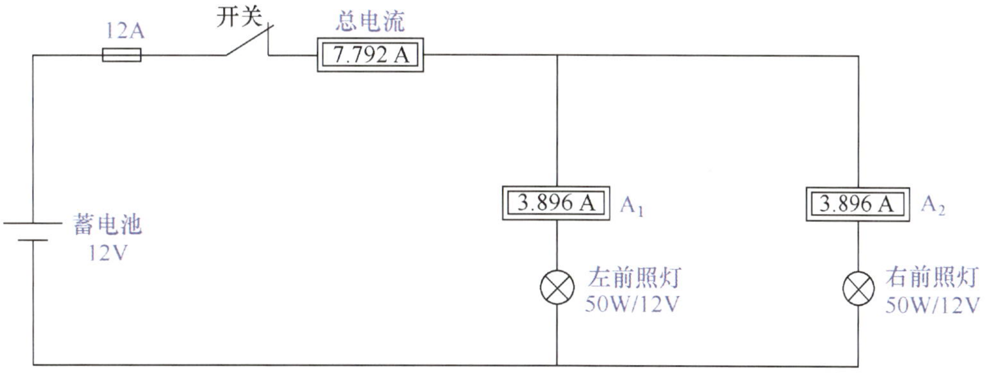

图 1-32　左右前照灯供电电路原理图

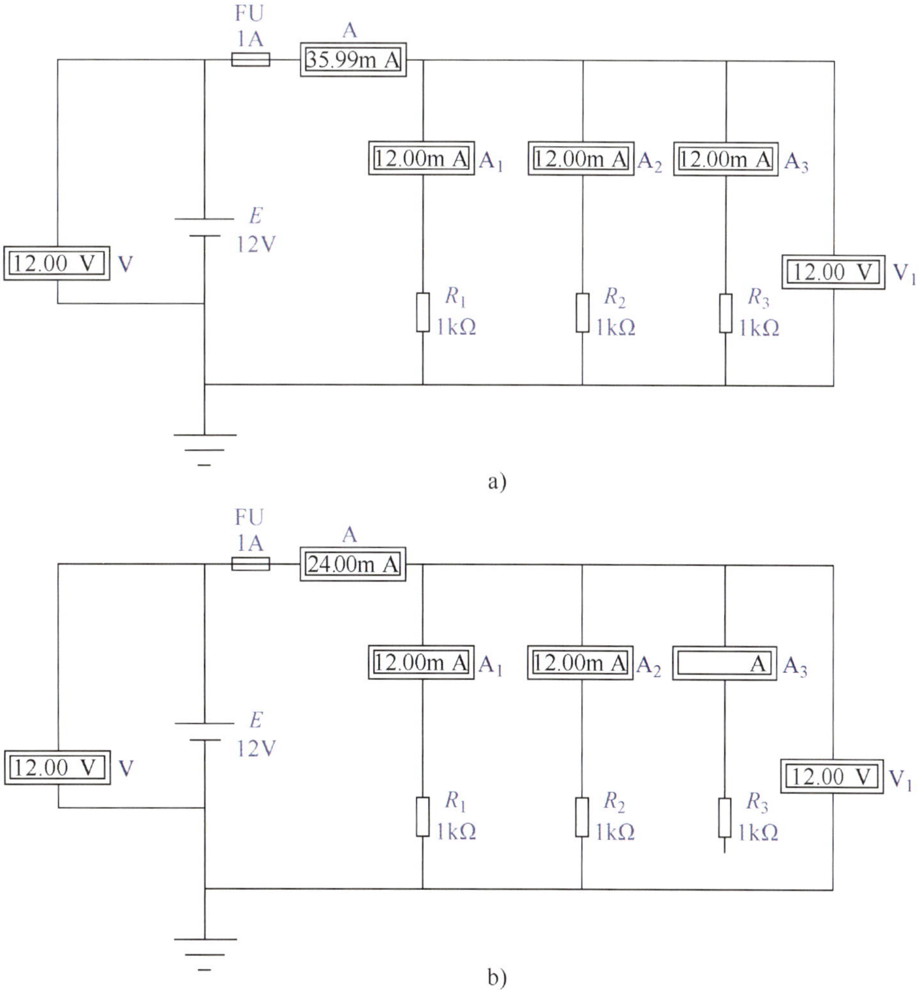

图 1-33　并联电路示意图

a）正常工作的并联电路　b）R_3 与电路连接断开后的并联电路

扫一扫

并联电路的基本特点

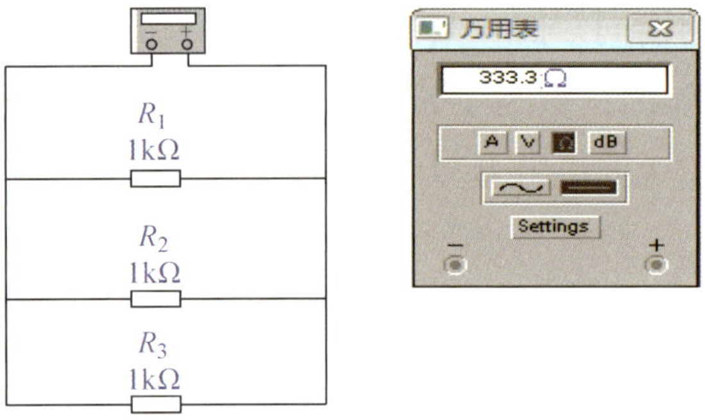

图 1-34　并联电路总电阻值测量示意图

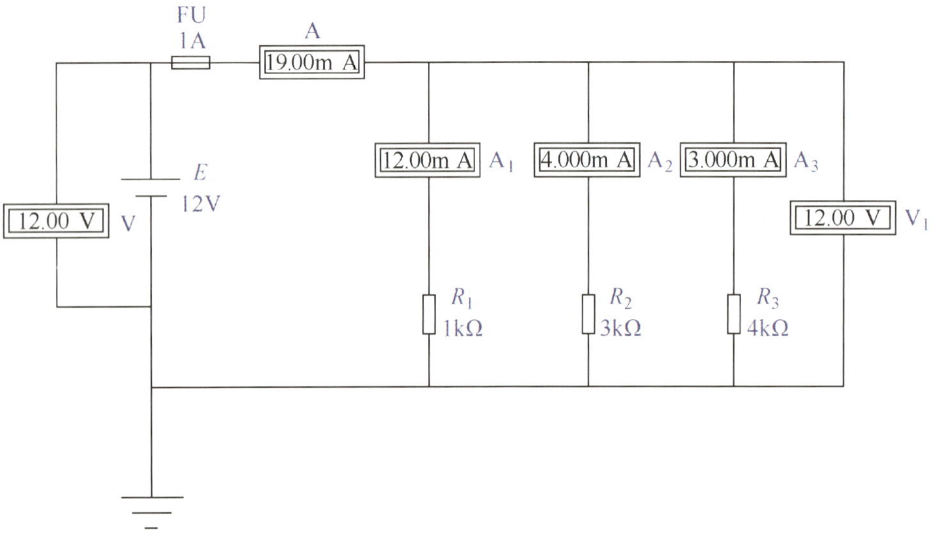

图 1-35　并联电路的支路电流特性

三、串 / 并联电路的特点归纳

扫一扫

汽车电路的基本特点

串 / 并联电路各自的特点归纳见表 1-16。

表 1-16　串 / 并联电路各自的特点归纳

项　目	串 联 电 路	并 联 电 路
定义	把元件逐个顺次相连组成的电路	把各元件并列连接组成的电路
电流	串联电路中电流处处相等 $I=I_1=I_2=I_3=\cdots=I_n$	并联电路，干路电流等于各支路电流之和（并分流）$I=I_1+I_2+I_3+\cdots+I_n$
电压	串联电路两端的总电压等于各部分电路两端的电压之和（串分压）$U=U_1+U_2+U_3+\cdots+U_n$	并联电路中，各支路两端的电压都相等 $U=U_1=U_2=U_3=\cdots=U_n$
电阻	串联电路的总电阻等于各分电阻之和	并联电路的总电阻的倒数等于各分电阻的倒数之和
电阻（两个）	总电阻的计算式：$R=R_1+R_2$	总电阻的关系式：$\frac{1}{R}=\frac{1}{R_1}+\frac{1}{R_2}\Rightarrow R=\frac{R_1R_2}{(R_1+R_2)}$

（续）

项　　目	串 联 电 路	并 联 电 路
电阻（多个）	总电阻的计算式： $R=R_1+R_2+R_3+\cdots+R_n$	总电阻的关系式： $\frac{1}{R}=\frac{1}{R_1}+\frac{1}{R_2}+\cdots+\frac{1}{R_n}$
电阻（多个相同）	总电阻的计算式： $R=nR_1$	总电阻的计算式： $R=\frac{R_1}{n}$
分配比例	串联电路中，各电阻的电压分配跟它们的电阻成正比： $\frac{U_1}{U_2}=\frac{R_1}{R_2}$	并联电路中，各支路电阻的电流分配跟它们的支路电阻成反比： $\frac{I_1}{I_2}=\frac{R_2}{R_1}$

四、混联电路

电路中元件既有串联又有并联的连接方式称为混联电路，如图 1-36 所示。其中 R_2、R_4 串联后，与 R_3 并联，再与 R_1 串联。对于混联电路的物理量计算，要根据所给的实际电路，找出串、并规律，再按照串、并联电路的特点进行计算。

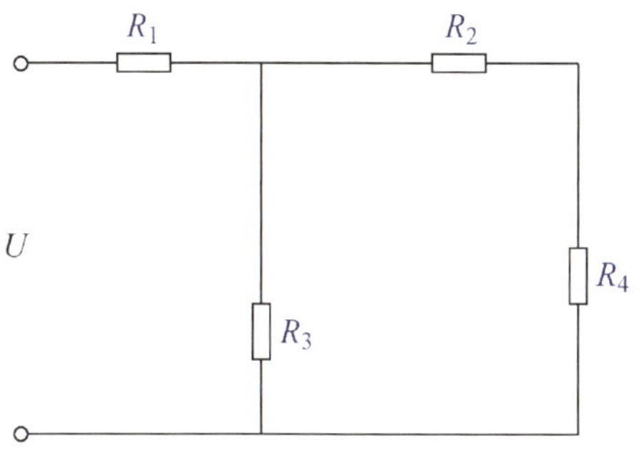

图 1-36　混联电路

例 1-3　在图 1-36 中，$R_2=R_4=1\text{k}\Omega$，$R_1=R_3=2\text{k}\Omega$。试求电路的等效电阻 R 为多少。

解： 由图 1-36 可知，电路中总电阻

$$R=R_1+\frac{R_3(R_2+R_4)}{R_3+(R_2+R_4)}=2\text{k}\Omega+\frac{2\times(1+1)}{2+(1+1)}\text{k}\Omega=3\text{k}\Omega$$

答： 电路中等效电阻为 $3\text{k}\Omega$。

例 1-4　电路如图 1-37 所示，$R_1=2\Omega$，$R_2=3\Omega$，$R_3=6\Omega$，$R_4=5\Omega$，求等效电阻 R_{AB}。

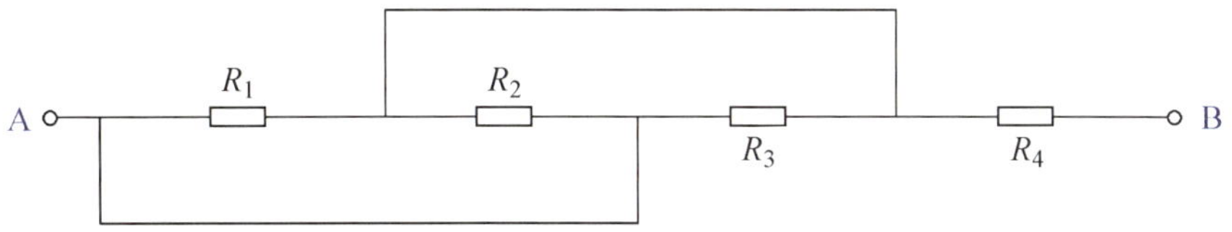

图 1-37　例 1-4 图

解：（1）在电阻之间的连接点上标注字母，电动势相等的点标注同一字母，如图 1-38 所示。

（2）在一条直线上将刚才标注的字母顺次排列，将电阻元件填入相应的字母之间。整理电路，使之展现出明确的电阻串、并联关系，如图 1-39 所示。

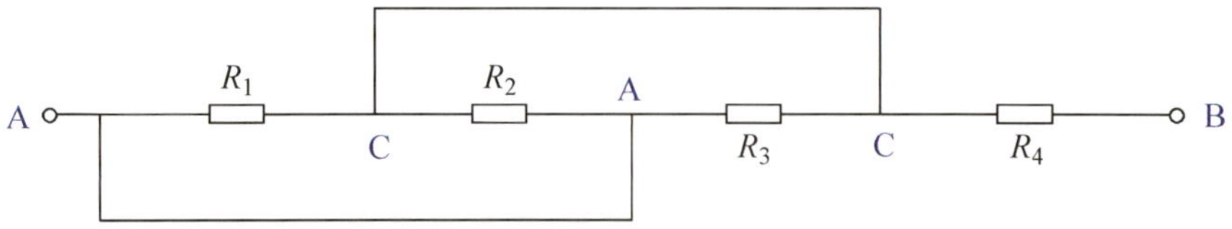

图 1-38　标注字母

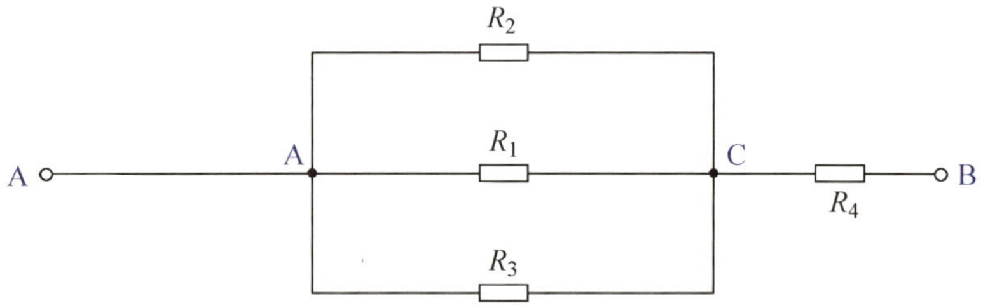

图 1-39　整理后的电路

由图 1-39 可知：

$$R_{AB}=\frac{1}{\frac{1}{R_1}+\frac{1}{R_2}+\frac{1}{R_3}}+R_4=1\Omega+5\Omega=6\Omega$$

答：等效电阻 R_{AB} 为 6Ω。

任务六　认知基尔霍夫定律

【任务目标】

知识目标：	核心素养：	技能目标：
1）理解复杂电路基尔霍夫定律； 2）学会基尔霍夫电流定律（KCL）的分析与计算方法； 3）学会基尔霍夫电压定律（KVL）的分析与计算方法。	培养逻辑分析思维，初步形成谦虚谨慎、善于思考并具有知识迁移的能力。	初步会运用基尔霍夫定律分析复杂电路。

建议课时：4 课时。

【任务描述】

本任务通过采用 EWB 仿真软件对复杂电路中的支路电流和电压进行测量，来介绍基尔霍夫电流和电压定律。

【任务实施】

利用 EWB 仿真软件测量图 1-40 所示电路的各支路电流和电压。

一、器材

安装有 EWB 仿真软件的电脑。

二、步骤

1）在电脑上打开 EWB 仿真软件。

2）根据图 1-40，选择电阻、电源和熔丝。

3）选择电流表和电压表，再按图 1-41 所示的电路进行连接。

4）电路连接完毕，运行 EWB 软件，观察电流表和电压表读数，并记录。

5）实训完毕，退出 EWB 运行环境。

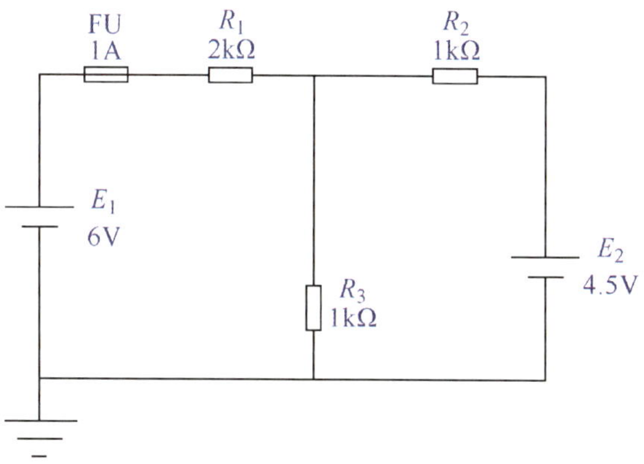

图 1-40　复杂电路举例

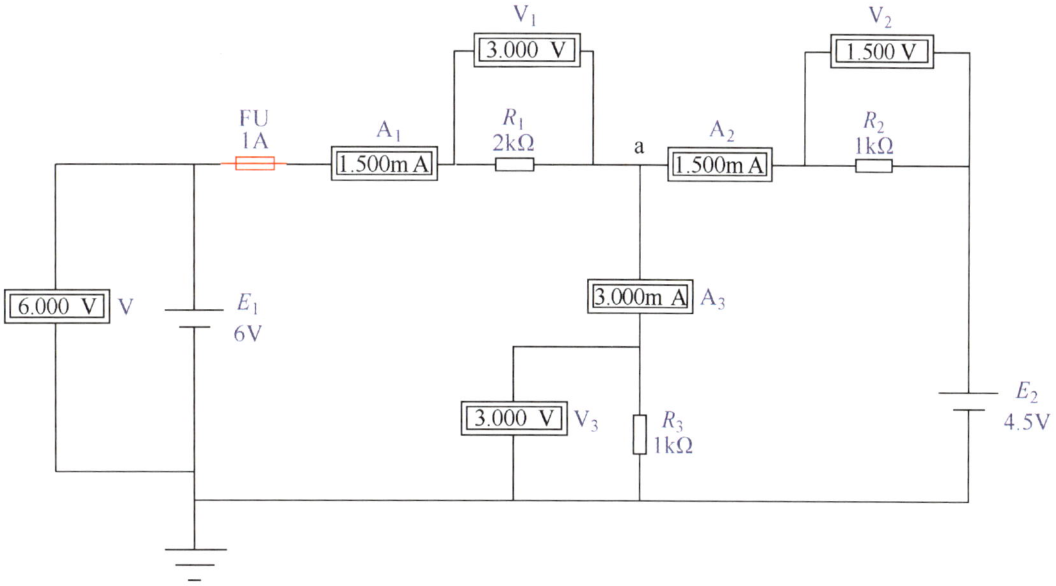

图 1-41　验证基尔霍夫电流和电压定律

【检测评价】

检测评价见表 1-17。

表 1-17　检测评价

序号	评价项目	评价内容	评分细则	分值	得分
1	准备工作	作业前准备	准备实训相关器材、仪表等	10	
2	连接电路	正确打开 EWB 仿真软件	EWB 仿真软件正确运行、新建文件正确	10	

（续）

序号	评价项目	评价内容	评分细则	分值	得分
2	连接电路	选择器材	能够正确选出所需器材：电阻、熔丝、电源、电流表、电压表	20	
		连接电路	动作规范合理，正确连接电路中各元器件	20	
3	通电测试	正确运行测试	动作规范合理，万用表有读数	10	
4	素养提升	逻辑分析和知识迁移	谦虚谨慎、善于思考，形成逻辑分析思维，具有知识迁移的能力	10	
		安全文明生产	按指导教师要求操作，操作完毕，保存文件、正确退出 EWB 软件	10	
5	时间	操作时间为 25min	每超过 1min 扣 1 分	10	
合计				100	
说明：每项分都是扣完为止					

【知识链接】

一、基尔霍夫电流定律（KCL）

接下来再观察图 1-41 的测量结果：A_1 的读数为 1.5mA，表示流入节点 a 的电流为 1.5mA，A_2 的读数为 1.5mA，表示流入节点 a 的电流为 1.5mA，A_3 的读数为 3mA，表示流出节点 a 的电流为 3mA。简单计算一下，同样可得流入节点 a 的电流为 3mA（1.5mA+1.5mA=3mA），与流出节点 a 的电流 3mA 相等。图 1-41 中的电流关系可以用基尔霍夫电流定律来解释。

基尔霍夫电流定律是确定电路中任意节点处各支路电流之间关系的定律，因此又称为节点电流定律，它的内容为：在任一瞬时，流向某一节点的电流之和恒等于由该节点流出的电流之和，即

$$\sum i(t)_{入}=\sum i(t)_{出} \tag{1-1}$$

在直流的情况下，则有：

$$\sum I_{入}=\sum I_{出} \tag{1-2}$$

通常把式（1-1）、式（1-2）称为节点电流方程，或称为 KCL 方程。

它的另一种表示为$\sum i(t)=0$

即对任一节点来说，流入、流出该节点电流的代数和等于零。

我们再来观察图 1-35 中电流表测量的数值，干路电流 A 为 19mA，表示流入节点，3 条支路的电流值分别为 12mA、4mA、3mA，表示流出节点。于是有流入节点

的电流为 19mA，与流出节点的电流和（12mA+4mA+3mA=19mA）相等，符合基尔霍夫电流定律。

基尔霍夫电流定律应用的关键在于列节点电流方程。在列电流方程时，各电流变量前的正、负号取决于各电流的参考方向选取，通常规定，参考方向背离（流出）节点的电流取正号，而参考方向指向（流入）节点的电流取负号。

图 1-42 所示为某电路中的节点 a，连接在节点 a 的支路共有五条，在所选定的参考方向下有：

$$I_1+I_4=I_2+I_3+I_5$$

KCL 定律不仅适用于电路中的节点，还可以推广应用于电路中的任一假设的封闭面。即在任一瞬间，通过电路中任一假设封闭面的电流代数和为零。

图 1-43 所示为某电路中的一部分，选择封闭面如图中虚线所示，在所选定的参考方向下有：$I_1+I_6+I_7=I_2+I_3+I_5$

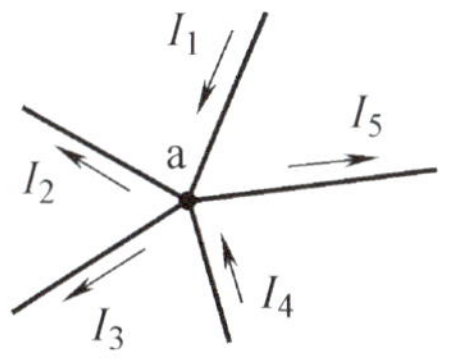

图 1-42　KCL 应用

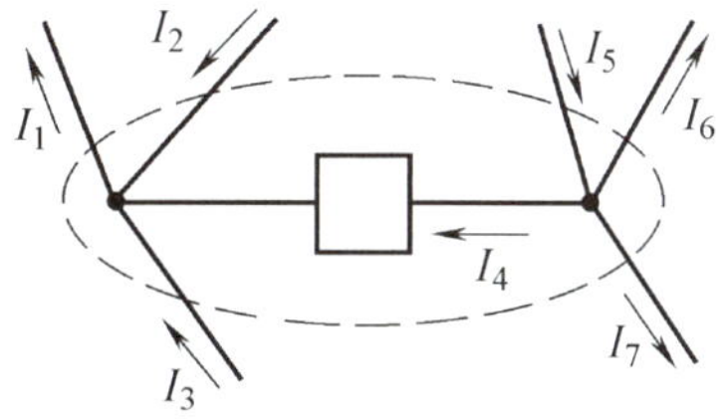

图 1-43　KCL 推广

例 1-5　已知 I_1=3A、I_2=5A、I_3=−18A、I_5=9A，计算图 1-44 所示电路中的电流 I_6 及 I_4。

解：对于节点 a，4 条支路上的电流分别为 I_1 和 I_2 流入节点，I_3 和 I_4 流出节点；对于节点 b，3 条支路上的电流分别为 I_4、I_5、I_6，均为流入节点，于是有

对节点 a，根据 KCL 定律可知：

$$I_1+I_2=I_3+I_4$$

则：$I_4=I_1+I_2-I_3=(3+5+18)\text{A}=26\text{A}$

对节点 b，根据 KCL 定律可知：

$$I_4+I_5+I_6=0$$

则：$I_6=-I_4-I_5=(-26-9)\text{A}=-35\text{A}$

例 1-6　已知 I_1=5A、I_6=3A、I_7=−8A、I_5=9A，试计算图 1-45 所示电路中的电流 I_8。

解：在电路中选取一个封闭面，如图中虚线所示，根据 KCL 定律可知：

$$I_1+I_6+I_8=I_7$$

则：$I_8=I_7-I_1-I_6=(-8-5-3)\text{A}=-16\text{A}$

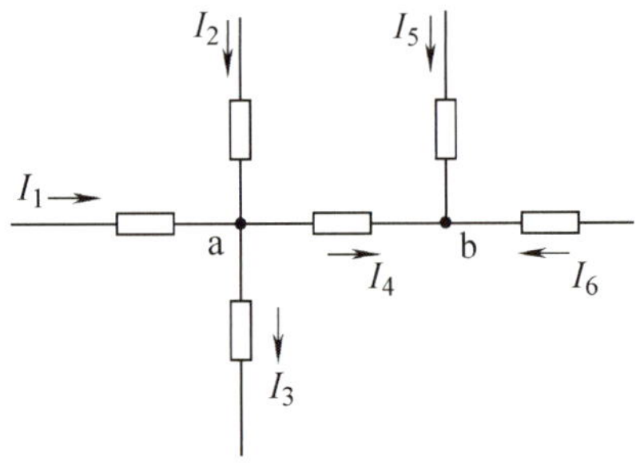

图 1-44　例 1-5 电路图

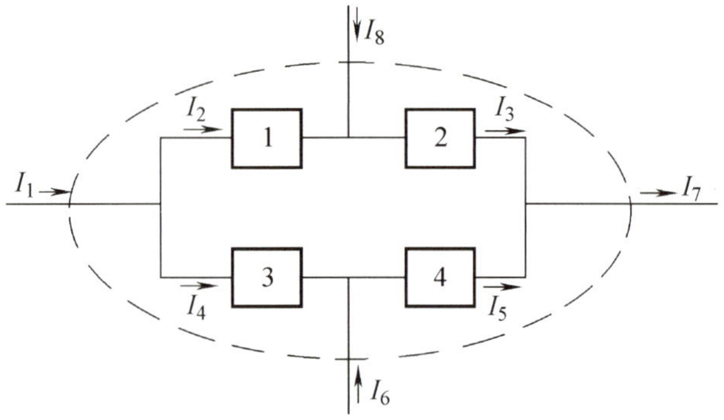

图 1-45　例 1-6 电路图

二、基尔霍夫电压定律（KVL）

我们再来观察图 1-41 的测量结果，电压表 V 的读数为 6V，V_1 的读数为 3V，V_3 的读数为 3V，因此有 $V=V_1+V_3$；同样，V_2 的读数为 1.5V，$V_2+V_3=4.5V=E_2$。图 1-41 中电压存在的关系，可以用基尔霍夫电压定律来解释。

基尔霍夫电压定律是确定电路中任意回路内各电压之间关系的定律，因此又称为回路电压定律，它的内容为：在任一瞬间，沿电路中的任一回路绕行一周，在该回路上电动势之和恒等于各电阻上的电压降之和，即

$$\sum E=\sum IR \tag{1-3}$$

在直流的情况下，则有：

$$\sum U_{电压升}=\sum U_{电压降} \tag{1-4}$$

通常把式（1-3）、式（1-4）称为回路电压方程，简称为 KVL 方程。

KVL 定律用于描述电路中组成任一回路上各支路（或各元件）电压之间的约束关系，沿选定的回路方向绕行所经过的电路电位的升高之和等于电路电位的下降之和。

回路的“绕行方向”是任意选定的，一般以虚线表示。在列写回路电压方程时通常规定，电压或电流的参考方向与回路“绕行方向”相同时，取正号；参考方向与回路“绕行方向”相反时，取负号。

图 1-46 为某电路中的一个回路 ABCDA，各支路的电压在所选择的参考方向下为 u_1、u_2、u_3、u_4，因此，在选定的回路“绕行方向”下有：

$$u_1+u_2=u_3+u_4$$

KVL 定律不仅适用于电路中的具体回路，还可以推广应用于电路中的任一假想的回路。即在任一瞬间，沿回路绕行方向，电路中假想的回路中各段电压的代数和为零。

图 1-47 为某电路中的一部分，路径 a、f、c、b 并未构成回路，选定图中所示的回路“绕行方向”，对假象的回路 afcba 列写 KVL 方程有：

$$u_4+u_{ab}=u_5$$

则：

$$u_{ab}=u_5-u_4$$

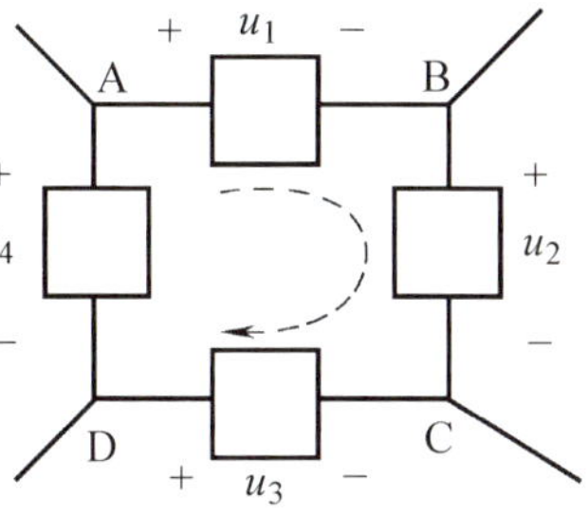

图 1-46　KVL 应用

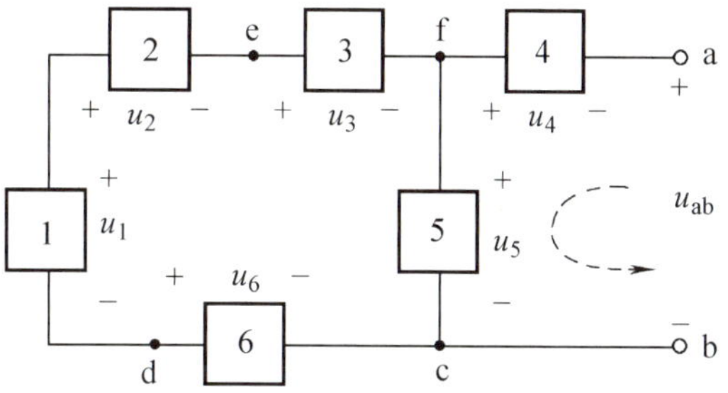

图 1-47　KVL 推广

由此可见：电路中 a、b 两点的电压 u_{ab}，等于以 a 为原点、以 b 为终点，沿任一路径绕行方向上各段电压的代数和。其中，a、b 可以是某一元件或一条支路的两端，也可以是电路中的任意两点。

有兴趣的读者，可以根据 KCL 和 KVL 定律，通过列方程，验算一下图 1-41 中各支路电流和各元件的电压值是否与图中的测量结果一致？并试着计算图 1-48 中各支路电流和各元件的电压值各为多少？

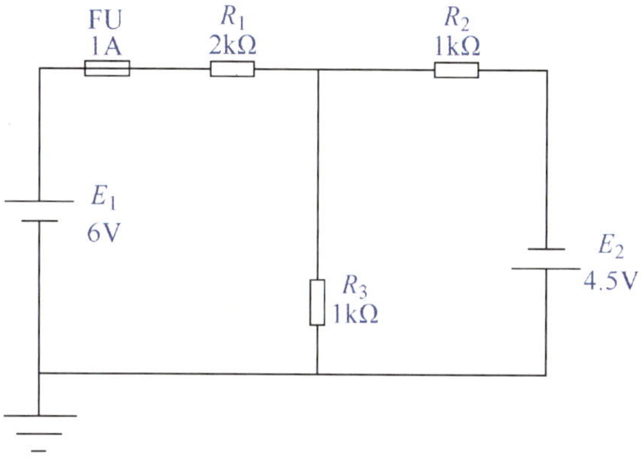

图 1-48　电路图

课 后 测 评

一、填空题

1. 万用表是电工电子设备________、________及维护不可或缺的工具。

2. 负载，也称________，是消耗________的装置。汽车上的前照灯就是一种将________转换成为________的负载。

3. 电路中常用的 4 个主要的物理量分别是________、________、________和________。

4. 电流是一个矢量，既有________，又有________。习惯上把________移动的方向规定为电流的方向。

5. 电压的方向：正方向是由________指向________，即表示电位降落的方向。

6. 物理学中的电位又称为________，电路中每一点都有一定的电位。衡量电位高低必须有一个计算电位的起点，即参考点，称为________。

7. 电功率是____________在单位时间内所做的功，其物理意义是衡量电路组件或设备在单位时间内吸收或发出的____________。

8. 电路的 3 种工作状态有____________、____________和____________。

9. 欧姆定律一般可分为__________________欧姆定律和__________________欧姆定律。

10. 在图 1-49 所示的电路中，已知 I_1=0.01A，I_2=0.3A，则 I_3=____________A。

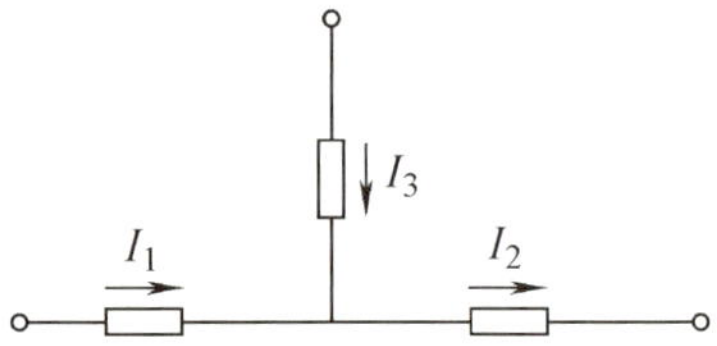

图 1-49

二、判断题

1. 可以用万用表电阻档或电流档测电压。（　　）
2. 电动势只存在于电源内部。（　　）
3. 汽车上所有用电设备都是并联连接的。（　　）
4. 电路一般由电源、负载、导线和控制装置 4 部分组成。（　　）
5. 在汽车运行中，可拆装蓄电池正负极的任意一根线。（　　）
6. 电流表必须并联在被测电路中进行测量。（　　）
7. 短路是指电路中存在电流绕过部分负载的故障。（　　）
8. 电路中电流的方向是电子运动的方向。（　　）
9. 电阻串联时，阻值大的电阻分得的电压大，阻值小的电阻分得的电压小，但通过的电流是一样的。（　　）
10. 基尔霍夫定律既适用于线性电路也适用于非线性电路。（　　）

三、选择题

1. 下列设备中属于电路组成中间环节的是（　　）。

A. 连接导线　　B. 电源　　C. 白炽灯

2. 用万用表测量电阻时，必须（　　）。

A. 带电测量　　B. 放在电路中测量　　C. 断电测量

3. 电动势与电压的方向（　　）。

A. 相反　　B. 相同　　C. 相逆

4. 下列设备中，其中（　　）通常作为电源。

A. 发电机　　B. 电视机　　C. 电炉

5. 两只电阻值均为 100Ω 的电阻串联时，其阻值为（　　），并联时阻值为（　　）。

A. 50Ω 100Ω　　B. 100Ω　50Ω　　C. 200Ω　50

6. 熔断器用在电路中，主要起（　　）保护。

A. 短路　　B. 过载　　C. 欠载

7. 有一电阻值为 800Ω，通过电阻的电流为 50mA，则电阻两端的电压为（　　）。

A. 400V　　B. 40V　　C. 4000V

8. 直流电的文字符号为（　　）。

A. AC　　B. VC　　C. DC

四、简答题

1. 简述串、并联电路的特点。

2. 简述用万用表测量电阻的方法。

五、计算题

1. 一根铜导线长度为2000m，横截面积A=1.5mm^2，问这根导线的电阻有多大（已知铜的电阻率ρ=1.678Ω·m）

2. 一个“220V、1kW”的电炉，正常工作时电流有多大？如果不考虑温度对电阻的影响，把它接到110V的电压上，它的功率是多少？

3. 小明家有一台空调，制冷时的电功率为1.24kW，小明家夏天平均每天使用8h，一个暑假（60天）需要用多少度电？若每度电按0.60元计算，需要多少电费？

4. 已知电源的电动势为3V，内电阻为0.1Ω，外电路的电阻为1.9Ω，求电路中的电流和端电压。

5. 有两个电阻并联，其中R_1为200Ω，通过R_1的电流I_1为0.2A，通过整个并联电路的电流I为0.8A，请简要画出电路图，并求出R_2和通过R_2的电流I_2。

6. 如图 1-50 所示电路，已知电源电动势为 8V，内电阻为 1Ω，外电路有 3 个电阻，R_1 为 5.8Ω，R_2 为 2Ω，R_3 为 3Ω。求：

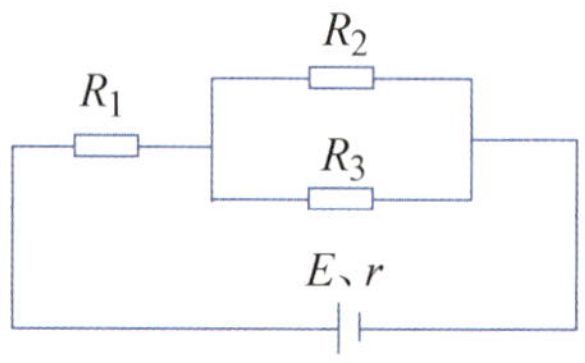

图 1-50

1）通过各电阻的电流：

2）外电路中各电阻的电压降和电源内部的电压降：

3）外电路中各电阻消耗的功率、电源内部消耗的功率和电源的总功率：

7. 如题图 1-51 所示电路，已知 $E_1=E_2=17\text{V}$，$R_1=1\Omega$，$R_2=5\Omega$，$R_3=2\Omega$。

1）列出节点 A 的节点电流方程：

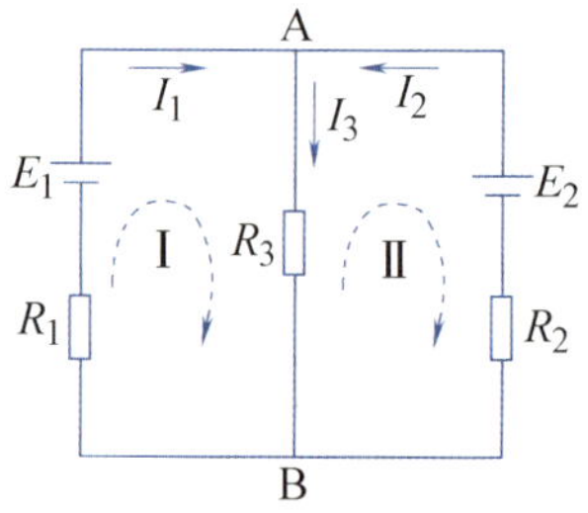

图 1-51

2）列出回路Ⅰ、回路Ⅱ的回路电压方程：

3）用支路电流法求流过各支路的电流：

学习反思

通过本模块的学习，你对直流电路的知识点和技能点有哪些新的领悟，在职业的核心素养上有哪些新的提升，请总结归纳。

模块二 电磁器件

【模块描述】

本模块主要借助丰田卡罗拉汽车转向灯控制电路中所用的电容式闪光继电器的动作过程、现实的电磁场实验，来把隐性的电磁场的相关概念通过实际器件的动作以及实验加以显性地描述。卡罗拉汽车转向灯位置、闪光继电器的安装位置和危险警告灯控制开关如图 2-1 所示，主要包含左、右、前、中、后转向灯（共 6 盏）。

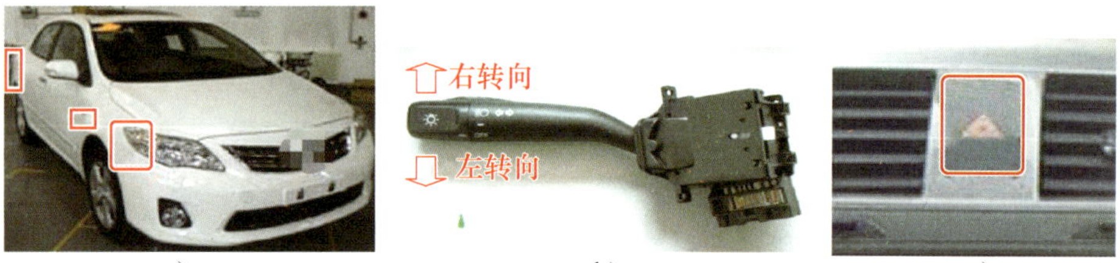

a)　　　b)　　　c)

图 2-1　卡罗拉转向灯及危险警告灯

a）右转向灯　b）转向灯开关　c）危险警告灯控制开关

想一想

前照灯电路中灯泡常亮，转向灯电路灯泡闪烁，对比一下，这两种电路有何不同？

任务一　连接汽车闪光继电器控制电路

【任务目标】

知识目标：	核心素养：	技能目标：
1）认识闪光继电器的类型及其作用； 2）了解电容式闪光继电器的工作过程。	养成规范操作的习惯，深刻理解规范不仅意味着把任务做完，更意味着将任务完成得更好。	1）探究双向开关和闪光继电器的检测方法； 2）掌握转向灯控制电路的连接方法。

建议课时：4 课时。

【任务描述】

汽车左右转向灯或危险警告灯是在闪光继电器控制下有节奏地闪烁。例如，当汽车要向右转时，操作转向控制开关（见图 2-1b），汽车的前、中、后 3 盏右转向灯在闪光继电器的控制下闪烁，提示汽车要向右转；当汽车处在紧急状态下时可打开危险警告灯（见图 2-1c），此时左右 6 盏转向灯同时闪烁，以警示过往车辆和行人。

【任务实施】

连接汽车转向灯控制电路实物图。

一、器材

连接汽车转向灯控制电路所需器材见表 2-1。

表 2-1　连接汽车转向灯控制电路所需器材

序号	名　称	实　物　图	序号	名　称	实　物　图
1	导线		3	斜口钳	
2	开关		4	熔丝	

（续）

序号	名　称	实 物 图	序号	名　称	实 物 图
5	剥线钳		8	数字万用表	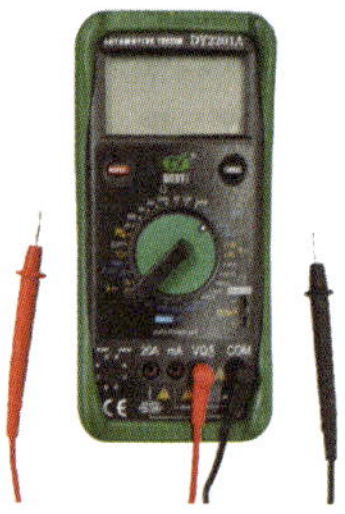
6	灯泡	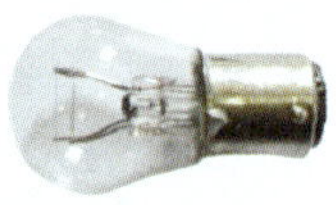	9	电容式闪光继电器	
7	蓄电池		10	双向开关	

二、用数字万用表检查双向开关

用数字万用表检查双向开关的方法见表 2-2。

表 2-2　用数字万用表检查双向开关的方法

检测元件	检　测	检测示意图	读数	元件好坏
双向开关	1）将开关置于中间位置，万用表检测开关两端电阻为无穷大 2）将开关置于左边位置，万用表检测左边电阻很小（接近于 0），右边电阻无穷大 3）将开关置于右边位置，万用表检测右边电阻很小（接近于 0），左边电阻无穷大			

三、连接汽车转向灯控制电路

汽车转向灯控制电路连接步骤见表 2-3。

表 2-3　汽车转向灯控制电路连接步骤

步　骤	任务实施描述	实施示意图
1		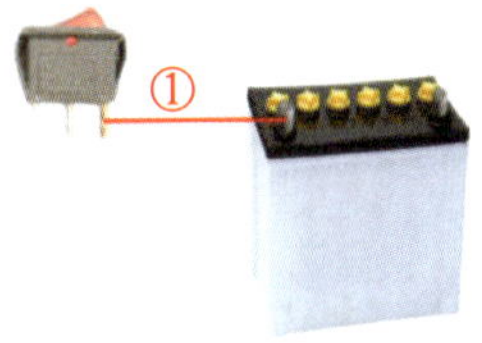
2		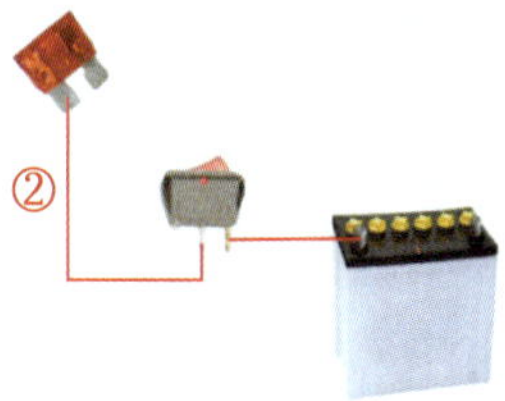
3		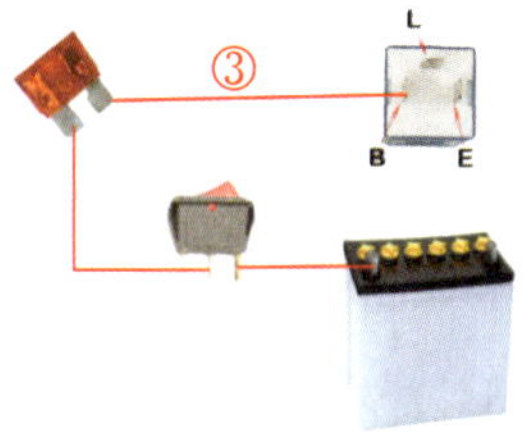
4		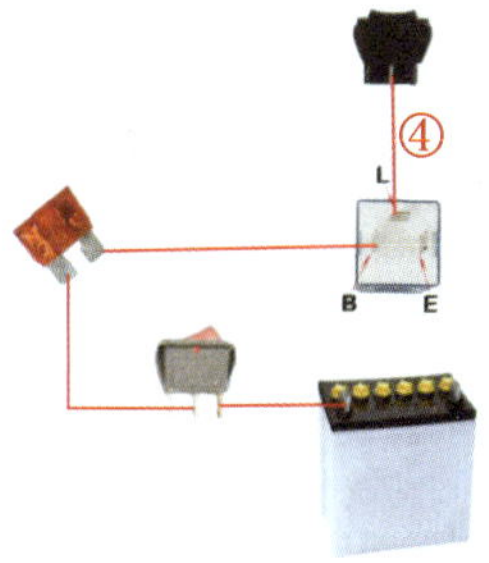
5		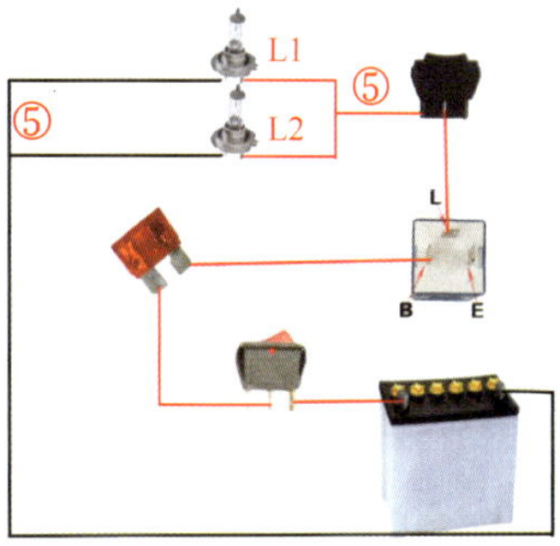
6		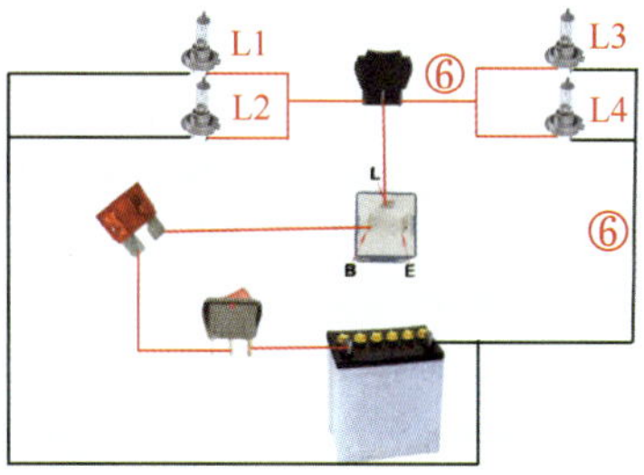

（续）

步　骤	任务实施描述	实施示意图
7		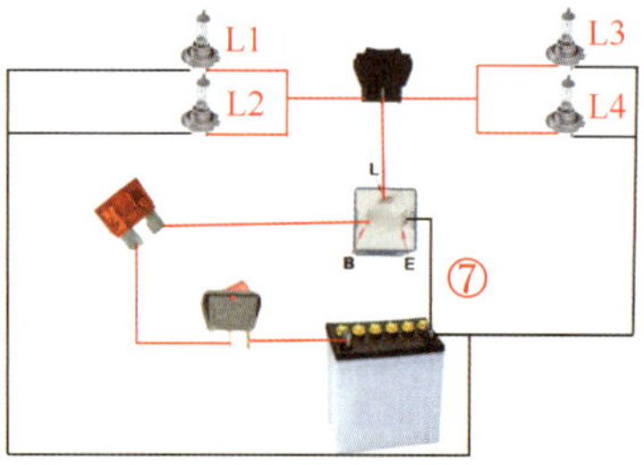
8	将双向开关打到左边，接通左转向灯，观察左边灯泡闪烁情况	
9	将双向开关打到右边，接通右转向灯，观察右边灯泡闪烁情况	
10	实训完毕，关断电源，按要求断开连接导线，收好器件和仪表	

【检测评价】

检测评价见表 2-4。

表 2-4　检测评价

序号	评 价 项 目	评 价 内 容	评 分 细 则	分值	得分
1	准备工作	准备汽车转向灯控制电路所需器材	正确、充分准备电路，连接相关器材	15	
		检测双向开关	正确检测双向开关，动作规范合理		
2	熔丝连接	正确连接熔丝	动作规范合理，无操作失误	10	
3	双向开关连接	正确连接双向开关	动作规范合理，开关接脚连接正确	15	
4	闪光继电器连接线路	正确连接闪光继电器线路	动作规范合理，正确连接闪光继电器三个接脚，无操作失误	15	

（续）

序号	评 价 项 目	评 价 内 容	评 分 细 则	分值	得分
5	左右灯泡并联连接	连接左灯泡 连接右灯泡 左右灯泡并联	动作规范合理，正确连接左右灯泡，无操作失误	20	
6	素养提升	小组团队协作	具有规范意识，团队共同规范完成闪光继电器控制电路的连接	5	
		安全文明生产	按指导教师要求操作，操作完毕，把器材断开并归位，并进行工位清洁和整理	10	
7	时间	操作时间为 40min	每超过 1min 扣 1 分	10	
合 计				100	
说明：每项分都是扣完为止					

【知识链接】

汽车上所用的闪光继电器又称为闪光器，按其结构不同，可分为阻丝式、电容式和电子式 3 种。其中阻丝式又可分为热丝式（电热式）和翼片式（弹跳式），而电子式又可分为混合式（带触点的继电器与电子元件）和全电子式（无继电器）。

一、电容式闪光器

本任务以电容式闪光器为例做介绍，其结构和控制图如图 2-2 所示。图 2-1a 中的转向灯之所以能够在电路接通后，发出有规律的闪烁，原因在于电路中设置了闪光器。这种器件工作的机理是：通过控制流入闪光器内部线圈的电流，来改变闪光器铁心产生的电磁力，进而控制闪光器内部开关的闭合与断开，达到控制闪光灯的亮灭状态。

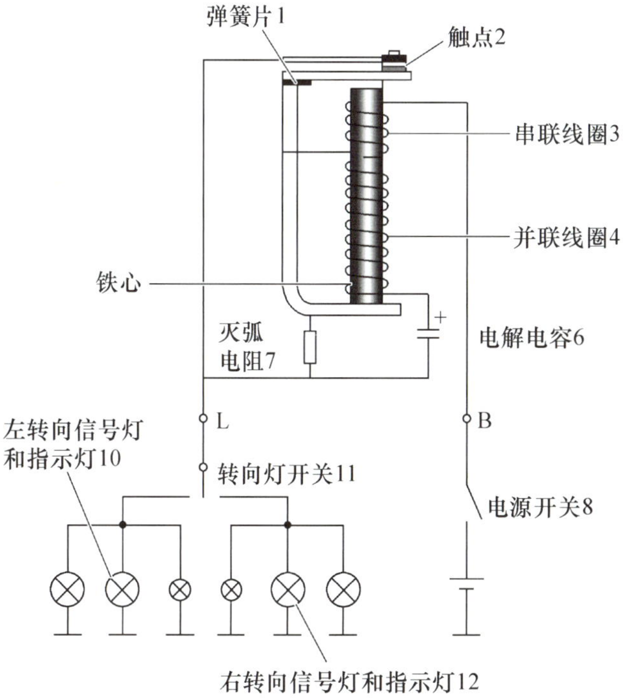

图 2-2 电容式闪光器的结构和控制图

二、电子式闪光器

电容式闪光器有个缺点就是灯光变化的频率有些迟缓，不如电子式闪光器用得多，电子式闪光器工作更加可靠，使用时间长久。该类型的闪光器结构如图 2-3 所示，该闪光器有 3 个管脚 B、L 和 E，其中 B 是 12V 的电源，L 是闪光器的控制端，E 是搭铁端。

闪光器的内部是集成电路和晶体管，通过输出高电平的控制方式来实现转向灯的控制。

图 2-4 所示是转向灯电路图，如果要实现向左的转向，先是电流从蓄电池的正极出发，通过熔丝和点火开关，这个熔丝我们一般称为主熔丝。然后在通过一个熔丝到闪光器的 B 端，闪光器是电子式的，其实就是晶体管的控制原理。在继电器内，先是 B 和 E 端形成回路，当把开关打到向左的位置，那么内部的 L 电路就会打开，电流就从 L 端流出然后通过左边的每一个转向灯，再通过车身上的金属外壳搭铁回到蓄电池的负极，最后完成整个左转向灯的控制。

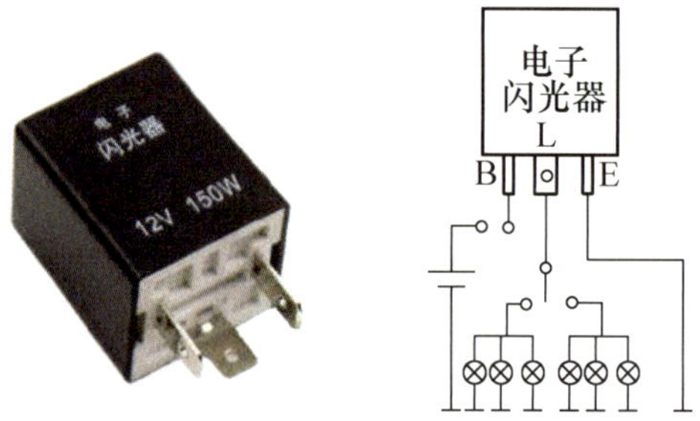

图 2-3　电子式闪光器实物图与结构示意图

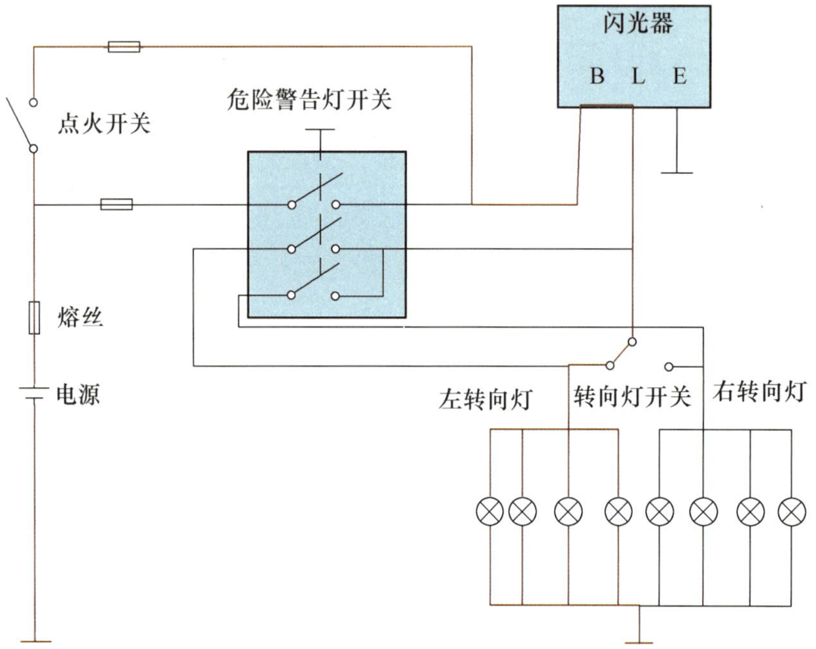

图 2-4　转向灯电路图

任务二　认知与测量电感线圈

【任务目标】

知识目标：	核心素养：	技能目标：
1）辨析电感线圈的形状与符号； 2）了解电感线圈的电特性、主要性能指标及其分类。	掌握耗材的选择技巧，养成勤俭节约的传统美德。	1）具备自主制作电感线圈的能力； 2）掌握电感线圈的检测方法和工作特性。

建议课时：4 课时。

【任务描述】

任务一中，图 2-2 所示的电容式闪光器内部的磁器件是由线圈绕在铁心上制作而成的。在日常实际生产生活中，电感线圈的用途很广，如发电机、电动机、变压器、电抗器和继电器的绕组就是由各种各样的线圈来制作的。

【任务实施】

制作并检测线圈。

一、器材

制作并检测线圈所需器材见表 2-5。

表 2-5　制作并检测线圈所需器材

序号	名　称	实　物　图	序号	名　称	实　物　图
1	漆包线		3	斜口钳	
2	铅笔		4	数字万用表	

二、制作及检测线圈

制作及检测线圈步骤见表 2-6。

表 2-6　制作及检测线圈步骤

步　骤	任务实施描述	实施示意图
1	从漆包线上取出一段漆包线	

（续）

步　骤	任务实施描述	实施示意图
2	边取边将漆包线均匀地缠绕到铅笔上，漆包线起点、终点头都要露在外头	
3	将万用表红、黑表笔连接至线圈两端，测量电阻值，并记录	

【检测评价】

检测评价见表 2-7。

表 2-7　检测评价

序号	评 价 项 目	评 价 内 容	评 分 细 则	分值	得分
1	准备工作	准备制作线圈所需器材	正确充分准备相关器材	15	
2	漆包线缠绕	正确缠绕漆包线	动作规范合理，缠绕均匀 漆包线起点头不能包在线圈里面，在铅笔两端有预留	20	
3	线圈制作	正确制作线圈	动作规范合理，线圈厚度均匀 线圈整体美观	20	
4	线圈测量	正确测量线圈	动作规范合理，测量步骤正确	20	
5	素养提升	勤俭节约意识	漆包线选择不宜过长，耗材选择不宜过量，具有勤俭节约的工作意识和行为习惯	5	
		安全文明生产	按指导教师要求操作，操作完毕，把器材断开并归位，进行工位清洁和整理，节约材料	10	
6	时间	操作时间为 20min	每超过 1min 扣 1 分	10	
合　计				100	
说明：每项分都是扣完为止					

【知识链接】

一、电感线圈的形状与符号

由表 2-6 给出的线圈制作过程可知，电感线圈就是由外带绝缘的导线（俗称漆包线）一圈靠一圈地绕在绝缘管上制成的。绝缘管可以是空心的，也可以包含铁心或磁粉心，其常见形状如图 2-5 所示，电感线圈的符号如图 2-6 所示。

图 2-5 铁心形状

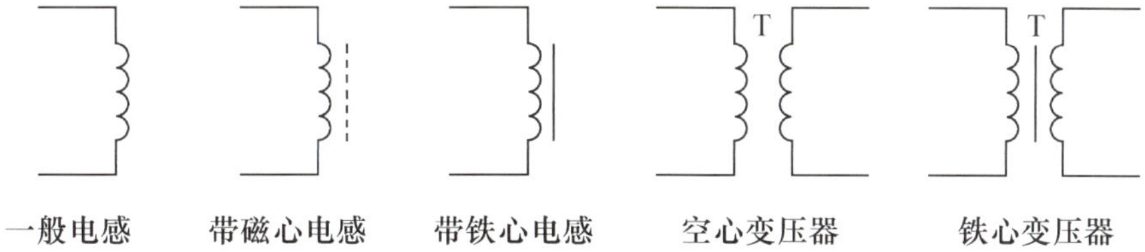

图 2-6 电感线圈的符号

二、电感线圈的电特性

电感线圈的电特性：通低频，阻高频。高频信号通过线圈时会遇到很大的阻力，很难通过；低频信号通过时呈现的阻力比较小，即低频信号可以较容易地通过它。线圈对直流电的电阻几乎为零。根据这一特性，电感线圈被广泛用到滤波、振荡和陷波等电路中。

三、电感线圈的主要性能指标

1. 电感量

电感量表示线圈本身固有的特性，与电流大小无关。线圈的电感用 L 表示，常用的单位有亨利（H）、毫亨（mH）、微亨（μH），$1H=10^3mH=10^6\mu H$。

电感线圈的电感量有四种常见的标示法：

（1）直标法　它是在电感线圈的外壳上直接用数字和文字标出电感线圈的电感量，后缀字母代表允许偏差等级：J（5%）、K（10%）、M（20%）。例如，470mHK 表示标称电感量为 470mH，允许偏差为 ±10%。

（2）文字符号法　它是将电感器的标称值和允许偏差值用数字和文字符号按一定规律组合标示在电感体上。采用这种标示方法的通常是小功率电感器，其单位通常是 nH 或 pH，用 N 或 R 代表小数点。例如，2N9 表示电感量为 2.9nH，4R7 则代表电感量为 4.7mH。47N 表示电感量为 47nH。

（3）数码表示法　它是用三位数字来表示电感量。从左至右的第一、二位为有效数字，第三位表示有效数字后0的个数（单位为mH）。如图2-7所示的151表示15×10^1mH，470表示47mH。

（4）色标法　即用色环表示电感量，单位为μH，第一、二位表示有效数字，第三位表示倍率，第四位为允许偏差。这种标示法与色环电阻类似，如图2-8所示。

图2-7　数码标示电感器

图2-8　色环电感器

2. 感抗

电感线圈对交流电流阻碍作用的大小称为感抗，用X_L表示，单位是欧姆，符号为Ω。它与电感量L和交流电频率f的关系为

$$X_L=2\pi fL$$

3. 品质因数

品质因数Q是表示线圈质量的一个物理量，Q为感抗X_L与其等效的电阻的比值，即：$Q=X_L/R$。线圈的Q值越高，回路的损耗越小。线圈的Q值与导线的直流电阻、骨架的介质损耗、屏蔽罩或铁心引起的损耗、高频趋肤效应的影响等因素有关。线圈的Q值通常为几十到几百。

4. 分布电容

任何电感线圈，其匝与匝之间、层与层之间、线圈与参考地之间、线圈与磁屏蔽罩之间等都存在一定的电容，这些电容称为电感线圈的分布电容。若将这些分布电容综合在一起，就成为一个与电感线圈并联的等效电容C。分布电容的存在会使线圈的Q值减小，稳定性变差，因而线圈的分布电容越小越好。

四、电感线圈的分类

常用的电感线圈的分类大致有以下几种：

（1）按电感形式分类　可分为固定电感、可变电感。

（2）按导磁体性质分类　可分为空心线圈、铁氧体线圈、铁心线圈、铜心线圈。

（3）按工作性质分类　可分为天线线圈、振荡线圈、扼流线圈、陷波线圈、偏转线圈。

（4）按绕线结构分类　可分为单层线圈、多层线圈、蜂房式线圈、密绕式线圈、间绕式线圈、脱胎式线圈、乱绕式线圈。

（5）按工作频率分类 可分为高频线圈、低频线圈。

常见类型如图 2-9 所示。

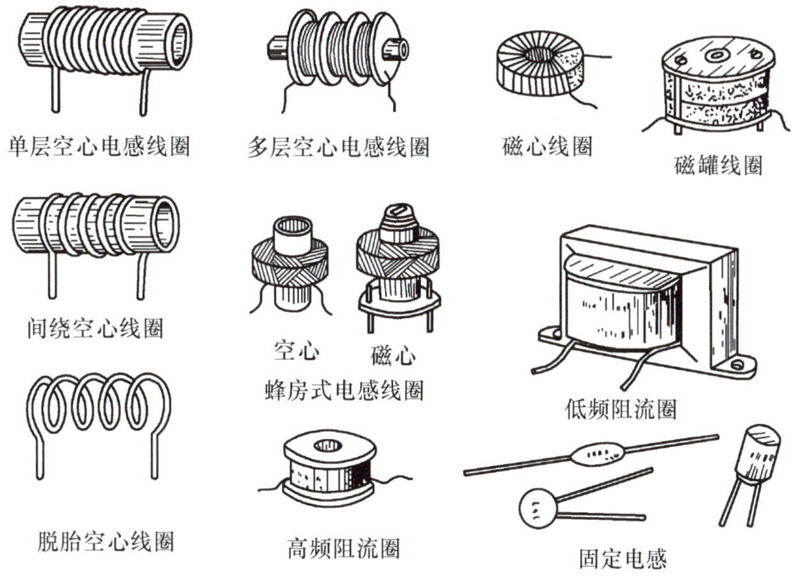

图 2-9 电感线圈的类型

五、电感线圈的检测

在日常的使用中，电感线圈的检测一般是利用万用表电阻档来测量线圈的直流电阻，再与原确定的阻值或标称阻值相比较，如果所测阻值比原确定阻值或标称阻值增大许多，甚至万用表上显示的数值为 1（即阻值趋向无穷大），则可判断线圈断线；若所测阻值比原确定阻值或标称阻值小很多，则判定线圈间存在短路，不能用。如果检测电阻与原确定阻值或标称阻值相差不大，则可判定此线圈是好的。

任务三 认知与测量电容器

【任务目标】

知识目标：	核心素养：	技能目标：
1）理解电容器的定义； 2）辨析电容器的特性、型号命名及其分类； 3）熟记电容器串 / 并联的特点。	小组分工明确，合作有序，养成团队合作精神、节约意识和整齐有序的审美观。	1）掌握电容器的串 / 并联连接和检测方法； 2）掌握固定电容器的检测方法。

建议课时：4 课时。

【任务描述】

电容器容纳电荷的本领称为电容，用字母 *C* 表示。电容器是电子设备中大量使用的电子元件之一，广泛应用于电路中的隔直通交、耦合、旁路、滤波、调谐回路、能量转换、控制等方面。任何两个彼此绝缘且相隔很近的导体（包括导线）间都构成一个电容器。

【任务实施】

电容器串 / 并联连接。

一、器材

电容器串 / 并联连接电路所需器材见表 2-8。

表 2-8　电容器串 / 并联连接电路所需器材

序号	名　称	实　物　图	序号	名　称	实　物　图
1	导线		4	100pF 电容器	
2	斜口钳和剥线钳		5	47μF 电容器	
3	数字万用表		6	330μF 电容器	

二、用数字万用表检查电容器

用数字万用表检查电容器的方法见表 2-9。

表 2-9　用数字万用表检查电容器的方法

序　号	检 测 元 件	检测示意图	读数	元 件 好 坏
1	测量 1000pF 以下的固定电容器： 用万用表 $R\times200$M 档位，用两表笔分别任意接电容器的两个引脚	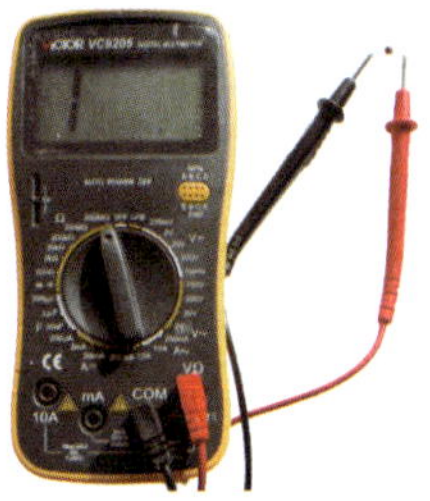		
2	检测 1000pF~200μF 的固定电容器： 把数字万用表档位置于电容档的相应量程，把待测电容器的两个引脚插入 CX 端子，观察万用表显示屏显示的数值			
3	检测 200μF 以上的电解电容器： 用数字万用表的 $R\times200$k 档以上档位直接测试电容器有无充电过程以及有无内部短路或漏电			

三、电容器串 / 并联连接

电容器串 / 并联连接步骤见表 2-10。

表 2-10　电容器串 / 并联连接步骤

步　骤	任务实施描述	实施示意图
1		
2		
3		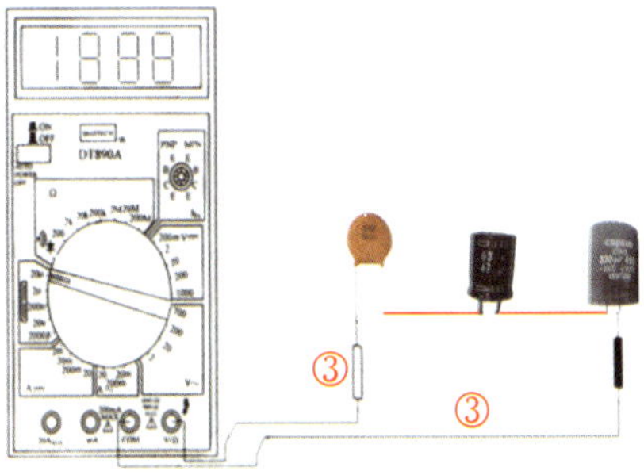

（续）

步　骤	任务实施描述	实施示意图
4		
5		
6		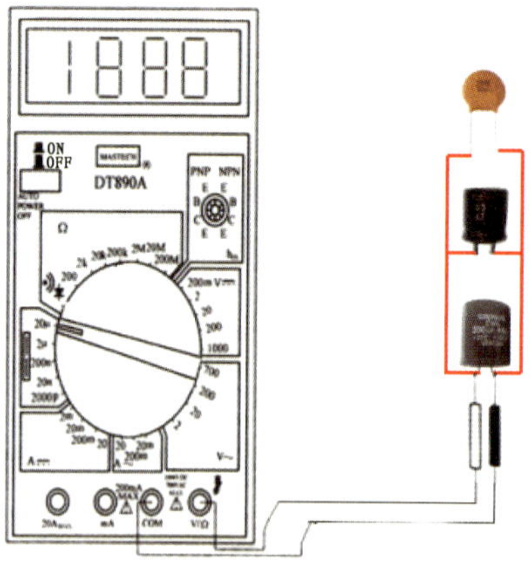

【检测评价】

检测评价见表 2-11。

表 2-11　检测评价

序号	评 价 项 目	评 价 内 容	评 分 细 则	分值	得分
1	准备工作	准备电容器串 / 并联连接电路所需器材	正确、充分准备相关器材	15	
2	检查元件	用数字万用表检查元件	动作规范合理 正确选择不同电容容量的检测档位 正确使用数字万用表检查元件	20	
3	电容器 C_1、C_2、C_3 串联连接及测量	串联电容器 测量电容器	动作规范合理 正确串联电容器 正确测量电容器	20	
4	电容器 C_1、C_2、C_3 并联连接及测量	并联电容器 测量电容器	动作规范合理 正确并联电容器 正确测量电容器	20	
5	素养提升	工整美观	电容器串 / 并联连接工整规范，线路有序美观	5	
		安全文明生产	按指导教师要求操作，操作完毕，把器材断开并归位，并进行工位清洁和整理，节约材料	10	
6	时间	操作时间为 30min	每超过 1min 扣 1 分	10	
合　计				100	
说明：每项分都是扣完为止					

【知识链接】

一、电容器的结构与符号

任何两个彼此绝缘又相距很近的导体，就可以组成一个电容器。这两个导体称为电容器的两个极板，中间的绝缘材料称为电容器的介质。电容器结构如图 2-10 所示。在实际制作中，为了增大极板间的正对面积，通常采用圆柱形状制作电容器，其结构和实物图如图 2-11 所示。常见电容器的符号如图 2-12 所示。

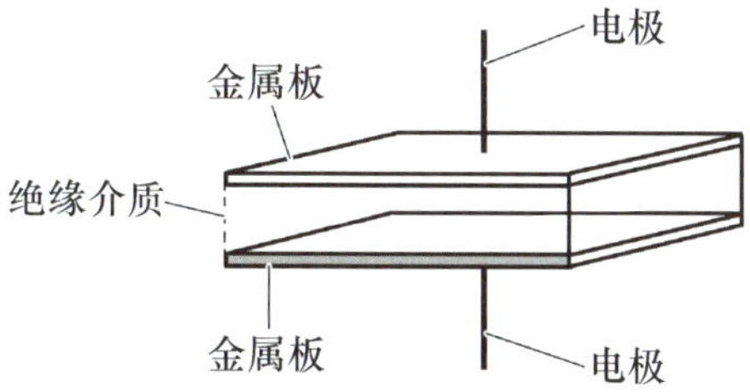

图 2-10　电容器结构

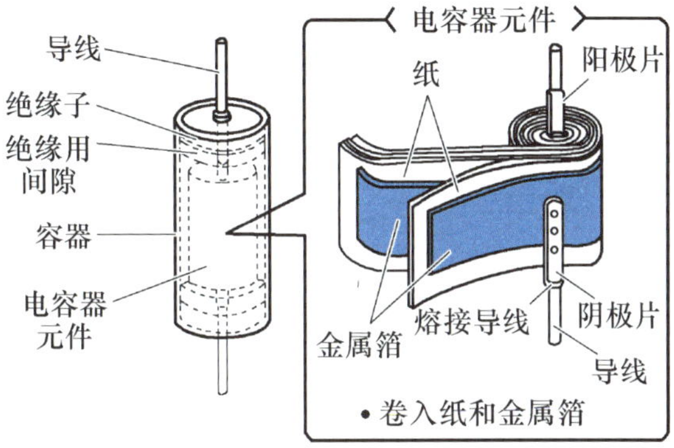

a)

b)

图 2-11　圆柱形电容器

a）圆柱形电容器结构　b）实物图

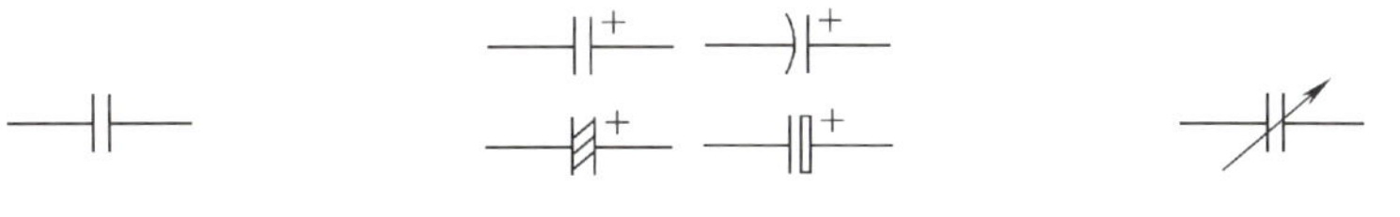

图 2-12　常见电容器符号

电容是用来反映电容器储存电荷的能力，它等于电容器储存电荷量 Q 与电容器两端所加电压 U 的比值，即

$$C=Q/U$$

电容的单位是法拉，简称法，用 F 表示，常用的还有微法（μF）和皮法（pF）。$1\text{F}=10^6\mu\text{F}=10^{12}\text{pF}$

对同一个电容器来说，Q/U 的比值是个常数，不同的电容器 Q/U 的数值不同。即电容器两端所加的电压越大，电容器储存的电荷量就越多，但所加电压不能超过电容器上所标的额定电压。

想一想

有人根据 $C=Q/U$，认为电容器两端所加的电压 U 越大，电容 C 就越小，对吗？为什么？

平行板电容器的电容只与电容器的极板正对面积 S、极板间距离 d 以及极板间电介质的介电常数 ε 有关，而与外加电压的大小等外部条件无关，即

$$C=\varepsilon S/d$$

式中，S、d、ε 的单位分别是 m^2、m、F/m。

真空中的介电常数 ε_0 约等于 8.86×10^{-12}F/m，某种介质的介电常数 ε 与 ε_0 之比，称为介质的相对介电常数，用 ε_r 表示，气体的相对介电常数约为 1。

二、电容器的特性

1. 隔直流电通交流电

利用 EWB 仿真软件测试电容器的隔直流电通交流电特性如图 2-13 所示，图 a 为电路施加 12V 直流电时，模拟万用表上的测量电压为 0V，图 b 为电路施加 12V/50Hz 交流电时，模拟万用表上的测量电压为 10.16V。测试结果表明，电容具有阻止直流电流通过、允许交流电流通过的能力。利用这个特性，可以把电容器用在滤波、信号耦合等场合。

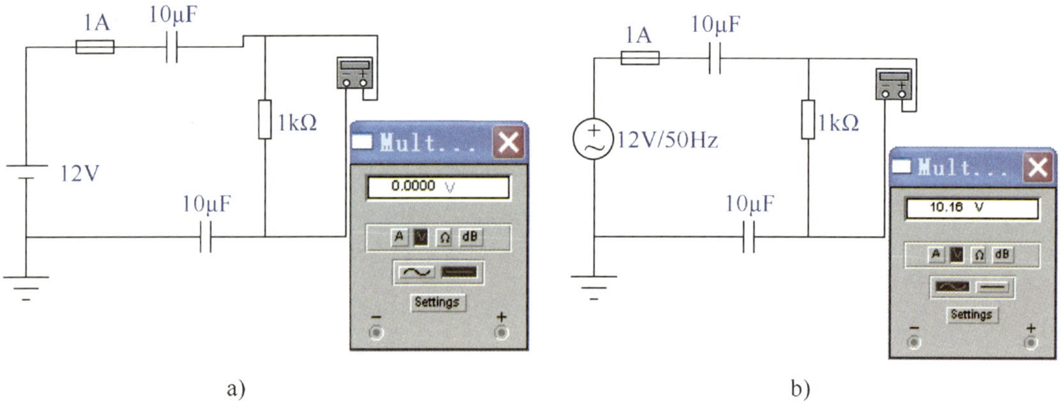

图 2-13　利用 EWB 仿真软件对电容器隔直流电通交流电的测试

a）电路施加直流电　b）电路施加交流电

2. 充放电

在充电和放电过程中，两极板上的电荷有积累过程，即电压有建立过程。因此，在充放电过程中电容器上的电压不能突变。

（1）电容器的充电　两极板分别带等量异种电荷，每个极板带电量的绝对值叫作电容器的带电量。

（2）电容器的放电　电容器两极正负电荷通过连接两极之间的导线或导线与器件中和。在放电过程中导线上有短暂的电流产生。

3. 容抗

电容器对交流电流阻碍作用的大小称为容抗 X_C，单位是欧姆，符号为 Ω。它与

电容 C 和交流电频率 f 的关系为

$$X_C=\frac{1}{2\pi fC}$$

三、电容器的型号命名

国产电容器的型号一般由 4 部分组成（不适用于压敏、可调、真空电容器），依次分别代表名称、材料、分类和序号。

第一部分：名称，用字母表示，电容器用 C。

第二部分：材料，用字母表示。例如：A——钽电解、B——聚苯乙烯等非极性薄膜、C——高频陶瓷、D——铝电解、E——其他材料电解、G——合金电解、H——复合介质、I——玻璃釉、J——金属化纸、L——涤纶等极性有机薄膜、N——铌电解、O——玻璃膜、Q——漆膜、T——低频陶瓷、V——云母纸、Y——云母、Z——纸介。

第三部分：分类，一般用数字表示，个别用字母表示。

第四部分：序号，用数字表示。

四、电容器的分类

（1）按结构分类　可分为固定电容器、可调电容器和微调电容器。

（2）按电解质分类　可分为有机介质电容器、无机介质电容器、电解电容器、电热电容器和空气介质电容器等。

（3）按用途分类　可分为高频旁路、低频旁路、滤波、调谐、高频耦合、低频耦合、小型电容器。

（4）按制造材料的不同分类　可分为瓷介电容器、涤纶电容器、电解电容器、钽电容，还有先进的聚丙烯电容器等。

五、固定电容器的检测方法

1）检测 1000pF 以下的小电容器。测量示意图见表 2-9 序号 1，选用万用表 $R\times200$M 及以上档位，用两表笔分别任意接电容器的两个引脚，所测的阻值应为无穷大。若测出固定阻值或阻值为零，说明电容器漏电损坏或内部击穿。

2）检测 1000pF~200μF 固定电容器，其测量示意图见表 2-9 序号 2。把数字万用表档位置于测电容档，把待测电容器的两个引脚插入 CX 端子，观察万用表显示屏显示的数值。如果显示的测量值与电容器的标称值相近，表示电容器完好；反之，表示电容器损坏。

3）对于 200μF 以上的电解电容器，测量示意图见表 2-9 序号 3，可用数字万用表的 $R\times200$k 或以上档位直接测试电容器有无充电过程以及有无内部短路或漏电。如果电容器完好，万用表上的数字会不断变化，直至万用表显示 1；如果电容器有漏电，万用表上的显示数字不会是 1，是某一个数字；如果电容器击穿短路，万用表显示的数字约为 0；如果万用表的数字不会变化，一直为 1，表示电容器内部开路。

六、电容器的串、并联

在日常使用中，有时为了满足电路对电容器容量或耐压的需求，需要对手头拥有的电容器做适当的连接变化，电容器的连接分为串联和并联两种。

1. 电容器的串联

电容器的串联电路如图 2-14 所示，它是两个以上的电容按照两两之间的引脚相互串接起来的一种连接方式，类似于电阻的串联。

电容器串联后具备以下特点：

1）电容器串联后，每个电容器上所充的电荷量 Q 相同，即 $Q_1=Q_2=\cdots=Q_n=Q$。

2）电容器串联后，加在电路两端的电压 U 等于各电容器上的电压之和，即 $U=U_1+U_2+\cdots+U_n$。

3）串联后的电容器总电容 C 的倒数等于各电容器的电容倒数之和，即 $1/C=1/C_1+1/C_2+1/C_3+\cdots+1/C_n$。即电容器串联后，总电容减小。

对于图 2-14，如果 $C_1=C_2=C_3=1500\mu F$，则串联后总电容 $C=500\mu F$，其等效变换如图 2-15 所示。

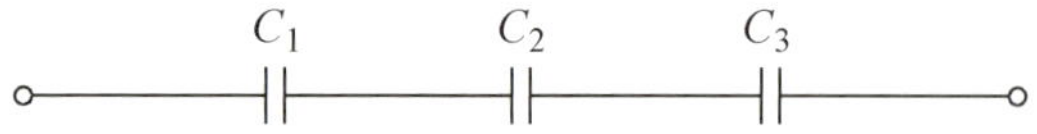

图 2-14　电容器串联

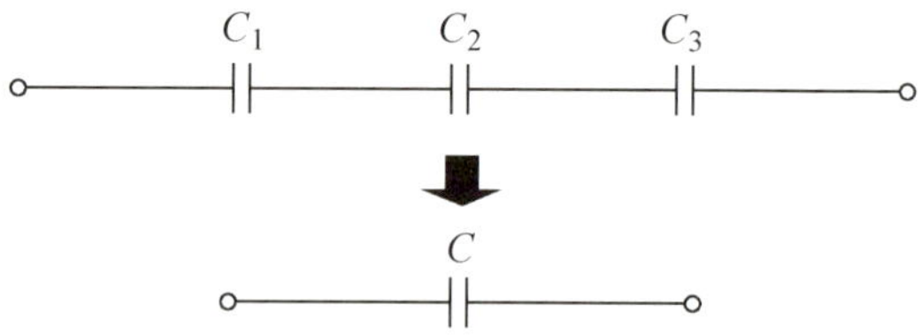

图 2-15　串联电路等效变换图

4）电容器串联后，电容大的电容器上所分配的电压小，电容小的电容器分配的电压大。即各电容器上分配的电压和它的容量成反比。

例 2-1　C_1、C_2 两个电容器串联后，接上 60V 的电压，其中 $C_1=3\mu F$，$C_2=6\mu F$，计算两个电容器所承受的电压各是多少?

解： 依据总电容 C 的倒数等于 C_1 的倒数与 C_2 的倒数之和，即

$$1/C=1/C_1+1/C_2 \text{ 得 } C=C_1C_2/(C_1+C_2)=3\times6/(3+6)\mu F=2\mu F$$

各电容器上所充的电荷量 Q 相等，即

$$Q=CU=2\times60\mu C=120\mu C$$

$U_1=Q/C_1=(120/3)\text{ V}=40\text{V}$

$U_2=Q/C_2=(120/6)\text{ V}=20\text{V}$

注意

当 n 个电容器串联后，串联电容器组的总耐压值为单个电容器耐压值的 n 倍。故当容量和耐压值都不同的电容器串联时，必须使任何一个电容器上所分的电压不超过其规定耐压，否则，会造成电容器因耐压不足而被击穿爆炸。

2. 电容器的并联

电容器的并联电路如图 2-16 所示，它是两个以上的电容器按照两两之间的引脚相互并接起来的一种连接方式，类似于电阻的并联。

电容器并联后具备以下特点：

1）电容器并联后，加在每个电容器上的电压 U 相同，即 $U_1=U_2=\cdots=U_n=U$。

2）电容器并联后，电容器储存的总电荷量 Q 等于每个电容器上所储存的电荷量之和，即 $Q=Q_1+Q_2+\cdots+Q_n$

3）并联后的电容器总电容 C 等于各电容器的电容之和，即 $C=C_1+C_2+\cdots+C_n$。电容器并联后，总电容增大。

对于图 2-16，如果 $C_1=1000\text{pF}$，$C_2=2200\text{pF}$，$C_3=4700\text{pF}$，则并联后总电容 $C=7900\text{pF}$，其等效变换如图 2-17 所示。

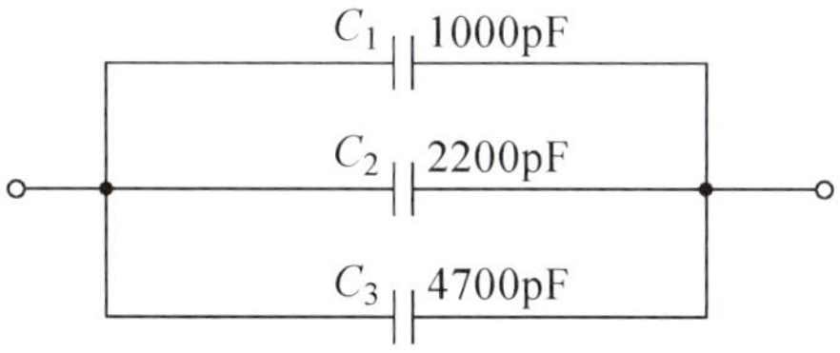

图 2-16　电容器并联

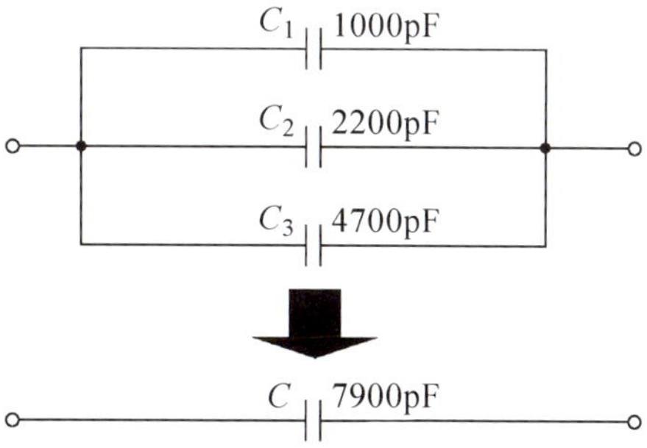

图 2-17　并联电路等效变换图

注意

电容器并联使用时，必须使所加的电压不能大于任何一个电容器上的规定耐压，否则，会造成电容器因耐压不足而被击穿爆炸。

任务四　认知与运用磁场

【任务目标】

知识目标：	核心素养：	技能目标：
1）认识磁场、磁感线及相关物理量； 2）理解磁场对电流的作用； 3）掌握通电线圈在继电器中的应用。	逐渐养成探索工程领域复杂实验和工程问题的精神，善于观察和总结分析问题。	1）探究用铁屑及条形磁铁模拟磁场分布实验； 2）探究通电直导线产生的磁场及磁感线； 3）探究通电线圈产生的磁场及磁感线； 4）探究通电线圈磁场强弱与流过电流大小和线圈匝数的关系。

建议课时：6 课时。

【任务描述】

汽车上的电动机、发电机的工作都与磁场密切相关。磁场是一种看不见、摸不着的特殊物质，虽然它不是由原子或分子组成的，但却是客观存在的。本任务借助相关实验来介绍磁场的产生过程和相关概念。

【任务实施】

磁场的认知。

一、器材

磁场认知实验所需器材见表 2-12。

表 2-12　磁场认知实验所需器材

序号	名　称	实　物　图	序号	名　称	实　物　图
1	磁铁		6	直导线	
2	蓄电池		7	通孔平板及线圈	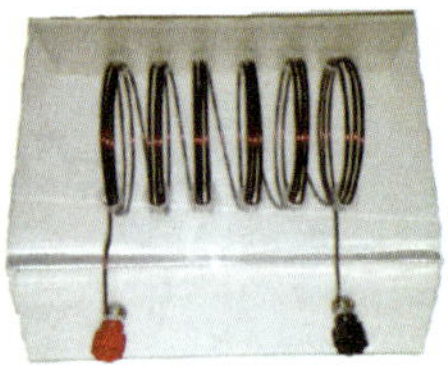
3	开关		8	滑动变阻器	
4	限流电阻		9	自攻长铁螺钉和大头针	
5	小磁针		10	漆包线	

二、用铁屑及条形磁铁模拟磁场分布实验

用铁屑及条形磁铁模拟磁场分布实验的步骤见表 2-13。

表 2-13 用铁屑及条形磁铁模拟磁场分布实验的步骤

步 骤	任务实施描述	实施示意图
1	将条形磁铁放置在一块平板玻璃上	
2	往放置条形磁铁的玻璃上撒铁屑粉，观察铁屑粉的分布情况	
3	在条形磁铁的周边放置小磁针，观察小磁针偏转现象	

三、通电直导线产生的磁场及磁感线

通电直导线产生的磁场及磁感线实验步骤见表 2-14。

表 2-14 通电直导线产生的磁场及磁感线实验步骤

步 骤	任务实施描述	实施示意图
1	仿照项目一串并联电路的连接方法，用导线串联连接蓄电池、开关、电阻。小磁针放在直导线旁边（该实验在无风无干扰环境中进行），右图为直导线未通电时的情况	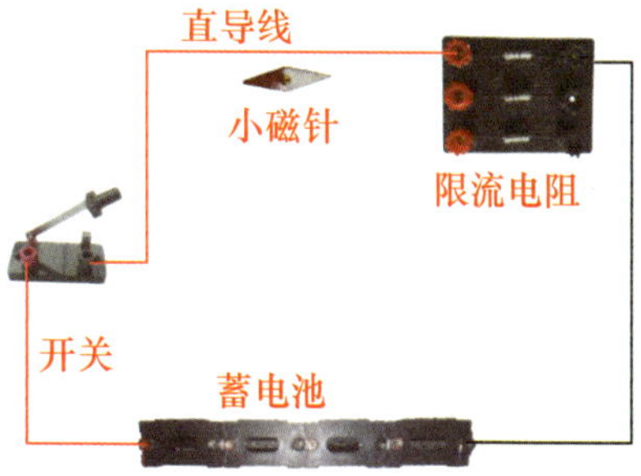
2	直导线通电时，观察小磁针的偏摆	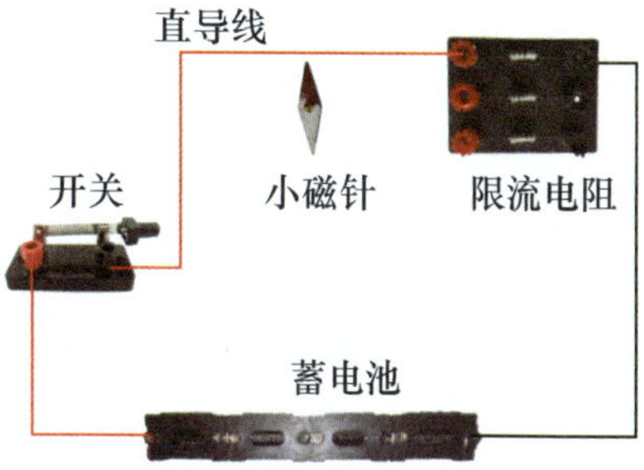

（续）

步　骤	任务实施描述	实施示意图
3	改变直导线通电电流方向，观察小磁针的偏摆	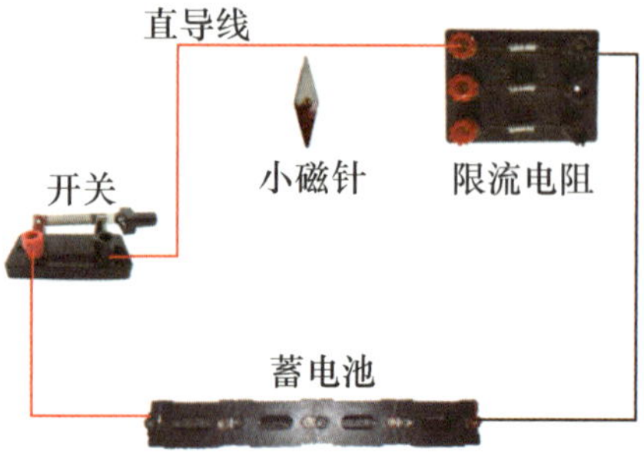

四、通电线圈产生的磁场及磁感线

通电线圈产生的磁场及磁感线实验步骤见表 2-15。

表 2-15　通电线圈产生的磁场及磁感线实验步骤

步　骤	任务实施描述	实施示意图
1	右图是在通孔平板上用导线连接蓄电池与线圈，线圈周围放置铁屑和小磁针（该实验在无风无干扰环境中进行），线圈未通电	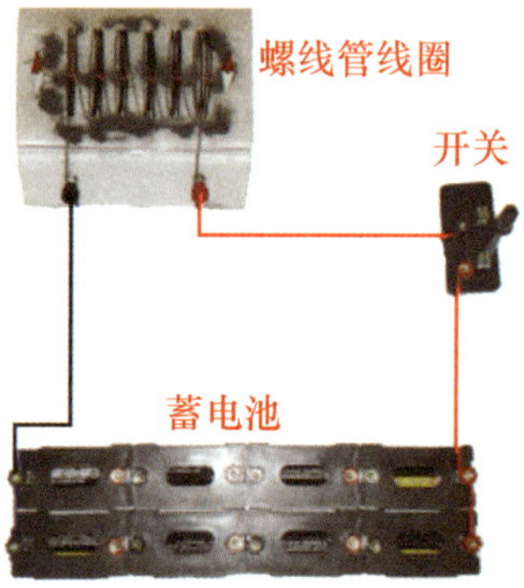
2	线圈通电时，观察铁屑和小磁针的分布情况	
3	线圈电流方向改变时，观察铁屑和小磁针的分布情况	
4	根据右手螺旋定则判别磁感线方向	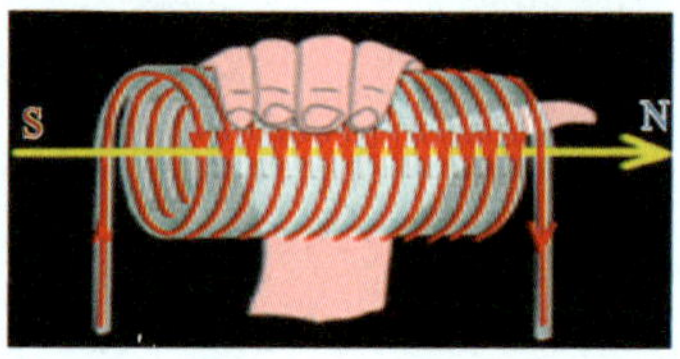

五、通电线圈磁场强弱与流过电流大小和线圈匝数的关系

通电线圈磁场强弱与流过电流大小和线圈匝数实验步骤见表 2-16。

表 2-16　通电线圈磁场强弱与流过电流大小和线圈匝数实验步骤

步　骤	任务实施描述	实施示意图
1	在自攻长铁螺钉上缠绕导线，形成通电线圈，连接蓄电池、开关、滑动变阻器和线圈，开关闭合后用自攻长铁螺钉去吸附大头针，右图为滑动变阻器位于中间位置时，观察吸附大头针的数量	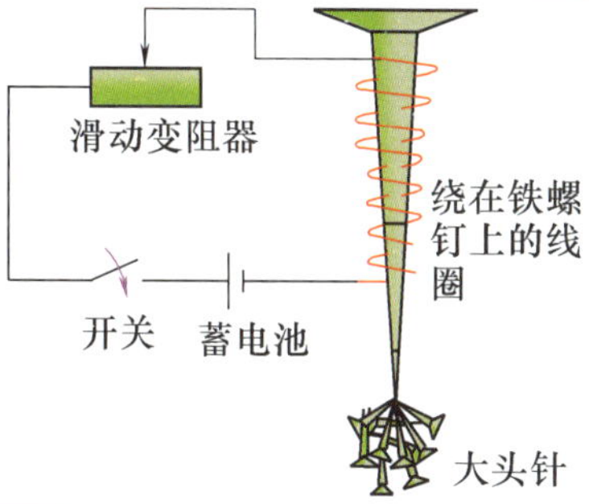
2	改变流入线圈的电流大小，观察发生的现象	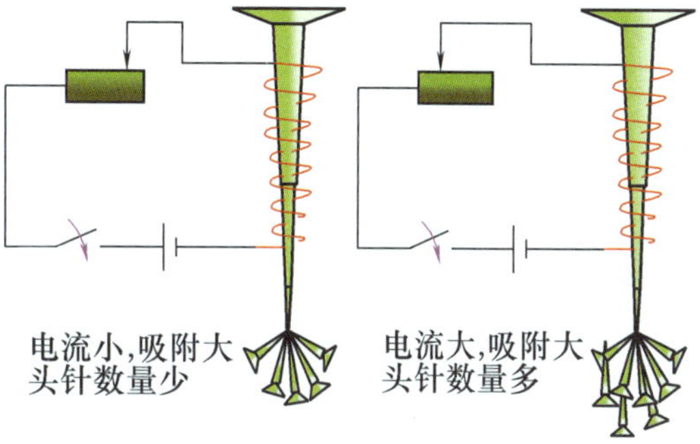
3	改变线圈匝数，观察发生的现象	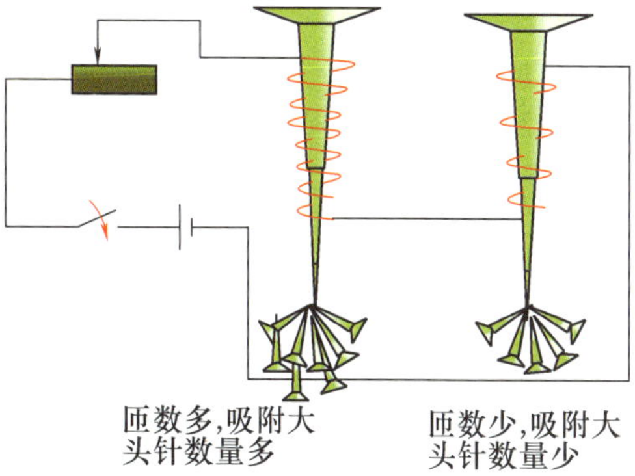

【检测评价】

检测评价见表 2-17。

表 2-17　检测评价

序号	评 价 项 目	评 价 内 容	评 分 细 则	分值	得分
1	准备工作	准备实验所需器材	正确、充分准备相关器材	10	
2	用铁屑及条形磁铁模拟磁场分布	观察铁屑及条形磁铁模拟磁场分布的情况	动作规范合理 铁屑分布均匀 小磁针不受干扰	10	

（续）

序号	评价项目	评价内容	评分细则	分值	得分
3	通电直导线产生的磁场及磁感线	观察通电直导线产生的磁场及磁感线	动作规范合理 导线连接正确 正确改变正负极 小磁针不受干扰	10	
4	通电线圈产生的磁场及磁感线	观察通电线圈产生的磁场及磁感线	动作规范合理 通电线圈连接正确 正确改变正负极 小磁针不受干扰	20	
5	通电线圈磁场强弱与流过电流大小和线圈匝数的关系	验证通电线圈磁场强弱与流过电流大小和线圈匝数的关系	动作规范合理 电路连接正确 滑动变阻器连接正确 正确改变正负极 大头针能被吸附	20	
6	素养提升	探索精神	具有探索工程领域复杂实验和工程问题的精神，善于观察和总结分析问题	10	
		安全文明生产	按指导教师要求操作，操作完毕，把器材断开并归位，并进行工位清洁和整理，节约材料	10	
7	时间	操作时间为 40min	每超过 1min 扣 1 分	10	
合计				100	
说明：每项分都是扣完为止					

【知识链接】

一、磁体及性质

观察表 2-13 步骤 2 的现象，金属条吸引铁、镍、钴等金属的性质称为磁性，具有磁性的物体叫磁体。常见的磁体有条形、马蹄形、圆形等，其实物如图 2-18 所示。磁体上磁性最强的部位叫磁极，任何磁体都有两个磁极，而且无论怎样把磁体分割，磁体总保持两个磁极，通常以 S 表示磁体的南极，以 N 表示磁体的北极。磁极间的相互作用力叫磁力，磁极间相互作用的规律是：同性相斥，异性相吸，如图 2-19 所示。原来没有磁性的铁磁物质，放在磁铁旁边后会获得磁性，这一现象叫磁化。被磁化的铁磁物质远离磁铁后仍保留一定的磁性，叫剩磁。

只有铁磁性物质才能被磁化，而非铁磁性物质是不能被磁化的。这是因为铁磁物质可以看作是由许多被称为磁畴的小磁体所组成的。在无外磁场作用时，磁畴排列杂乱无章，磁性互相抵消，对外不显磁性；但在外磁场作用下，磁畴就会沿着外磁场方向变成整齐有序的排列，所以整体也就具有了磁性。对铁磁材料，可以分为以下几类：

（1）硬磁材料　特点：不易磁化，不易退磁；典型材料及用途：碳钢、钴钢等，适合制作永久磁铁、扬声器的磁钢。

（2）软磁材料　特点：容易磁化，容易退磁；典型材料及用途：硅钢、铸钢、铁镍合金等，适合制作电机、变压器、继电器等设备中的铁心。

（3）矩磁材料　特点：容易磁化，很难退磁；典型材料及用途：锰镁铁氧体、锂锰铁氧体等，适合制作磁带、计算机的磁盘。

图 2-18　常见磁体形状

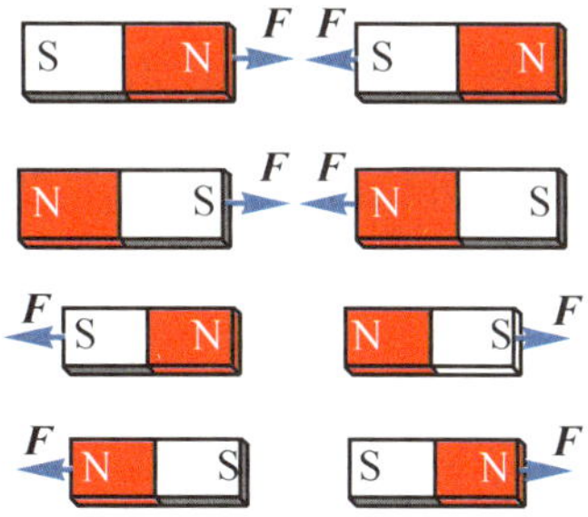

图 2-19　磁极间相互作用示意图

二、磁场及磁感线

通过表 2-13 给出的实验可知，条形磁铁周围存在磁力作用的空间，当铁屑置入该空间时，就要受到磁力的作用，铁屑在这个磁力的作用下，产生有规则的排列，通常把这个磁体（条形磁铁）产生的磁力空间称为磁场。

为了形象地表示磁场在空间各点的强弱和方向，根据图 2-20 所示的小磁针在磁体周围磁场的作用下有规则地排列的实验想象出磁感线，沿着磁体的 N 极出发，依次顺着小磁针 S、N 极，再到磁体 S 极，最后再回到磁体 N 极所组成的闭合曲线就是磁感线。即磁感线是一条条从磁体北极沿磁体周围空间到磁体南极，然后再通过磁体内部回到北极的闭合曲线。曲线上每一点的切线方向（即小磁针 N 极在该点的指向）就表示该点的磁场方向，曲线在某处的疏密程度（单位面积内的磁感线条数）就表示该处的磁场强弱。由图 2-21 所示的还可以发现，在靠近 N、S 极处，铁屑比较密集，磁场强；远离 N、S 极处，铁屑分布比较稀疏，磁场弱。

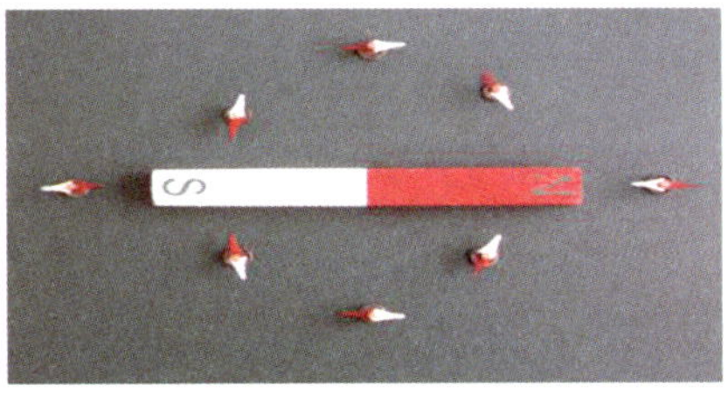

图 2-20　条形磁铁周围小磁针分布

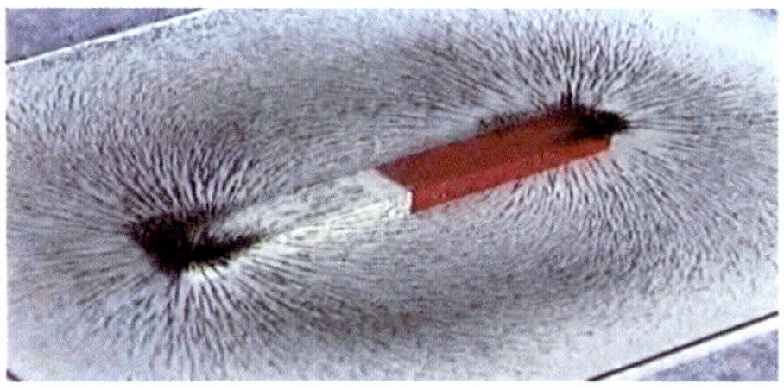

图 2-21　条形磁铁周围铁屑分布

在磁场分布的某一区域，如果磁感线是一些方向相同分布均匀的平行直线，那么称这一区域为匀强磁场。

三、通电导线或线圈产生的磁场及磁感线

1. 通电导线产生的磁场及磁感线

表 2-14 给出的实验是奥斯特电流磁场实验。奥斯特电流磁场实验过程表明，通电的直导线周围会产生磁场，并且流过直导线的电流的大小和方向不同，会引起直导线各点周围磁场的强度和方向都随之改变。通电直导线产生磁场的方向可以用右手螺旋定则（也称安培定则）来判定，如图 2-22 所示。用右手握住图 2-22a 的导线，伸直的大拇指的方向与流经导线的电流方向一样，则弯曲的四指所指的方向就是磁感线的环绕方向。

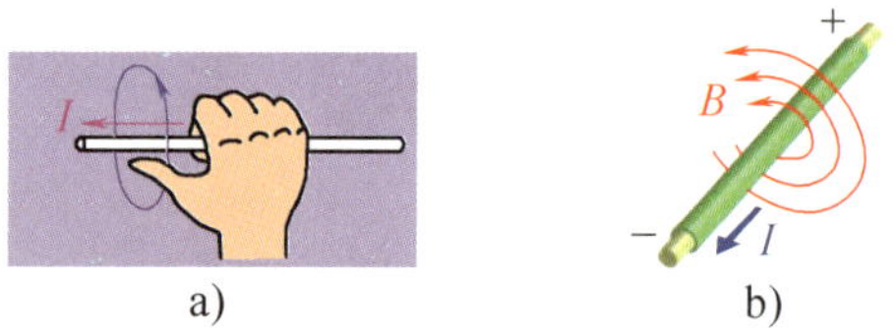

图 2-22　通电直导线磁感线方向判别和分布

a）磁感线方向判别　b）通电直导线的磁感线分布

通电直导线周围磁场的磁感线是一些以导线上各点为圆心的同心圆，这些同心圆都在与导线垂直的平面上，如图 2-22b 所示。

2. 通电线圈产生的磁场及磁感线

由表 2-15 给出的实验可知，当线圈通电后会产生磁场。通电线圈产生磁场的方向也可以用右手螺旋定则来判定，如表 2-15 中步骤 4 图所示。用右手握住线圈，四个手指的指向与流经线圈的电流方向一样，则大拇指所指的方向就是磁感线的方向。在线圈外部，磁感线从 N 极出来进入 S 极，线圈内部的磁感线方向由 S 极指向 N 极，并和外部的磁感线形成闭合曲线。

还可以通过表 2-16 的实验来进一步证明：通电线圈产生磁场的强弱，不仅与线圈通过的电流大小有关，而且还与线圈的匝数有关，即与流经线圈的电流和匝数的乘积成正比。

四、磁场基本物理量

1. 磁感应强度

做一下图 2-23 所示的实验，实验器材有：蓄电池、导线、直导线、电流表、滑动变阻器、开关、固定架、U 形磁铁。

实验时，先保持直导线通电部分的长度不变，改变滑动变阻器的阻值来改变通过直导线的电流大小；然后再改变通电直导线的长度。比较两次实验的结果可以发现，通电导线长度一定时，流过的电流越大，导线受到的电磁力越大，运动越快；

电流一定时，通电直导线越长，受到的电磁力越大，运动越快。

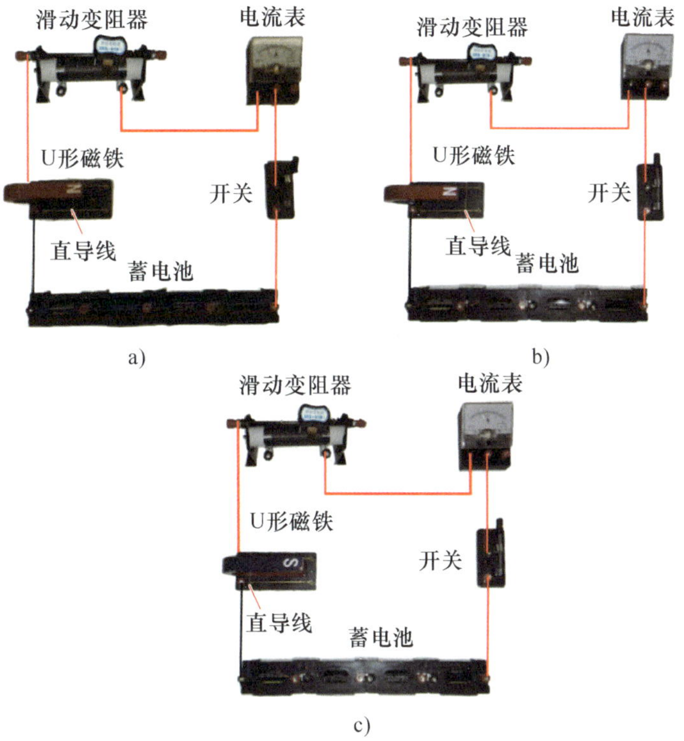

图 2-23　通电直导线在电磁场受力实验

a）通电前　b）通电后，直导线运动　c）更换磁极，直导线向相反方向运动

习惯上，把在磁场中垂直于磁场方向的通电导线所受的电磁力 F 与导线通过的电流 I 和导线通电的长度 L 的乘积 IL 的比值称为该处的磁感应强度，用 B 表示，即 $B=F/IL$，单位是特斯拉（T），也就是韦伯 / 平方米（Wb/m^2）。

磁感应强度是一个矢量，它的方向就是该点的磁场方向，可用右手螺旋定则来确定。

在同一个磁场的磁感线分布图上，磁感线越密的地方磁感应强度越大、磁场越强。如果磁场内各点的磁感应强度的大小相等、方向相同，这样的磁场则称为匀强磁场。

2. 磁通

观察图 2-24 所示的示意图，在条形磁铁分布的磁场周围，放置一个面积为 S 的平面。假设在平面放置处的磁感应强度为 B，且平面与磁感线垂直，则将

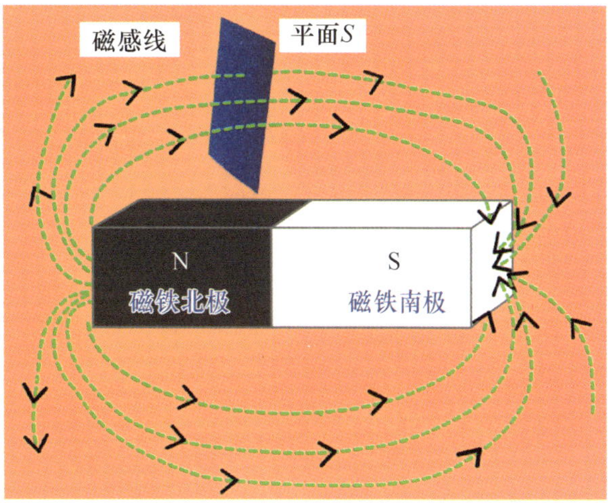

图 2-24　磁通计算示意图

磁感应强度 B 与平面面积 S 的乘积称为穿过这个平面的磁通量，简称磁通，用 Φ 表示，单位是韦伯（Wb），也就是伏秒（V・s）。

如果磁场不与所讨论的平面垂直，则计算时，应以平面在垂直于磁感线方向的投影面积 S' 与 B 的乘积来计算磁通。

当面积一定时，通过该面积的磁感线越多，则磁通越大，磁场越强。

由 $\Phi=BS$，可得 $B=\Phi/S$，这表示磁感应强度等于穿过单位面积的磁通，所以磁感应强度又称磁通密度，用 Wb/m^2 做单位。

3. 磁导率

如果把表 2-16 实验所用的铁螺钉改为铜制的铜棒，然后再通电线圈去吸附大头针，发现吸的大头针数目大大减少。这表明不同的媒介质对磁场的影响不同，影响程度与媒介质的导磁性能有关。磁导率是表征媒介质磁化性质的物理量，用符号 μ 表示，单位是亨利 / 米（H/m）。

4. 磁场强度

由表 2-16 的实验证明，通电线圈磁感应强度的大小与线圈的匝数、线圈长度及电流强度有关，它们之间存在以下关系：

$$B_0=\mu_0 NI/L$$

式中，B_0 为通电线圈的磁感应强度，单位为 T；μ_0 为真空的磁导率，单位为 H/m；N 为线圈的匝数；L 为线圈长度，单位为 m；I 为线圈中的电流，单位为 A。

如果线圈是置放在磁导率为 μ_r 的媒介质上，则磁感应强度：

$$B=\mu_r\mu_0 NI/L=\mu NI/L$$

由于磁感应强度与媒介质的磁导率有关，为了计算简便，引入磁场强度这一物理量。磁场中的某点磁场强度等于该点磁感应强度 B 与媒介质磁导率 μ 的比值，用 H 表示。即

$$H=B/\mu$$

将 $B=\mu NI/L$ 代入，可得 $H=NI/L$，其单位为安培 / 米（A/m）。

由 $H=NI/L$ 可知，磁场强度的数值只与流过线圈电流的大小、匝数和长度有关，与磁场媒介质的磁导率无关。即在一定电流下，同一点的磁场强度不因磁场媒介质的不同而改变。

五、磁场对电流的作用

1. 磁场对通电直导体的作用

由图 2-23 的实验可知，通电的直导体在磁场中会受到力的作用而产生移动。习惯上，把通电的直导体在磁场中所受的作用力称为电磁力（或安培力），单位是牛（N）。

通电直导体在磁场中所受作用力的方向，可用左手定则判定：如图 2-25 所示，将左手伸开，使拇指与四指垂直，让磁感线垂直穿过掌心，四指朝向导体电流的方向，大拇指所指的方向就是导体所受安培力的方向。

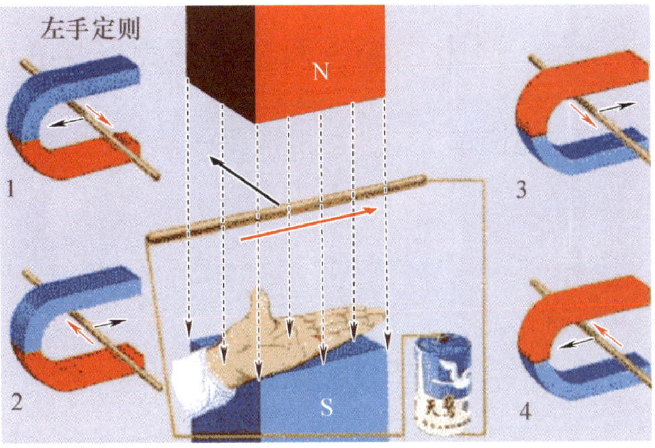

图 2-25　电磁力判定

注：图上虚线箭头表示磁力线方向，红色箭头表示电流方向，黑色箭头表示导体的运动方向。

利用磁感应强度表达式 $B=F/IL$，可得电磁力的计算式为

$$F=BIL$$

如果电流方向与磁场方向不垂直，而是有一个夹角 α，这时通电直导体的有效长度变为 $L\sin\alpha$，电磁力的计算公式变为

$$F=BIL\sin\alpha$$

从上式可知，$\alpha=90°$ 时，即 $\sin 90°=1$，也就是直导体的电流方向与磁场垂直，电磁力最大；当 $\alpha=0°$ 时，即 $\sin 0°=0$，也就是直导体的电流方向与磁场平行时，电磁力最小为 0（N）。

2. 磁场对通电矩形线圈的作用

做一下图 2-26 所示装置的实验。实验器材有：滑动变阻器、蓄电池、导线、固定磁铁、矩形线圈、换向器、电刷、开关。

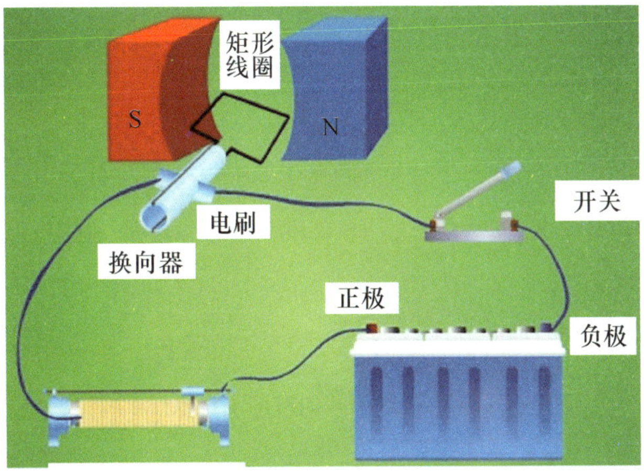

图 2-26　磁场对通电矩形线圈的作用

当按照图 2-26 所示的电路连接好导线后，闭合开关，发现矩形线圈会顺时针旋转起来。线圈的旋转方向可按左手定则加以验证。图中靠近 S 极的导线，电流方向由外向里，根据左手定则，其受力向上；靠近 N 极的导线，电流方向由里向外，根据左手定则，其受力向下，线圈按顺时针转动。当线圈平面与磁场方向垂直，即流过线圈的电流方向与磁场方向平行时，线圈受到的电磁力变为 0，但由于惯性，线圈还会转动，通过换向器的作用，线圈又重复上述过程，连续旋转。改变滑动变阻器的位置，请观察线圈的转速会发生什么变化？磁场对矩形线圈的作用，也是电动机工作的基本原理。

六、通电线圈在汽车电气系统中的应用

1. 在汽车继电器中的应用

汽车上常用的继电器有：闪光（转向）继电器、喇叭继电器、刮水继电器和起动继电器等。下面重点介绍电容式闪光继电器的工作过程，其他继电器的工作原理读者可自行分析。

电容式闪光继电器的工作过程为（参见图2-2）：如当汽车要向左拐弯时，拨动汽车上的转向开关至向左位置（转向灯开关11向左拨动），电流从蓄电池正极、电源开关、接线柱B、串联线圈3、继电器触点2、接线柱L、转向灯开关11、左转向灯（图中标号10）、搭铁、蓄电池负极构成回路。此时，并联线圈4、电容器（图中标号6）及灭弧电阻（图中标号7）被触点2短路，而无电流流过。电流流经串联线圈3所产生的电磁吸力大于弹簧片1的作用力，触点2被迅速打开，转向灯处于熄灭状态；当触点2打开后，蓄电池通过并联线圈4向电容器充电，充电电流流向为：蓄电池正极、电源开关，接线柱B、串联线圈3、并联线圈4、电容器、接线柱L、转向灯开关11、左转向灯（图中标号10）、搭铁、蓄电池负极构成回路，由于并联线圈4电阻很大，充电电流很小，不足以使转向灯点亮，随着电容器所充的电压不断升高，电流进一步减小，此时串联线圈3、并联线圈4产生的电磁吸力不足以克服弹簧片1的作用力，触点2闭合，转向灯点亮；转向灯亮并联以后，也就是触点2闭合，此时，电容器通过并联线圈4、触点2放电，放电电流流经并联线圈4所产生的电磁吸力与串联线圈3产生的电磁吸力相反，电磁吸力减弱，触点2继续闭合，随着放电的进行，放电电流减小，线圈4产生的电磁吸力减小，串联线圈3产生的电磁吸力增大，大于弹簧片1的作用力后，触点2又打开，转向灯熄灭。转向灯就是在上述的控制过程中，如此循环动作，而发出有规律的闪烁。电阻7为灭弧电阻，防止继电器因产生过高的感应电压而出现电火花。

2. 在直流电动机中的应用

汽车上常见的直流电动机如图2-27所示。拆卸后的结构如图2-28所示，主要由壳体、定子绕组、电枢、定子铁心等组成。电枢绕组与励磁绕组串联的直流电动机又称为串励式直流电动机。

（1）电枢　电枢又称转子，由若干薄的、外圆带槽的硅钢片叠成的铁心和电枢绕组组成（图2-29）。铁心的叠片结构可以减小涡流电流。电枢绕组安装在叠片外径边缘的槽内，绕组线匝分别接到换向器铜片上，电枢安装在电枢轴上。

（2）换向器及电刷　换向器由许多换向片组成，换向片的内侧制成燕尾形，嵌装在轴套上，其外圆车成圆形。换向片与换向片之间均用云母绝缘。电刷架一般为

框式结构，其中正极刷架与端盖绝缘安装，负极刷架直接搭铁。刷架上装有弹性较好的盘形弹簧。电刷由铜粉与石墨粉压制而成，呈棕红色，装在端盖上的电刷架中，通过电刷弹簧保持与换向片之间具有适当的压力。电刷与电刷架的组合如图 2-30 所示。

图 2-27 直流电动机外观

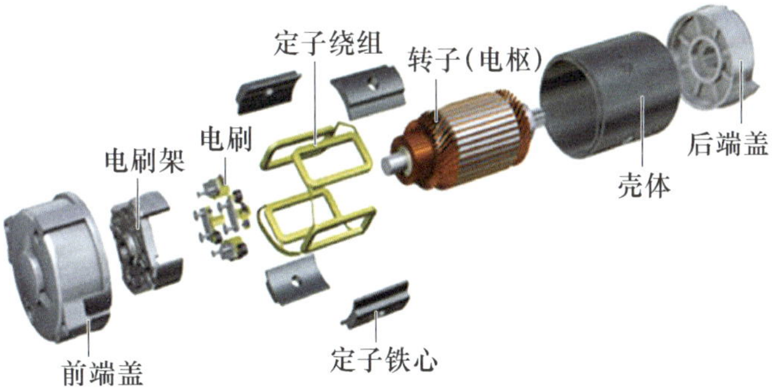

图 2-28 直流电动机的结构组成

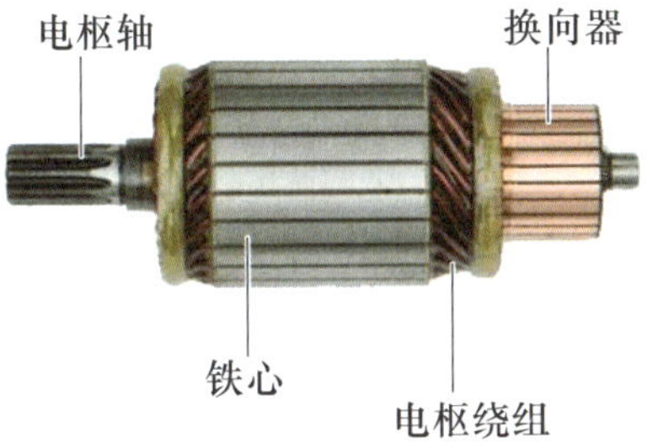

图 2-29 电枢总成

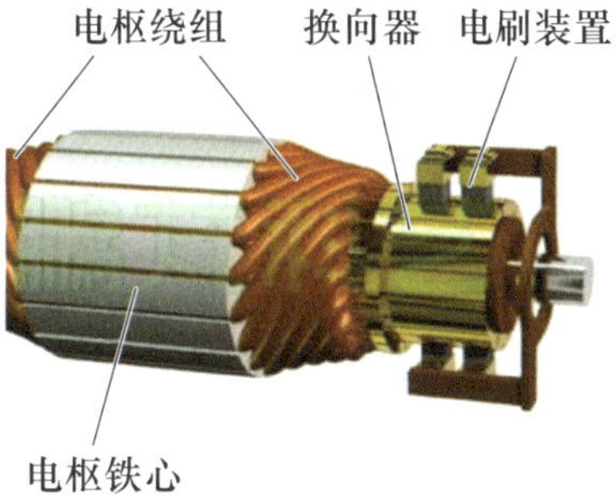

图 2-30 电刷与电刷架

（3）工作原理 直流电动机是将电能转换为机械能的设备，是以通电导体在磁场中受电场力作用的原理而制成的，其工作原理如图 2-31 所示。

当电流由电刷 A 和换向片 F 流入，从换向片 E 和电刷 B 流出时，如图 2-31a 所示，电枢绕组线圈中的电流方向为 d→c→b→a，此时转矩方向为顺时针方向。当线圈转过 180° 后，电流由电刷 A 和换向片 E 流入，如图 2-31c 所示，从换向片 F 和电刷 B 流出，线圈中的电流方向为 a→b→c→d，转矩方向仍为顺时针方向。电枢轴便可在一个固定转向的电磁转矩作用下而不断旋转。

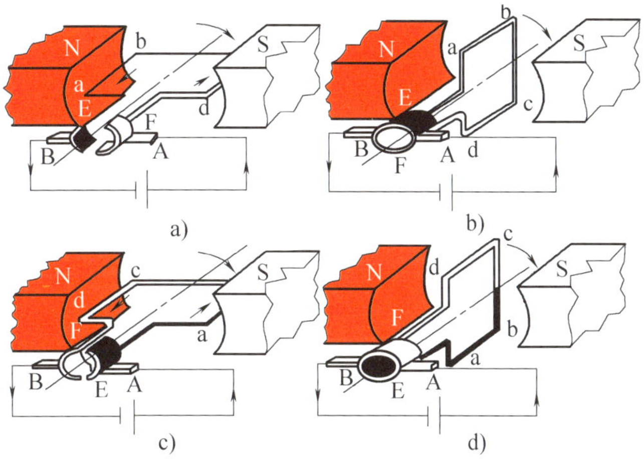

图 2-31 直流电动机的工作原理

a）电流从 d 至 a b）线圈顺时针转过 90°
c）电流从 a 至 d d）线圈再顺时针转过 90°

一个线圈产生的电磁转矩是有限的，且电枢轴转动不稳定，所以电动机的电枢绕组是由很多线圈组成的（见图 2-30），换向器片的数量也随线圈数量的增加而增多。

电动机的电磁转矩 M 取决于磁通 Φ 和电枢电流 I_a 的乘积，可用下式表示：

$$M=C_m\Phi I_a$$

式中，C_m 是电动机结构常数。

任务五　认知与运用电磁感应现象

【任务目标】

知识目标：	核心素养：	技能目标：
1）认识电磁感应现象； 2）理解汽车发电机的工作原理； 3）掌握自感、互感原理； 4）了解磁路欧姆定律。	做到 7S 管理要求，具备探索求知的热情，初步具有建构实验、自主创新的意识。	1）探究用铁屑及条形磁铁模拟磁场分布实验； 2）探究直导线切割匀强磁场产生感应电动势实验； 3）探究螺线管线圈对螺线管线圈产生感应电动势实验。

建议课时：4 课时。

【任务描述】

电磁感应是指因为磁通量变化产生感应电动势的现象。这一现象的发现，标志着一场重大的工业和技术革命的到来。事实证明，电磁感应在电工、电子技术、电气化、自动化方面的广泛应用对推动社会生产力和科学技术的发展发挥了重要的作用。

【任务实施】

电磁感应实验。

一、器材

磁场认知实验所需器材见表 2-18。

二、电磁感应现象

电磁感应现象实验见表 2-19。

表 2-18 磁场认知实验所需器材

序号	名 称	实 物 图	序号	名 称	实 物 图
1	条形磁铁		6	小螺线管线圈	
2	线圈		7	大螺线管线圈	
3	导线		8	蓄电池	
4	电流表		9	滑动变阻器	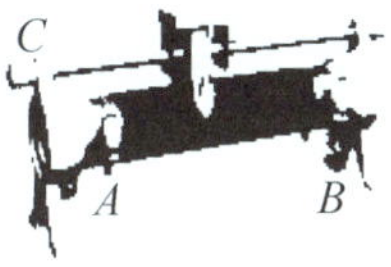
5	直导线		10	开关	

表 2-19 用铁屑及条形磁铁模拟磁场分布实验步骤

步 骤	任务实施描述	实施示意图
1		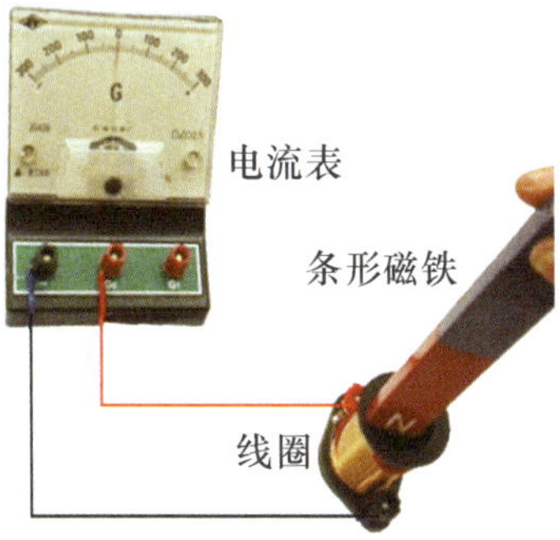
2		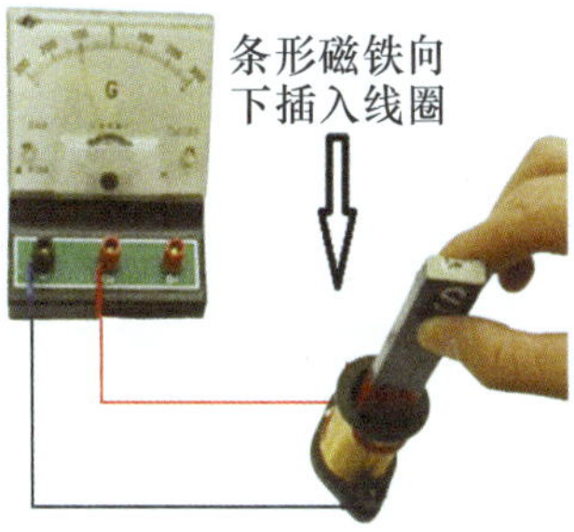

（续）

步　骤	任务实施描述	实施示意图
3		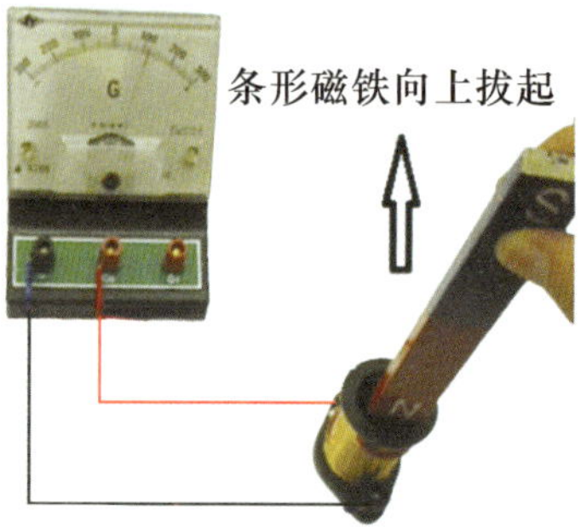

三、直导线切割匀强磁场产生感应电动势实验

直导线切割匀强磁场产生感应电动势实验步骤见表 2-20。

表 2-20　直导线切割匀强磁场产生感应电动势实验步骤

步　骤	任务实施描述	实施示意图
1	用导线连接直导线和电流表	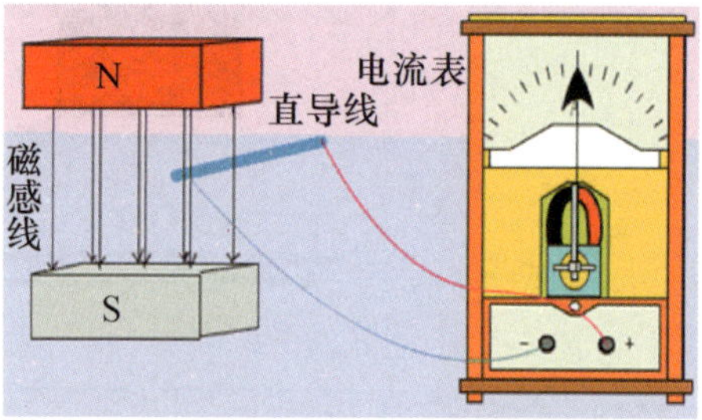
2	直导线向左运动进入匀强磁场，直导线切割磁感线，观察电流表指针产生的现象，并记录	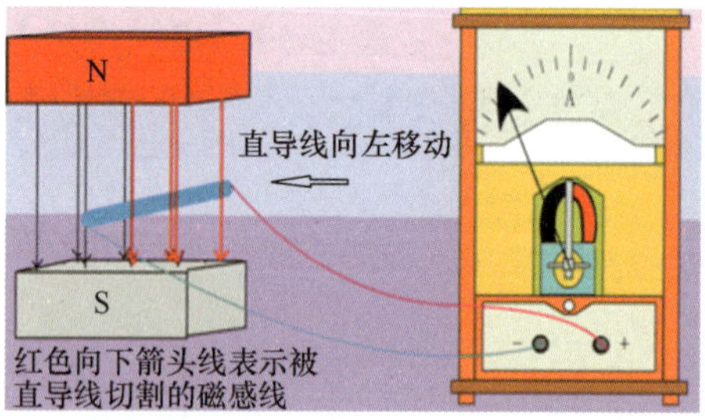
3	直导线向右移动离开匀强磁场，直导线切割磁感线，观察电流表指针产生的现象，并记录	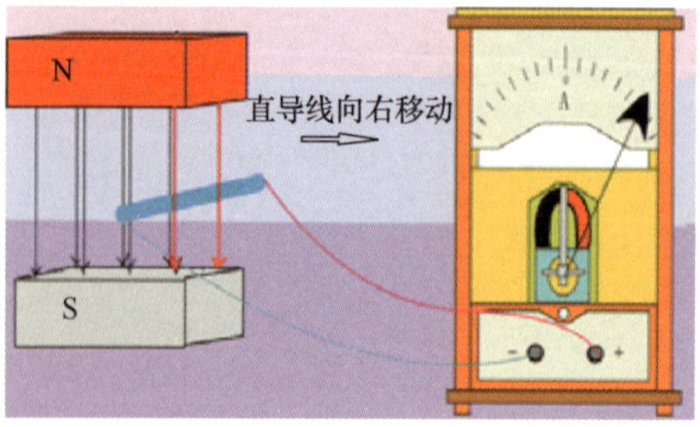

四、螺线管线圈对螺线管线圈产生感应电动势实验

螺线管线圈对螺线管线圈产生感应电动势实验步骤见表 2-21。

表 2-21 螺线管线圈对螺线管线圈产生感应电动势实验步骤

步 骤	任务实施描述	实施示意图
1	连接蓄电池、滑动变阻器和小螺线管线圈 连接大螺线管线圈和电流表	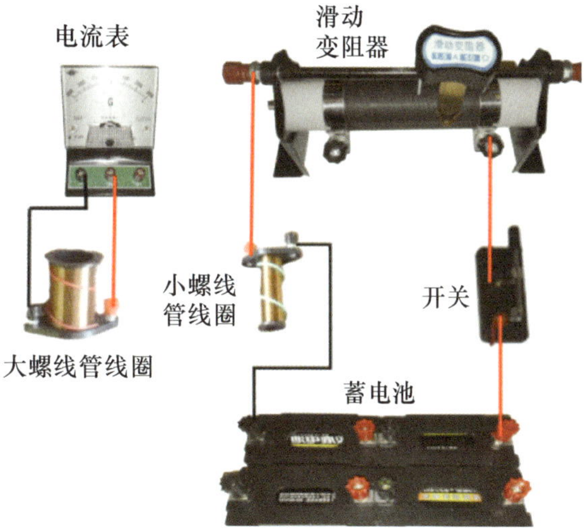
2	小螺线管线圈通过一定电流，并向下插入大螺线管线圈，观察电流表指针产生的现象，并记录	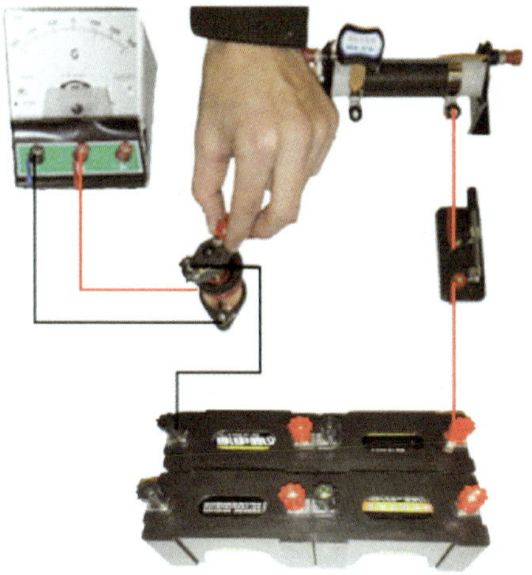
3	小螺线管线圈通过一定电流，并向上拔出大螺线管线圈，观察电流表指针产生的现象，并记录	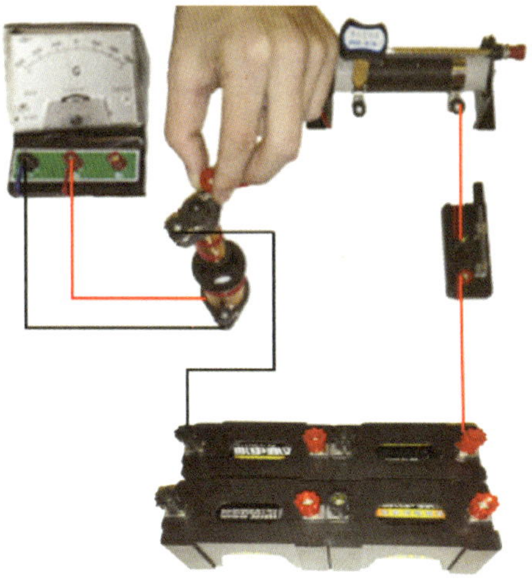

【检测评价】

检测评价见表 2-22。

表 2-22　检测评价

序号	评价项目	评价内容	评分细则	分值	得分
1	准备工作	准备实验所需器材	正确、充分准备相关器材	10	
2	电磁感应现象实验	观察电磁感应现象实验	动作规范合理 正确连接线圈与电流表 正确插入或拔出条形磁铁	20	
3	直导线切割匀强磁场产生感应电动势	观察直导线切割匀强磁场产生感应电动势实验	动作规范合理 正确连接直导线与电流表 合理设计匀强磁场 直导线正确进入或离开匀强磁场	20	
4	螺线管线圈对螺线管线圈产生感应电动势	观察螺线管线圈对螺线管线圈产生感应电动势实验	动作规范合理 正确连接蓄电池、滑动变阻器和小螺线管线圈 正确连接大螺线管线圈和电流表 小螺线管线圈正确向下插入或向上拔出大螺线管线圈	20	
5	素养提升	探索精神	做到 7S 管理要求，具备探索求知的热情，初步具有建构实验、自主创新的意识	10	
		安全文明生产	按指导教师要求操作，操作完毕，把器材断开并归位，并进行工位清洁和整理，节约材料	10	
6	时间	操作时间为 40min	每超过 1min 扣 1 分	10	
合　计				100	
说明：每项分都是扣完为止					

【知识链接】

一、电磁感应现象

1. 条形磁铁对线圈产生的感应电动势

表 2-19 的实验是楞次定律实验。楞次定律指出：感应电流产生的磁通总是阻碍原磁通的变化。

这种利用变化的磁场来产生电流的现象称为电磁感应现象，产生的电流称为感应电流，产生感应电流的电动势称为感应电动势。

依据楞次定律，可以判别线圈中感应电流的方向。对于表 2-19 步骤 2，当磁铁插入线圈时，线圈中的磁通要增加，根据楞次定律，感应电流的磁场应阻碍线圈磁通的增加，于是线圈中会产生上为 N、下为 S 的感应电流磁场，再用右手定则，可判断线圈中产生感应电流的方向，电流表指针往左偏转。表 2-19 步骤 3 的工作机理与步骤 2 相反。磁铁在线圈中往返运动，导致线圈中产生大小和方向都会随之改变的电流，这是交流电产生的原理。

当改变条形磁铁插入或拔出线圈的速度时，会发现，当磁铁插入或拔出速度快时，电流表的指针偏转角度大，反之指针偏转角度小。法拉第电磁感应定律指出：线圈中感应电动势的大小与线圈中磁通的变化率成正比。即

$$e=\Delta \Phi/\Delta t$$

如果线圈有 N 匝，则感应电动势 $e=N\Delta \Phi/\Delta t$

2. 直导线切割磁感线产生感应电动势

由表 2-20 的实验现象可知：当直导线做切割磁感线运动时会产生感应电动势。感应电动势的方向可以用右手定则判断，如图 2-32 所示，平伸右手，大拇指与其余四指垂直，让磁感线穿过掌心，大拇指指向直导线运动方向，则其余四指所指的方向就是感应电动势的方向。

实验证明：在匀强磁场中，做切割磁感线运动的直导体，其感应电动势 e 的大小与磁感应强度 B、导体的有效长度 l、导体的运动速度 v 以及导体运动方向与磁感线之间的夹角 α 的正弦值成正比，即

$$e=Blv\sin\alpha$$

上述表明，当直导线、直导线运动方向和磁感线方向三者互相垂直时，即 $\alpha=90°$，$\sin\alpha=1$ 时，$e=Blv$；当直导线运动方向和磁感线方向平行时，即 $\alpha=0°$，$\sin\alpha=0$ 时，$e=0$。

3. 螺线管线圈对螺线管线圈产生感应电动势

由表 2-21 的实验现象可知：当通电的小螺线管线圈向下插入或向上拔出大螺线管线圈时，电流表指针会产生不同方向的偏转，表明回路中有感应电流存在，其感应电动势产生的原理及方向的判别与条形磁铁对线圈产生的感应电动势类似，请参阅。

上述实验中，对小螺线管线圈施加电流使其产生磁场的现象，称为励磁。由外部电源为螺线管线圈供电，称为他励；由线圈产生的感应电动势自行供电，称为自励。

4. 电磁感应在汽车发电机中的应用

汽车发电机的外观如图 2-33 所示，拆卸后的结构如图 2-34 所示。

汽车发电机发电过程：汽车发电机的发电原理如图 2-35 所示。汽车用的发电机的三相定子绕组按一定规律分布在发电机的定子槽中，互相差 120° 电角度，如图 2-35a 所示。交流发电机的磁路是由转子的 N 极出发，穿过转子与定子之间很小的气隙进入定子铁心，最后又经过空气隙回到相邻的 S 极，并通过磁轭构成了磁回路。转子磁极的形状可使定子绕组感应的交流电动势近似于正弦曲线的波形，如图 2-35b 所示。

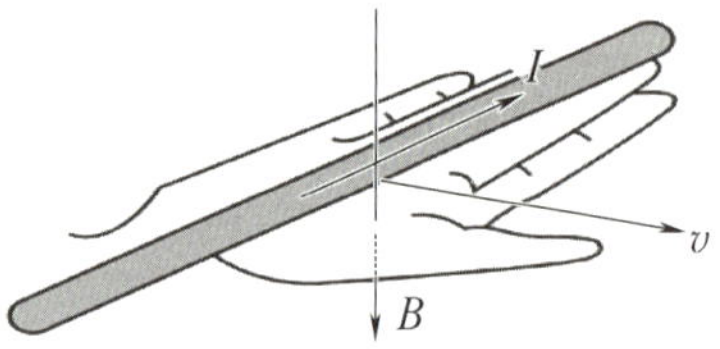

图 2-32　右手判别直导线切割磁感线产生感应电动势方向

图 2-33　汽车发电机外观

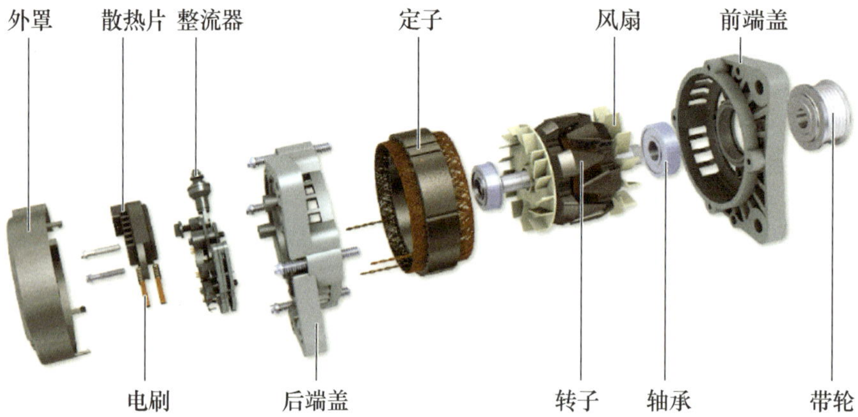

图 2-34　汽车发电机的结构

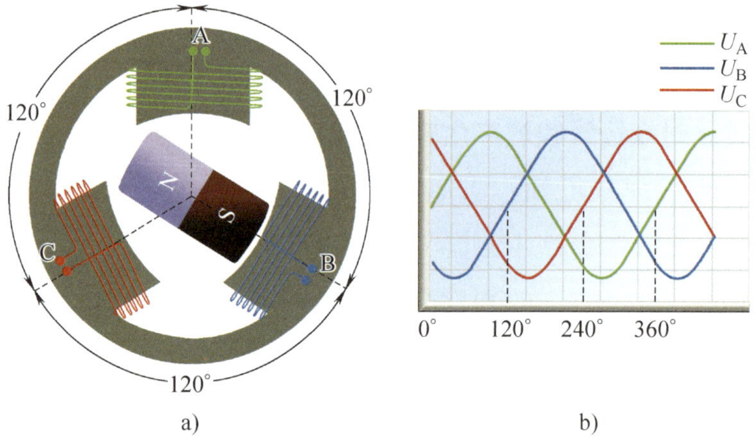

图 2-35　汽车发电机发电原理

a）发电机的三相定子绕组　b）波形

当转子旋转时，由于定子绕组与磁感线有相对的切割运动，所以在三相定子绕组中产生频率相同、幅值相等、相位互差 120° 的感应电动势。此磁感应电动势是按正弦规律变化的，俗称正弦交流电。

二、自感

1. 自感现象

重新动手做一下表 2-21 的实验，可以发现，当开关刚闭合或断开瞬间，电流表的指针都会发生偏转，表明小螺线管线圈有感应电流存在。

这种由于流过线圈本身的电流发生变化而引起的电磁感应现象称为自感现象，简称自感。在自感现象中产生的感应电动势称为自感电动势，用 e_L 表示，自感电流用 i_L 表示。

2. 自感系数

自感电流产生的磁通称为自感磁通。当同一电流通入结构不同的线圈时，产生的自感磁通量是不同的，为了衡量不同线圈产生自感磁通的能力，引入自感系数（简称电感），用 L 表示。它在数值上等于一个线圈中通过单位电流所产生的自感磁通。

即

$$L=N\Phi/I$$

式中，N 为线圈匝数；Φ 为每一匝线圈的自感磁通。

电感为常数的线圈称为线性电感，否则为非线性电感。

3. 自感电动势

自感现象是电磁感应现象的一种特殊情况，它也必然遵循法拉第电磁感应定律，将 $L=N\Phi/I$ 代入 $e=N\Delta\Phi/\Delta t$，

得

$$e=L\Delta I/\Delta t$$

课堂互动

电磁感应是指磁通量发生变化时，导体产生感应电势的现象，其产生的机理是导体和磁场之间有相对运动，其表现形式有导体与磁场发生相对运动（导动磁不动、磁动导不动）、自感、互感等现象。

同学们在今后的工作和生活中与相关联的人发生矛盾在所难免，电磁感应的表现形式给了我们解决矛盾的方式和方法，即：两个当事人在自我认识（自感）的基础上有一个主动（相对运动）、或两个当事人都主动（互感）去沟通有助于化解矛盾；如果双方都不主动，矛盾可能越积越深。加强沟通与交流，形成和谐的人际关系，有利于同学们今后的生活与工作。

——有效沟通协作前行

三、互感

1. 互感现象与互感电动势

观察图 2-36 所示的汽车点火电路，当点火开关接通后，火花塞会出现极间跳火。

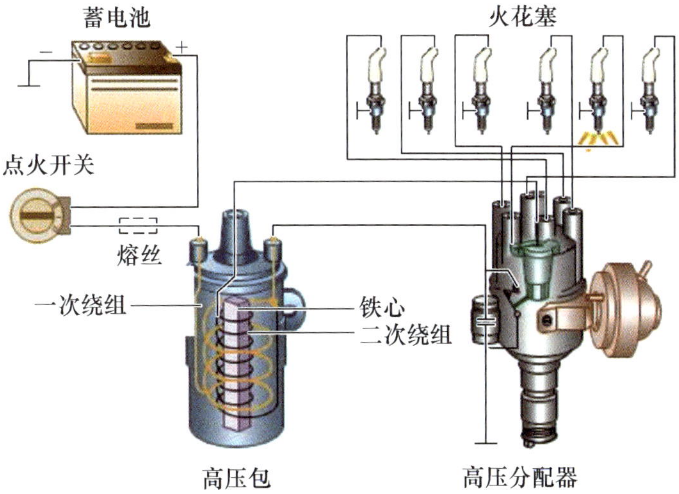

图 2-36　汽车点火电路

再观察表 2-21 的实验，可以发现：当改变小螺线管线圈电流以及开关刚闭合或

断开瞬间，电流表的指针都会发生偏转，表明回路有感应电流存在。

习惯上，把这种由一个线圈中的电流发生变化而在另一个线圈中产生电磁感应的现象称为互感现象，简称互感。由互感产生的感应电动势称为互感电动势，用 e_M 表示。

通过改变流过小螺线管线圈电流大小变化的快慢（电流变化率）或改变小螺线管线圈与大螺线管线圈的位置实验（读者可自行动手做一下）可知，大螺线管线圈产生互感电动势的大小与小螺线管线圈的电流变化率和两者之间的位置都有关。当两个螺线管线圈垂直时，互感电动势最小；当两个螺线管线圈平行，且小螺线管线圈的磁通变化全部影响大螺线管线圈的磁通变化时，互感电动势最大，此时，两个线圈的位置称为全耦合。

$$e_{M2}=M\Delta I_1/\Delta t$$

式中，M 为互感系数，简称互感，单位为 H。

在汽车点火电路中，在点火开关通、断瞬间，高压包的一次绕组电流突然变化，磁通也突然变化，由于一次和二次绕组之间的互感作用，使二次绕组产生 1.5 万伏以上的瞬时高压感应电动势，此感应电动势再由高压分配器送到火花塞，使火花塞极间产生跳火，实现点火。

2. 互感线圈的同名端

通常采用同名端来判断互感电动势的极性，以及了解线圈的绕向。把由于线圈的绕向一致而产生感应电动势的极性始终保持一致的端子称为线圈的同名端，用“.”或“*”表示，如图 2-37 所示。开关 S 闭合瞬间，A 线圈有电流 i 从 1 端流进，根据楞次定律，在 A 线圈两端产生自感电动势，极性为左正右负。利用同名端可确定 B 线圈的 4 端和 C 线圈的 5 端皆为互感电动势的正端。

在实际应用中，可以根据直流通断法来判断同名端，如图 2-37b 所示。线圈 1 经开关 S 接于直流电源，线圈 2 两端接指针式万用表的直流电压档最小量程。当开关 S 闭合瞬间，线圈 2 产生互感电动势，若电压表正向偏转，则 AC 为同名端；若电压表反向偏转，则 AC 为异名端。

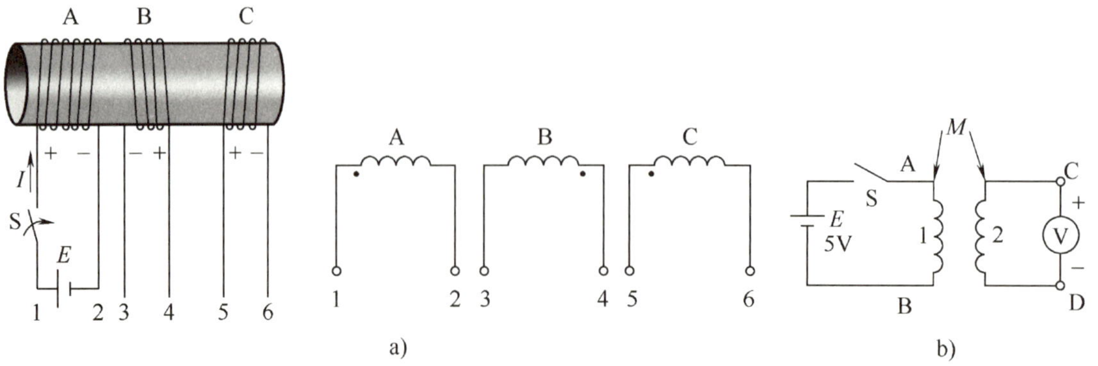

图 2-37　同名端判别

a）线圈实物图和符号　b）判别示意图

四、磁路与磁路欧姆定律

1. 磁路

由于铁磁材料具有很强的导磁能力，所以在实际生产应用中，常常将铁磁材料做成一定形状，用作线圈的铁心，为线圈中的磁通集中通过提供路径，图 2-2 给出的闪光器和图 2-36 给出的汽车点火电路的高压包都有用铁心。我们把磁通所通过的路径称为磁路，常见的磁路形状如图 2-38 所示。

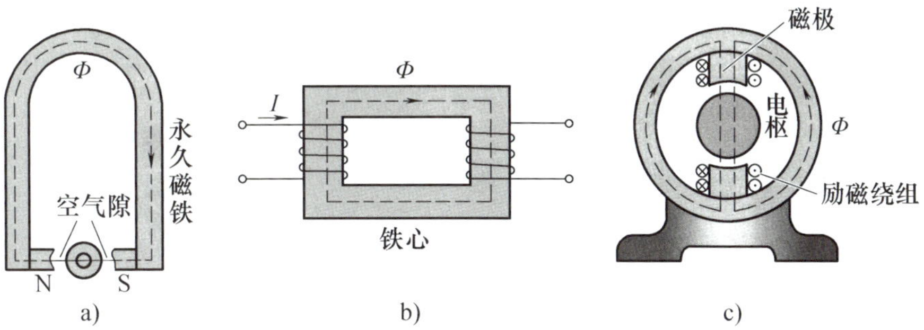

图 2-38 常见的磁路形状

磁路可以分为无分支磁路和有分支磁路，图 2-38a、b 为无分支磁路，图 2-38c 为有分支磁路。磁路中除铁心外往往还有一小段非铁磁材料，例如空气隙等。由于磁感线是连续的，所以通过无分支磁路各处横截面的磁通是相等的。全部在磁路内部闭合的磁通称为主磁通，部分经过周围物质而自成回路的磁通称为漏磁通，如图 2-39 所示。图中的 Φ 为主磁通，Φ_{01}、Φ_{02} 为漏磁通。

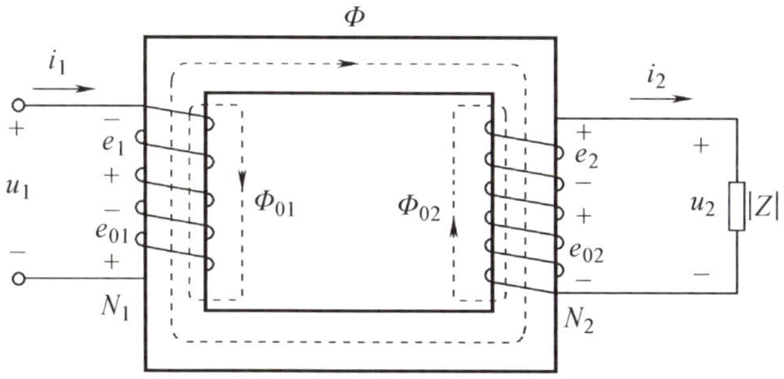

图 2-39 主磁通和漏磁通

2. 磁路欧姆定律

（1）磁动势 把通过线圈的电流 I 和线圈匝数 N 的乘积称为磁动势，用 F_m 表示，即

$$F_m=NI$$

式中，F_m 的单位为 A（安培）。

（2）磁阻 磁阻是磁通通过磁路时所受到的阻碍作用，用 R_m 表示。磁阻的大小与磁路长度 L 成正比，与磁路的横截面积 S 成反比，并与组成磁路材料的磁导率有关，其计算公式为

$$R_m=L/(\mu S)$$

式中，μ、L、S 的单位分别为 H/m、m、m^2；磁阻 R_m 的单位为 H^{-1}。

（3）磁路欧姆定律　通过磁路中的磁通与磁动势成正比，而与磁阻成反比，即

$$\Phi=F_m/R_m$$

上式与电路中的欧姆定律相似，故称为磁路欧姆定律。如果磁路中存在空气隙，则整个磁路的磁阻会大大增加，若要有足够的磁通，就必须增大励磁电流或增加线圈的匝数，即增大磁动势。

五、互感及磁路的实际应用

低压小型变压器是利用互感及磁路而工作的一种器件，其外观和符号如图 2-40 所示。

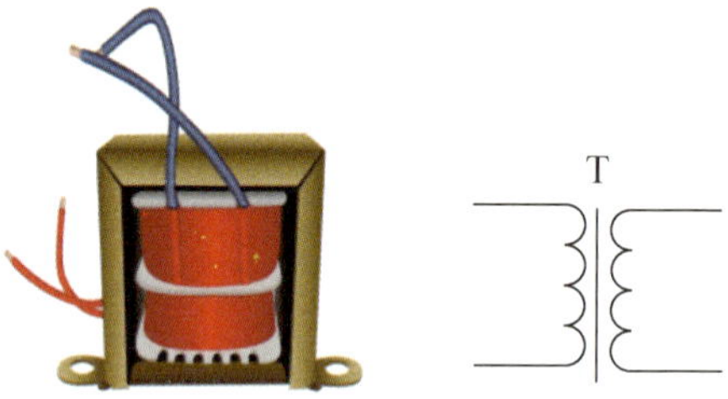

图 2-40　低压小型变压器的外观及符号

a）小型变压器外观图　b）变压器符号

变压器的工作原理可借鉴图 2-39 来分析。为了便于分析，将高压绕组和低压绕组分别画在两边。与电源相连的称为一次绕组（旧称初级绕组），与负载相连的称为二次绕组（旧称次级绕组）。一次、二次绕组的匝数分别为 N_1 和 N_2，当一次绕组接上交流电压时，一次绕组中便有电流通过。一次绕组的磁路产生的磁通绝大部分通过铁心而闭合，从而在二次绕组中感应出电动势。如果二次绕组接有负载，那么二次绕组中就有电流通过。二次绕组也产生磁通，其绝大部分也通过铁心而闭合。因此，铁心中的磁通是一个由一次、二次绕组的磁通势共同产生的合成磁通，它称为主磁通，如图中的 Φ，主磁通穿过一次绕组和二次绕组而在其中分别感应出电动势。此外，一次、二次绕组的磁通势还分别产生漏磁通，如图中的 Φ_{01}、Φ_{02}。

课后测评

一、填空题

1. 电感线圈对交流电流阻碍作用的大小称为____________，单位为____________，符号____________。

2. 电容是用来反映电容器____________的能力，电容器对交流电流阻碍作用的大小称为__________，单位为__________，符号__________。

3. 通电线圈产生磁场的强弱，不仅与线圈通过的__________有关，而且还与线圈的__________有关。

4. 楞次定律指出：感应电流产生的磁通总是__________的变化。

5. 由于流过线圈本身的电流发生变化而引起的电磁感应现象称为____________，简称__________。

6. 由一个线圈中的电流发生变化而在另一个线圈中产生电磁感应的现象称为__________，简称__________。

7. 发电机是一种将__________转化为__________的典型电磁器件。

8. 直流电动机是将__________转化为__________的机械装置。

9. 汽车上常用的继电器有：__________、喇叭继电器、__________、刮水继电器等。

10. 汽车电器中的典型直流电动机有、__________、__________、__________和__________。

二、判断题

1. 线圈中的分布电容越大越好。 （ ）
2. 电感线圈的检测一般是利用万用表电阻档来测量线圈的直流电阻。 （ ）
3. 电容器并联后，每个电容器上所充的电荷量 Q 相同。 （ ）
4. 串联后的电容器总电容 C 等于各电容器的电容之和。 （ ）
5. 磁铁在线圈中往返运动，线圈中产生的电流大小和方向不会随之改变。 （ ）
6. 磁通所通过的路径称为磁路。 （ ）
7. 电磁力的方向可以通过右手定则来判断。 （ ）
8. 电动机中换向器可以改变电枢绕组线圈中的电流方向。 （ ）
9. 磁场内各点磁感应强度的大小和方向均相同。 （ ）
10. 变压器能变换任何电压。 （ ）

三、选择题

1. 在电磁感应现象中，感应电流的磁场的方向总是（ ）。

A. 与原磁场的方向相反　　B. 与原磁场的方向相同

C. 阻碍原磁场的变化　　D. 阻碍磁场的磁通变化效率

2. 在自感应现象中，自感电动势的大小与（ ）成正比。

A. 通过线圈的原电流　　B. 通过线圈的原电流的变化

C. 通过线圈的原电流的变化量　　D. 通过线圈的原电流的大小

3. 如果通电直导体在匀强磁场中受到的磁场力最大，则说明该导体与磁力线夹角（ ）。

A. 90°　　B. 60°　　C. 30°　　D. 0

4. 关于磁力线的说法下列正确的是（ ）。

A. 磁力线是磁场中客观存在的有方向曲线

B. 磁力线始于磁铁北极而终于磁铁南极

C. 磁力线上的箭头表示磁场方向

D. 磁力线上某点处于小磁针静止时北极所指的方向与该点曲线方向一定一致

5. 下列说法中，正确的是（ ）。

A. 一段通电导线在磁场某处受到的力大，该处的磁感应强度就大

B. 在磁感应强度为 B 的匀强磁场中，放入一面积为 S 的线框，通过线框的磁通一定为 $\Phi=BS$

C. 磁力线密处的磁感应强度大

D. 通电导线在磁场中受力为零，磁感应强度一定为零

6. 旋转磁场的转速与（　　）。

A. 电压电源成正比　　B. 频率和磁极对数成正比

C. 频率成正比，与磁极对数成反比

7. 汽车点火系统中使用的点火线圈就是（　　）。

A. 自耦变压器　　B. 控制变压器　　C. 变压器

8. 下列说法不正确的是（　　）。

A. 通过线圈中的磁通增加时，线圈产生的感应电流所产生的磁通阻碍原磁通的增加

B. 通过线圈中的磁通减少时，线圈产生的感应电流所产生的磁通阻碍原磁通的减小

C. 通过线圈中的磁通发生变化时，线圈产生的感应电流所产生的磁通阻碍原磁通的变化

D. 线圈产生的感应电流所产生的磁通总是与原磁通方向相反

9. 下列说法不正确的是（　　）。

A. 电容器串联可以提高电路的耐压

B. 电容器并联使电容器的总容量增大

C. 电容器串联后，每次电容器承受的电压与其电容量成反比

D. 电容器串联后接入电路中，首先被击穿的是电容量最大的电容器

10. 关于磁场对载流直导体的作用小实验，下面说法错误的是（　　）。

A. 直导体所受电磁力的方向可以用右手定则来判断

B. 当直导体与磁感线平行放置时所受的电磁力 F 为 0

C. 当直导体与磁感线垂直放置时，所受的电磁力 F 最大

D. 直导体所受的电磁力 F 的大小与通过导体的电流 i 与该导体所处位置的磁感应强度 B 与导体和磁感线夹角的正弦成正比

学习反思

通过本模块的学习，你对电磁器件的知识点和技能点有哪些新的领悟，在职业的核心素养上有哪些新的提升，请总结归纳。

____

____

____

模块三　交 流 电 路

【模块描述】

本模块主要通过应用XJ4328双踪示波器观察低压变压器输出的交流电波形（见图3-1），来介绍交流电参数、安全用电常识；利用数字万用表测量线电压与相电压，观察两者之间的数值关系；通过训练安装家用照明线路、三相交流电动机正反转控制电路，来提升学生的实际动手能力，为后续获取电工职业资格证书打好基础。

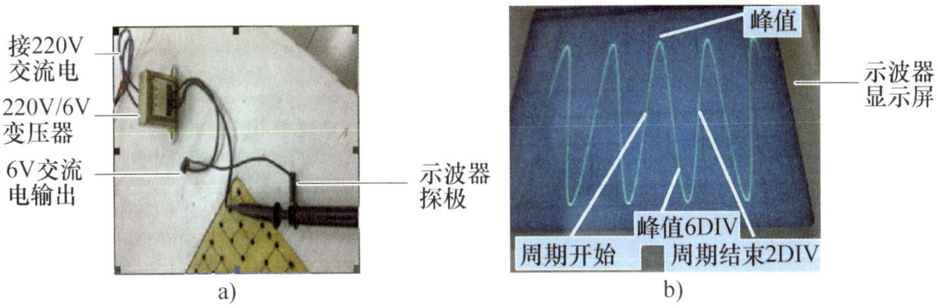

图3-1　低压变压器输出的交流电波形

a）示波器探极与变压器连接　b）示波器屏幕显示

想一想

要进行交流电波形的测量，需要注意哪些问题？你知道示波器屏幕所显示波形的哪些参量？

任务一 认知与运用双踪示波器

【任务目标】

知识目标：	核心素养：	技能目标：
1）了解 XJ4328 双踪示波器的各控制件名称和作用； 2）掌握 XJ4328 双踪示波器使用的注意事项； 3）了解交流电三要素； 4）了解相电压与线电压、相电流与线电流的关系。	树立规范操作的职业意识，明白规范不仅意味着把事情做完，更意味着把事情做好。	1）熟悉 XJ4328 双踪示波器的操作方法； 2）掌握调出示波器自检方波波形和交流电波形的方法。

建议课时：6 课时。

【任务描述】

示波器能把肉眼看不见的电信号变换成看得见的图像，便于人们研究各种电现象的变化过程。本任务通过利用 XJ4328 双踪示波器测量交流电的实际波形，来介绍 XJ4328 双踪示波器各操作件的作用以及交流电参数。

【任务实施】

利用图 3-2 所示的双踪示波器 XJ4328 测量自检方波波形和交流电信号。

一、器材

XJ4328 双踪示波器、探极、220V/6V 变压器、DY2201A 数字万用表、三相四线制配电箱。

二、测量自检方波波形的步骤

1）按下 XJ4328 双踪示波器前面板上的电源开关（序号 2），指示灯（序号 1）亮，表示电源接通。

2）经预热 2~3min 后，调节辉度（序号 23）与聚焦（序号 22）旋钮于中间位置，使屏幕中间出现一条水平线，如图 3-3 所示。继续调节辉度与聚焦旋钮，使屏幕亮度适中，聚焦最佳。

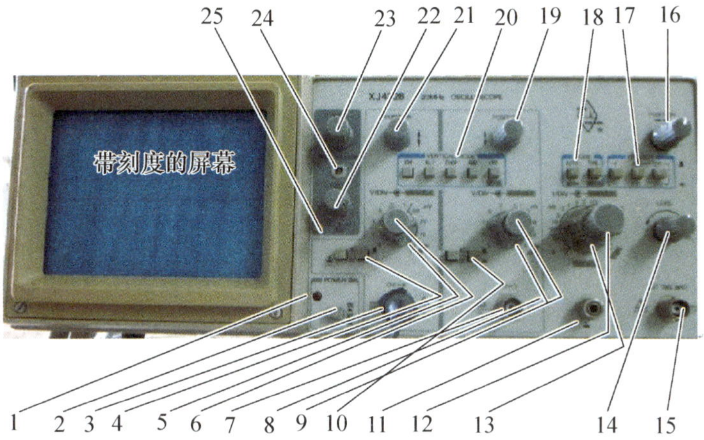

a)

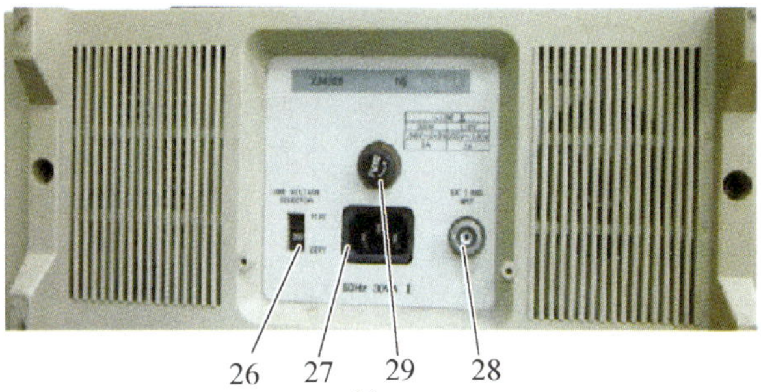

b)

图 3-2 XJ4328 双踪示波器前后面板

a）前面板 b）后面板

3）如果看到的扫描线发生倾斜，如图 3-3a 所示。则把接地⊥按键（序号 4）按下，用十字螺钉旋具调节光迹旋转旋钮（序号 24）至显示的扫描线水平，如图 3-3b 所示，然后弹出接地⊥按键。

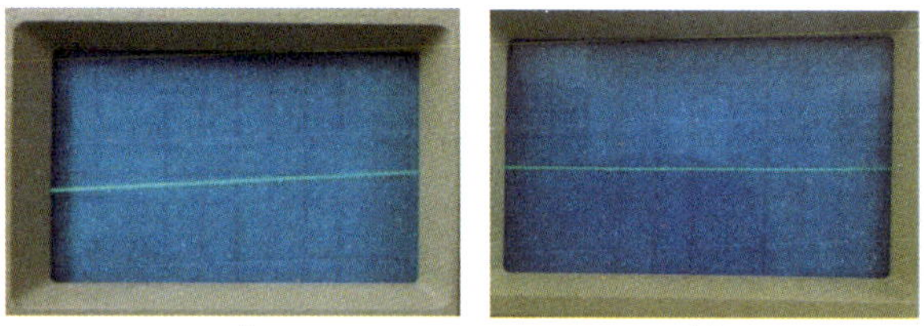

a) b)

图 3-3 屏幕出现的水平的扫描线

a）倾斜的扫描线 b）调整后的水平扫描线

4）如果只看到屏幕有亮光，而没有看到水平亮线，要检查以下开关或按键是否置于相应位置：

① 偏转因数开关（序号 5）、t/DIV 开关（序号 13）置于 0.5ms 档位置。

② 垂直方式开关（序号 20）选择 CH1，DC、⊥、AC（序号 4）选择⊥，触发方式选择开关（序号 17）选择 INT，水平方式选择开关（序号 18）选择 AUTO。口诀：“能弹起的按键全部弹起”。

③ 反复旋转 X 位移（序号 16）及 Y 移位（序号 19）。

最后调节辉度与聚焦旋钮，使亮度适中，聚焦最佳。

5）测量自检方波波形：

① 探极自检。首先检查示波器探极，示波器探极由探针、探极帽、接地夹子、

屏蔽线组成，如图 3-4 所示，检查探极外表有无破损，接地线接地是否良好。把探极末端对准输入插座（3）CH1 插入缺口位置，顺时针旋转，直至锁定。然后把探极帽轻轻按下，露出探极顶部的金属探针，用手指触碰住金属探针，屏幕显示扫描线波动，如图 3-5 所示，表示探极感应到人体静电。最后测试结果探极正常，否则应检查探极内部是否松脱或者更换探极（注意探极上有“×1”与“×10”两档，“×1”是无衰减，“×10”是衰减 10 倍，一般拨到“×1 档”）。

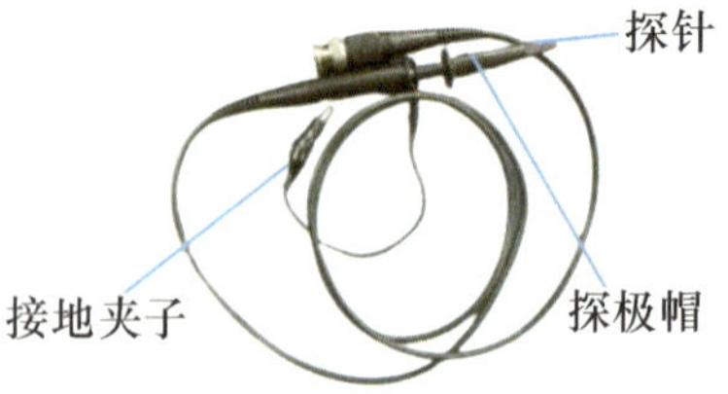

图 3-4　探极的组成

图 3-5　手触探针

② 将探极顶部的探针钩住示波器面板上的自检信号输出端子（序号 25），调节偏转因数开关（序号 5）V/DIV 至 50mV，微调（序号 6）顺时针旋转至锁定。调节扫描时间因数开关（序号 13）t/DIV 至 0.2ms，微调（序号 12）顺时针旋转至锁定，如图 3-6 所示。

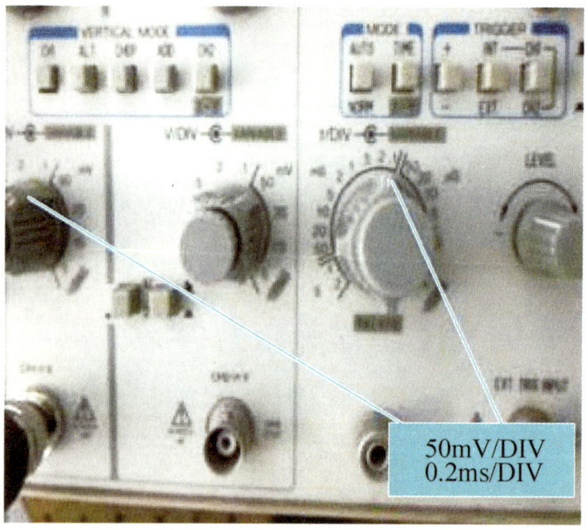

图 3-6　50mV/DIV　0.2ms/DIV

③ 最后调节 LEVEL（14）电平锁定使方波稳定，如图 3-7 所示。

④ 基准方波信号在 CH1 读数：把接地⊥按键按下，扫描信号输入端接地，出现一条水平直线，调节 Y 移位旋钮（序号 19），使水平扫描线置于正中间 X 轴水平刻度位置，以便于 Y 轴 V/DIV 读数；然后弹出接地⊥按键（序号 4），使水平直线恢复为方波；再调节 X 移位旋钮（序号 16），使方波周期开始边沿与中线 Y 轴刻度对齐，如图 3-8 所示。

⑤ 试读出图中波形的幅值和周期，并画出该波形图。

三、测量交流电信号的步骤

1）检查变压器标称值，外壳、一、二次绕组有无破损，尤其是连接电源的一次绕组，必须用电工胶布把线头裸露处包裹好，把数字万用表调到交流 20V 档位，测量变压器输出是否符合标称值要求，如图 3-9 所示。

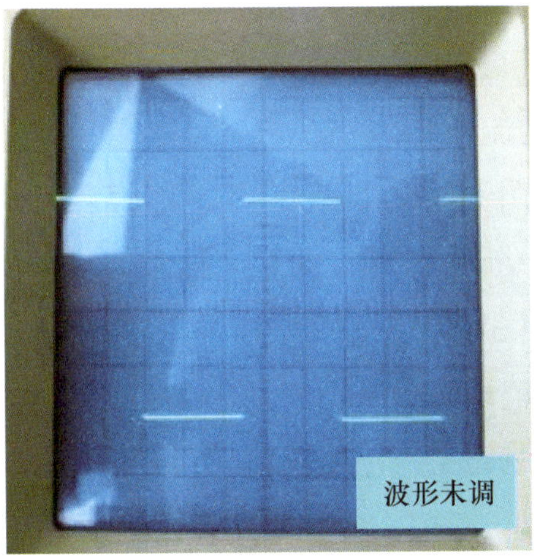

图 3-7 稳定的方波

图 3-8 调整好的方波

2）按照 XJ4328 示波器测量自检波形步骤的操作，调出一条水平扫描线，并把示波器的操作件（序号 4）置于 AC 位置。

3）示波器探极的探针与接地夹子分别夹住二次绕组交流 6V 电源的两端，如图 3-10 所示。

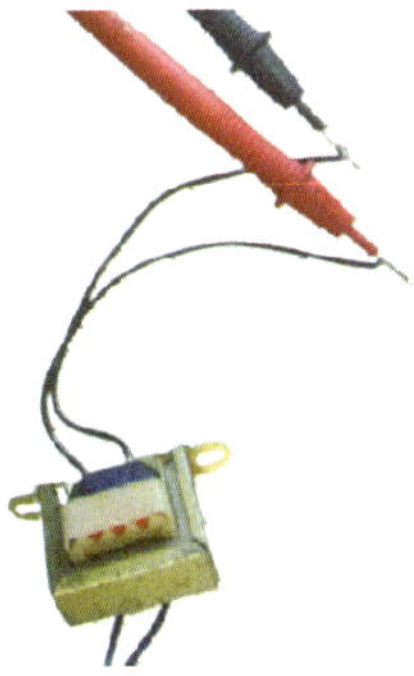
图 3-9 电压测量

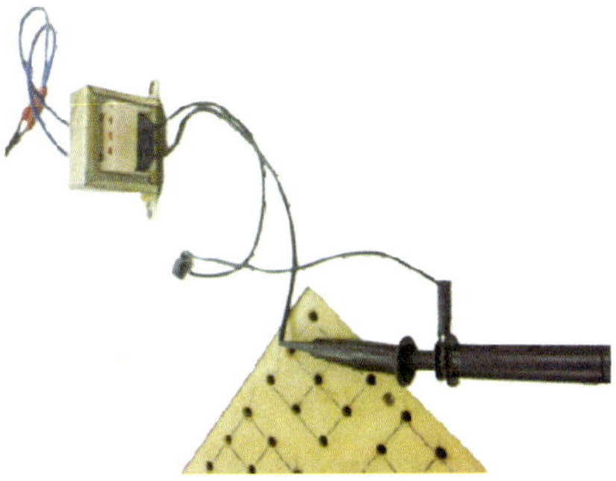
图 3-10 探极连接

4）调整示波器上的偏转因数开关（序号 5）V/DIV，微调（序号 6）顺时针旋转至锁定；调整扫描时间因数开关（序号 13）t/DIV，微调（序号 12）顺时针旋转至锁定，直至屏幕显示的波形适合读数为止，如图 3-11 所示。

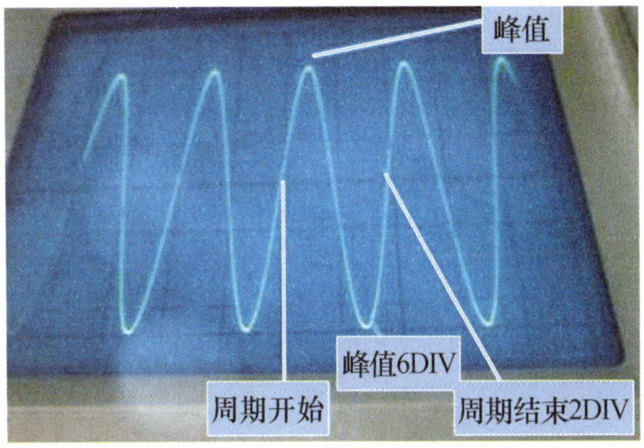

图 3-11 波形

5）试读出图中波形的幅值和周期，并画出该波形图。

6）检测完毕，按下 Power 键，关断电源，撤下探极并收好，把示波器按要求放置到指定位置。

四、用 BY2201A 数字万用表测量交流电的相电压和线电压

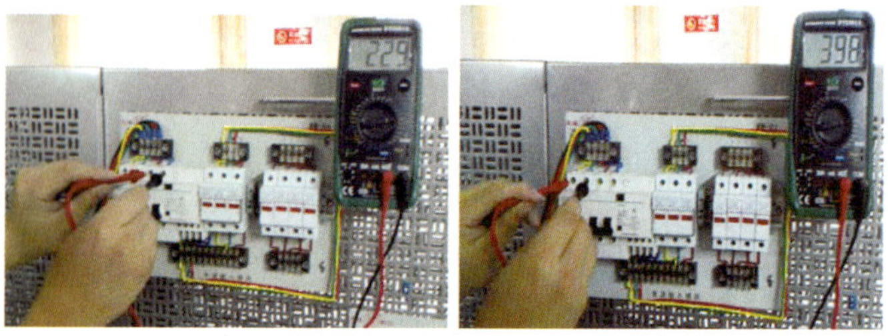

a)　　　　　　　　b)

图 3-12　相电压和线电压测量示意图

a）测量相电压　b）测量线电压

1）打开数字万用表开关，并把万用表档位拨到交流 700V 位置。

2）用数字万用表的红、黑表笔分别测量配电线中断路器对应的相电压和线电压，测量位置如图 3-12 所示。

3）记录测量数据。

4）测量完毕，把数字万用表的档位置于 OFF 位置，并把它放在指定位置。

【检测评价】

检测评价见表 3-1。

表 3-1　检测评价

序号	评价项目	评价内容	评分细则	分值	得分
1	准备工作	作业前准备	测量前，把有关控制件置于正确位置	5	
2	测量自检方波波形	按下 XJ4328 电源开关	动作规范合理，无操作失误	5	
		预热后调节辉度	动作规范合理，无操作失误	5	
		扫描线倾斜，调整	动作规范合理，无操作失误	5	
		屏幕有亮光无水平亮线，检查开关及按键	动作规范合理，无操作失误	8	
		测量自检方波波形，读出并画出波形	动作规范合理，无操作失误 波形能准确读出，并画出波形图	10	
3	测量交流电信号	检查变压器标称值	动作规范合理，无操作失误	5	
		调出一条水平扫描线	动作规范合理，无操作失误	5	
		示波器探极的探针与接地夹子分别夹住二次绕组交流 6V 电源的两端	动作规范合理，无操作失误	5	
		调整示波器，使屏幕显示的波形适合读数	动作规范合理，无操作失误	5	
		读出图中波形的幅值和周期，并画出该波形图	动作规范合理，无操作失误 波形能准确读出，并画出波形图	12	
4	测量相电压和线电压	DY2201A 数字万用表使用	动作规范合理，无操作失误	5	
		测量相电压和线电压	测量动作规范，读数准确	5	

（续）

序号	评 价 项 目	评 价 内 容	评 分 细 则	分值	得分
5	素养提升	规范严谨	明白规范不仅意味着把事情做完，更意味着把事情做好	5	
		安全文明生产	按指导教师要求操作，操作完毕，把示波器归位，并进行工位清洁和整理	5	
6	时间	操作时间为 90min	每超过 1min 扣 1 分	10	
合　计				100	
说明：每项分都是扣完为止					

【知识链接】

一、XJ4328 双踪示波器

XJ4328 双踪示波器各控制件分布见图 3-2，各控制件作用介绍见表 3-2。

表 3-2　XJ4328 双踪示波器操作面板各控制件作用

序　号	名　称	作　用
1	POWER 指示灯	当电源接通时，指示灯发红光
2	POWER 电源开关	仪器的电源总开关，按下接通
3、7	CH1、CH2 插座	通道 CH1、CH2 测量信号输入端
4、10	DC、⊥、AC	为 CH1 和 CH2 两个通道的输入选择开关，可使输入端为交流耦合、接地、直流耦合
5、8	V/DIV 偏转因数开关	改变输入偏转因数 5mV/DIV~5V/DIV，共分为 10 个档位
6、9	微调	调节显示波形的幅度，顺时针方向增大，顺时针方向旋到底并接通开关时应处于“校准”位置，测量时要置于“校准”位置
11	⊥	作为仪器的测量接地装置
12	微调	用以连续改变扫描速度的细调装置，顺时针方向旋到底并接通开关时应处于“校准”位置，测量时要置于“校准”位置
13	t/DIV 开关	为扫描时间因数开关，从（0.5μs~0.2s）/DIV，共分为 18 个档位
14	LEVEL 电平锁定	调节触发点在信号上的位置，电平电位器逆时针方向旋至锁定位置，触发点将自动处于被测波形的中心电平附近
15	EXT TRIG INPUT 外触发输入插座	当扫描开关置于扫描档位时，作为外触发输入插座
16	POSITION X ↔ 位移	控制光迹在荧光屏 X 轴方向的位置
17	TRIGGER 触发方式选择开关	+、-：测量正脉冲前沿及负脉冲后沿宜用“+”；测量正脉冲后沿及负脉冲前沿宜用“-” 内 INT：为内触发，触发信号来自 CH1 或 CH2 放大器 外 EXT：为外触发，触发信号来自外触发输入

（续）

序　号	名　称	作　用
18	MODE 水平方式选择开关	选择扫描工作方式，置于“AUTO”扫描处于自激状态，置于“TIME”则电路处于触发状态，置于“X-Y”，配合垂直方式开关，使 CH2 处于 X-Y 状态
19、21	POSITION Y ↕ 移位	控制 CH1、CH2 光迹在荧光屏 Y 轴方向的位置，顺时针旋转时，光迹向上；逆时针旋转时，光迹向下
20	VERTICAL MODE 垂直方式开关	控制电子开关工作状态，可显示 CH1、CH2、交替、断续、ADD 五种工作方式 CH1：单独显示 CH1 输入信号 CH2：单独显示 CH2 输入信号 交替：CH1、CH2 两个信号交替显示，一般在信号频率较高时使用，因交替重复频率高，借助示波管的余辉在屏幕上同时显示信号 断续：CH1、CH2 两个信号用打点的方法同时显示，一般在较低频率时使用，可避免两个信号不能同时显示的不足 ADD：CH1 信号与 CH2 信号相加
22	FOCUS 聚焦	调节聚焦可使光点圆而小，使波形清晰
23	INTEN 辉度	控制荧光屏光迹的明暗程度，顺时针方向旋转为增亮，逆时针方向旋转为减弱
24	TRACE ROTATION 光迹旋转	使基线和水平插座线平行
25	0.2Vp-p　1kHz 探极校准信号输出	输出 0.2$V_{p\text{-}p}$ 方波，频率为 1kHz
26	220V/110V 电源开关	当输入电源电压为 220V 时请拨至 220V，当输入电源电压为 110V 时请拨至 110V
27	电源插座	输入 220V 或 110V 交流电源
28	外 Z 轴输入	当需要外调制时就输入信号
29	FUSE 熔丝座	放入 1A 熔丝

二、认识交流电

由项目二的介绍可知，直导线做切割匀强磁感线运动时，所产生的感应电动势为：$e=Blv\sin\alpha$。即感应电动势是一个电压大小和方向都按正弦规律变化的信号，我们把这种大小和方向都按正弦规律变化的电动势称为正弦交流电，其波形的形状见图 3-11。汽车上的发电机发出来的电是正弦交流电，人们日常所使用的电网电压也是正弦交流电。为了便于分析正弦交流电，常采用最大值、角频率和初相位这三要素来表示。

1. 正弦交流电的周期、频率与角频率

（1）周期　交流电每重复变化一次所需的时间，用符号 T 表示，单位是 s。图 3-11 中，由周期开始至周期结束，所经历的时间 T=20ms，即该交流电的变化周期为 20ms。

（2）频率　交流电在 1s 内重复变化的次数，用符号 f 表示，单位是 Hz，并有 $f=1/T$；图 3-11 所显示的正弦交流电的频率 f=50Hz。

（3）角频率　正弦交流电在 1s 内变化的电角度，用符号 ω 表示，单位是 rad/s，有 $\omega=2\pi f$。

2. 正弦交流电的最大值、有效值和平均值

（1）最大值　正弦交流电在一个周期内所能达到的最大瞬时值，又称峰值、幅值。最大值用大写字母加下标 m 表示，如电动势最大值 E_m、电压最大值 U_m、电流最大值 I_m。

（2）有效值　加在同样阻值的电阻上，在相同的时间内产生与直流电作用下相等热量的交流电的大小。

有效值用大写字母表示，如 E、U、I。

正弦交流电的有效值和最大值之间有如下关系：

$$\text{有效值}=\frac{1}{\sqrt{2}}\times\text{最大值}\approx 0.707\times\text{最大值}$$

（3）平均值　由于正弦量取一个周期时平均值为零，所以取半个周期时的平均值为正弦量的平均值。

3. 正弦交流电的相位与相位差

（1）相位　表示在任意时刻线圈平面与中性面所成的角度，这个角度称为相位角，也称相位或相角，它反映了交流电的变化进程。对于正弦量 $t=0$ 时的交流电相位，称为初相位，也称初相角或初相。对于表达式 $u=U_m\sin(\omega t+\varphi_0)$ 的正弦交流电，其初相位为 φ_0。

（2）相位差　两个同频率交流电的相位之差称为相位差，用符号 φ 表示，即两个同频率交流电的相位差就等于它们的初相之差。相位差存在如图 3-13 所示的四种相位差关系。

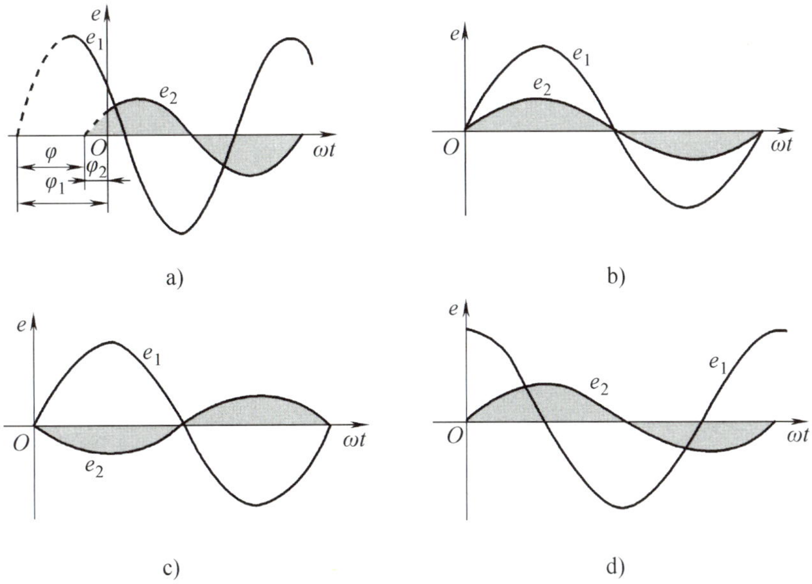

图 3-13　四种相位差关系

a）e_1 超前 e_2　b）e_1 与 e_2 同相位　c）e_1 与 e_2 相差 180°　d）e_1 滞后 e_2

正弦交流电的最大值反映了正弦量的变化范围，角频率反映了正弦量的变化快慢，初相位反映了正弦量的起始状态。

4. 正弦交流电三要素与波形图的对应关系

正弦交流电三要素与波形图的对应关系如图 3-14 所示。

图 3-14 形象地说明了正弦交流电的变化规律，它分别由正弦量的幅值、频率和初相位来确定。习惯上，把频率、幅值和初相位称为正弦交流电的三要素。具体说明如下：

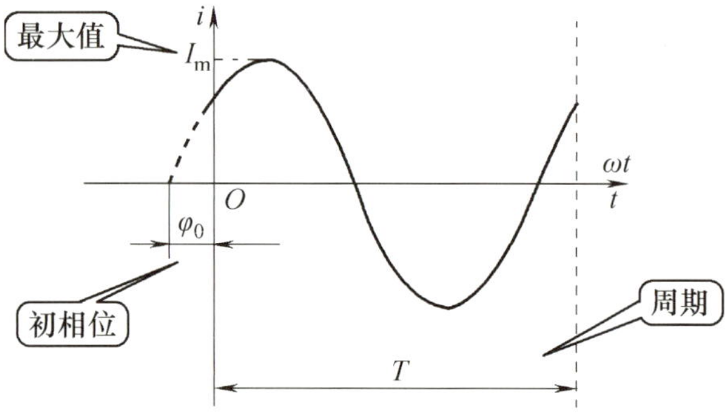

图 3-14 正弦交流电三要素与波形图对应关系

正弦交流电的三要素：
- 幅值：反映交流电大小（幅度）的物理量，相关物理量有最大值、有效值、瞬时值
- 频率：反映交流电变化快慢的物理量，描述的参数有周期（T）、频率（f）、角频率（ω）
- 相位：用以比较交流电变化步调的物理量，相关物理量有相位、初相位

请根据以上介绍，试读出图 3-11 所示波形交流电压的最大值 U_m=__________V，交流电压的周期 T=__________s，频率 $f=1/T$=__________Hz。

5. 三相交流电

（1）三相交流电表达式　前面介绍的汽车发电机所产生的感应电动势是三个对称的正弦交流电。这三个对称的正弦交流电可以用以下的解析式表示：

$$e_U=E_m\sin(\omega t+0°)\ \text{V}$$

$$e_V=E_m\sin(\omega t-120°)\ \text{V}$$

$$e_W=E_m\sin(\omega t+120°)\ \text{V}$$

（2）三相四线制　如果把发电机的每个定子绕组产生的感应电动势各接一个负载，就得到三个独立的单相电路，这样连接要六根导线，很不经济。为了节省连接导线，常采用三相四线制供电，其连接方式如图 3-15 所示。即发电机三个定子绕组的末端连接在一起，成为一个公共端点（称中性点），用符号 N 表示，从中性点引出的输电线称为中性线。中性线通常与大地相接，并把接地的中性点称为零点，而接地的中性线称为零线。从三个定子绕组始端引出的输电线称为相线，俗称火线。

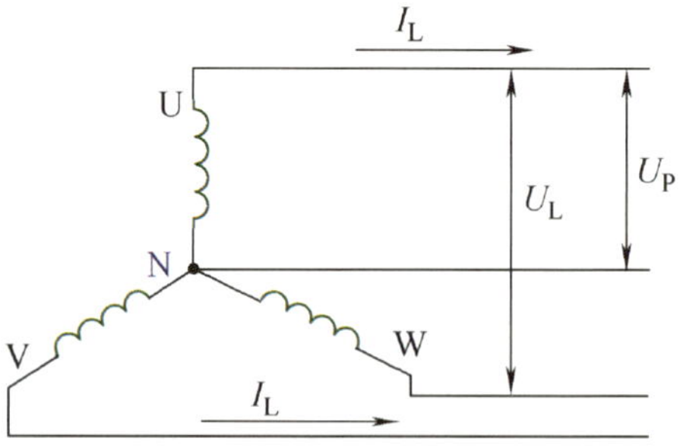

图 3-15 三相四线制

三相四线制中，相线与相线之间的电压称为线电压 U_L，由任务实施的电压测量可知，U_L=398V，相线与中性线的电压称为相电压 U_P，由任务实施的电压测量可知，

U_p=229V。（注：一般情况下，U_L=380V，U_p=220V，你能知道测量结果与理论值存在差异的原因吗？）

线电压与相电压存在以下关系：

$$U_L=\sqrt{3}\,U_P$$

定子绕组输出的线电流 I_L 与每相绕组的相电流 I_P 相等，即

$$I_L=I_P$$

（3）三相负载的连接方式　接在三相电源上的负载称为三相负载。通常把各相负载相同的三相负载称为对称三相负载，如三相电动机等；如果各相负载不同，则称为不对称三相负载。

1）三相负载的星形联结。把三相负载分别接在三相电源的一根相线和中性线之间的接法称为三相负载的星形联结，常用Y标记，如图 3-16 所示。图中负载两端的电压称为负载的相电压。在忽略输电线上的电压降时，负载的相电压就等于电源的相电压，电源的线电压等于负载相电压的$\sqrt{3}$倍，即

$$U_L=\sqrt{3}\,U_{PY}$$

流过每相负载的电流称为相电流，流过每根相线的电流称为线电流，线电流与相电流大小相等，即

$$I_{LY}=I_{PY}$$

2）三相负载的三角形联结。把三相负载分别接在三相电源的每两根相线之间的接法称为三相负载的三角形联结，常用△标记，如图 3-17 所示。

由于各相负载接在两根相线之间，因此负载的相电压就等于电源的线电压，即 $U_{L\triangle}=U_{P\triangle}$。线电流与相电流的关系为

$$I_{L\triangle}=\sqrt{3}\,I_{P\triangle}$$

三相负载接在电源中，是作三角形联结还是星形联结，要根据负载的额定电压而定。

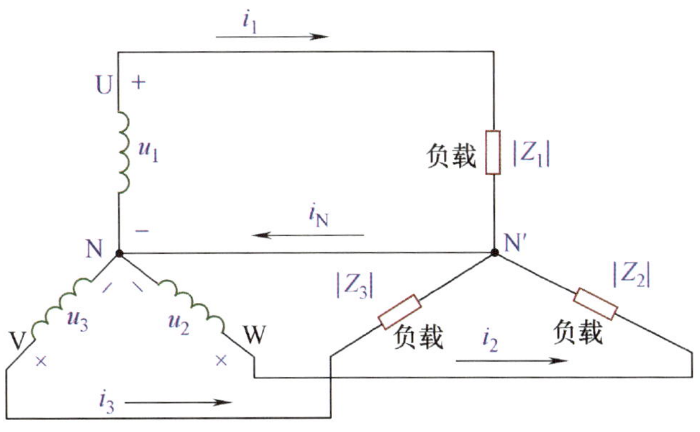

图 3-16　三相负载的星形联结

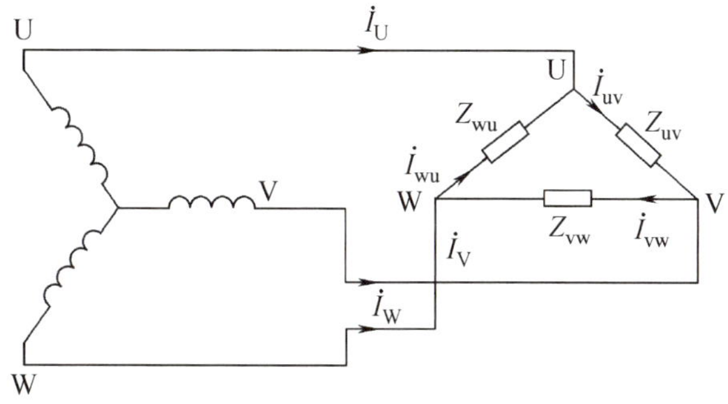

图 3-17　三相负载的三角形联结

任务二　安全用电与触电防护

【任务目标】

知识目标：	核心素养：	技能目标：
1）了解电流对人体的伤害及预防措施； 2）了解保护接零和保护接地概念； 3）了解触电方式； 4）掌握触电现场急救的基本技能。	树立安全操作意识，养成安全用电、节约用电的习惯；树立珍视生命、科学抢救的职业意识。	掌握触电现场急救的基本技能。

建议课时：4 课时。

【任务描述】

在日常的生活或生产应用中，大多数电气设备是使用三相四线制供电的交流电源。由于三相四线制供电的交流电源，其相电压为 220V，线电压为 380V，所以必须特别注意安全用电。如果电气设备使用不当、安装不合理等，就有可能造成事故，导致人身伤害甚至生命危险。因此，了解安全用电常识、触电方式及急救方法是十分必要的。

【任务实施】

安全用电操作演示，本演示必须严格遵守操作规程，实验室地板必须铺上绝缘垫、教师要穿好绝缘鞋。

一、器材

验电笔、螺钉旋具、绝缘鞋、绝缘手套、护目镜、安全帽和绝缘垫。

二、观察鸟儿站在高压电线上的情况

鸟儿站在高压电线上的图片如图 3-18 所示，通过图片可以发现，鸟儿虽然是站在高压电线上面，可是不发生触电。

图 3-18　鸟儿站在高压电线上

三、正确带电操作

1）如图 3-19a 所示，实训指导教师使用验电笔进行测试漏电保护器进电线路，验电笔会发光，说明线路带电。

2）如图 3-19b 所示，实训指导教师穿好绝缘鞋和绝缘手套、戴好安全帽和护目镜，地板垫好绝缘垫。

3）如图 3-19c 所示，用绝缘螺丝旋具旋开漏电保护器进电线路螺丝，拔下进电线路。

4）如图 3-19d 所示，实训指导教师做好安全防护的前提下，进行带电操作。

课堂互动

某工作人员在检查时发现 220V 低压线路故障点，在未戴手套、未穿绝缘鞋、未使用绝缘梯子、未使用绝缘工具等安全防护的情况下，拆除三通 PVC 管时，左手不慎触碰带电绝缘导线破损点裸露部分，导致触电受伤。

——安全是一切工作的前提

a)　b)　c)　d)

图 3-19　教师做好安全防护的前提下进行带电操作

5）通过实验，可以观察到虽然验电笔会发光，表明线路带电，但穿好绝缘鞋的教师却不会触电。

6）按要求收好测电笔、螺钉旋具，脱去所穿的绝缘鞋、所戴的绝缘手套、安全帽和护目镜，放到指定位置。

想一想

为什么鸟儿和穿绝缘胶鞋的教师不会发生触电现象？

【检测评价】

检测评价见表 3-3。

表 3-3 检测评价

序号	评价项目	评价内容	评分细则	分值	得分
1	准备工作	作业前准备	操作前，检查绝缘鞋、绝缘垫	20	
2	带电操作	穿好绝缘鞋、铺好绝缘垫	动作规范合理，无操作失误	15	
		正确使用验电笔	动作规范合理，无操作失误	15	
		带电操作	动作规范合理，无操作失误	20	
3	素养提升	安全意识	严肃树立安全操作意识，严格按照规范步骤带电操作	10	
		安全文明生产	操作完毕，把仪器归位，并进行工位清洁和整理	10	
4	时间	操作时间为 20min	每超过 1min 扣 1 分	10	
合计				100	
说明：每项分都是扣完为止					

【知识链接】

一、电流对人体的作用

1. 安全电流及有关因素

站在高压电线上的鸟儿和穿绝缘鞋的教师用手触碰市电的相线之所以不会触电，原因在于，鸟儿两只脚之间导线的电压降很小（可以忽略不计），没有电流通过鸟儿，所以不会发生触电；做好绝缘安全防护的教师用手触碰市电的相线时，因没有电流流过教师的身体，所以也不会发生触电。所谓触电：一般是指人体接触或接近高压带电体，导致电流通过人体而引起的局部受伤或死亡现象。经验表明，频率为 30~1000Hz 的电流通过人体时最危险；对于 1000Hz 以上的电流，随着频率的升高危险性将减小；日常所用的工频市电，50~60Hz 的危险性最大。实践证明，即使通过人体的电流很小，但如果通电的时间过长，也会有危险。电流对人体的伤害程度取决于通过人体的电流大小与时间的乘积。一般情况下，这两者的乘积在 30mA·s 以下时，人不至于触电，若超过这个数值，则有触电危险。

2. 安全电压和人体电阻

一般情况下，对地电压低于 40V 为安全电压，但电气设备环境越潮湿，使用安全电压就越低。我国安全电压等级标准分为 42V、36V、6V，可供不同条件下使用的电气设备选用，一般 36V 以下电压不会造成人员伤亡，故称 36V 为安全电压。人体的最小电阻一般在 800~1000Ω，皮肤干燥时可达几万欧姆，而有汗、有水汽或皮肤破损时，电阻就会迅速减小（可以用数字万用表实测一下自身身体在干燥和有水汽状态下的电阻值，并记录）。

二、电流对人体的伤害

按人体受伤害的方式不同，触电可分为电伤和电击两种。

1. 电伤

电伤是指电流的热效应、化学效应、机械效应作用对人体造成的局部伤害，它可以是电流通过人体直接引起的，也可以是电弧或电火花引起的，主要包括电弧灼伤、受大电流加热而融化的金属烧伤或与带电体接触后的皮肤烫伤等。电伤的临床表现为头晕、心跳加剧、出冷汗或恶心、呕吐，皮肤烧伤处疼痛等。

2. 电击

电击是指电流通过人体时，破坏人的心脏、神经系统、肺部等的正常工作而造成的伤害。它可以使肌肉抽搐、内部组织损伤，造成发热、发麻、神经麻痹等，严重的甚至引起昏迷、窒息、心脏停止跳动而死亡。电击伤人的程度，是由通过人体电流的大小、电流频率和通过人体的途径、持续时间长短及触电者本人的体质而定。人体通过工频（50Hz 或 60Hz）电流 1mA 时就会有麻木的感觉，10mA 为摆脱电流；当人体通过 50mA 的工频电流时，经过一定时间就可以使人毙命。电流通过心脏危险性最大，通电时间越长，触电的伤害程度就越严重。

三、正确使用电能

1. 电气设备使用前注意事项

电气设备一般都有标注电压使用范围，如 XJ4328 双踪示波器就有明确规定，如图 3-2b 所示。在使用电气设备前，一定要注意查看其标注电压与所用电源电压是否相符，如果所用电源电压超过标注电压，那么极易造成电气设备损坏，甚至引发灾难性后果。

2. 正确实施保护接地和保护接零

电气设备的保护接地和保护接零是为了防止人体接触绝缘损坏的电气设备所引起的触电事故而采取的有效措施。对于单相供电而言，保护接地和保护接零如图 3-20 所示，具体做法是：使用 3 孔插座和 3 脚插头。其中 3 脚插头的中间脚应与用电设备外壳可靠连接，而 3 孔插座的中间孔，应与保护接地线或保护接零线相连，如图 3-20 所示。

（1）保护接地　电气设备的金属外壳或构架与土壤之间作良好的电气连接称为接地，可分为工作接地和保护接地两种。

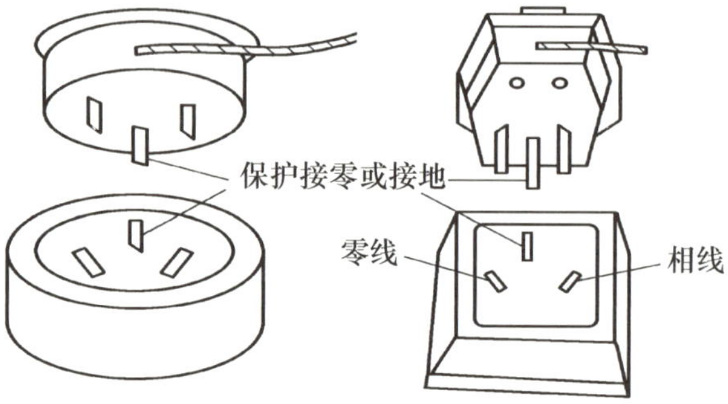

图 3-20　保护接地和保护接零

工作接地是为了保证电气设备在正常及事故情况下可靠工作而进行的接地，如三相四线制电源中性点的接地。

保护接地是为了防止电气设备正常运行时，不带电的金属外壳或框架因漏电使人体接触时发生触电事故而进行的接地。保护接地适用于中性点不接地的低压电网。

（2）保护接零　在中性点接地的电网中，由于单相对地电流较大，保护接地就不能完全避免人体触电的危险，而要采用保护接零。将电气设备的金属外壳或构架与电网的零线相连接的保护方式叫作保护接零。由于保护接零是在中性点接地的三相四线制供电系统中，把电气设备的金属外壳与中性点连接起来，一旦设备外壳带电，依靠中性线的短路作用，使电路熔断器熔丝熔断，就能够及时切断电路起到保护作用。

3. 合理选择熔丝，正确安装熔断器和开关

各类开关和熔断器必须安装在相线上，而严禁安装于零线上，要根据额定电流选择适当容量的熔断器，严禁以铜丝代替熔断器。

四、触电的方式及其防护

1. 直接触电及其防护

直接触电又可分为单相触电和两相触电，如图 3-21 所示。两相触电非常危险，单相触电在电源中性点接地的情况下也是很危险的。其防护方法主要是采取对带电导体加绝缘、对变电所的带电设备加隔离栅栏或防护罩等设施。

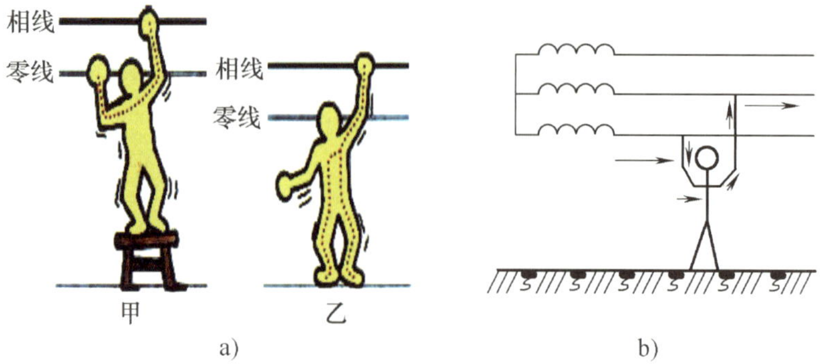

图 3-21　直接触电

a）单相触电　b）两相触电

2. 间接触电及其防护

间接触电主要有跨步电压触电和接触电压触电，如图 3-22 所示。所谓的跨步电压触电是指：当架空线路的一根带电导线断落在地上时，如图 3-22a 所示，落地点与带电导线的电势相同，电流就会从导线的落地点向大地流散，于是地面上以导线落地点为中心，形成了一个电势分布区域，离落地点越远，电流越分散，地面电势也越低。如果人或牲畜站在距离电线落地点 8~10m 以内，就可能发生触电事故，这种触电叫作跨步电压触电。

当电气设备因绝缘损坏而发生接地故障时，如人体的两个部分（通常是手和脚，见图 3-22b）同时触及漏电设备的外壳和地面，人体的这两部分便处于不同的地电位，其间的电位差即称为接触电压。由于受接触电压作用而导致的触电现象称为接触电压触电。

3. 触电救护知识

发生了触电怎么办？遇有触电情况，首先应使触电者脱离电源，可以拉下电源开关或用干燥的竹竿、木棒等工具挑开电线，如图 3-23 所示，或用绝缘手钳等工具切断电线，严禁用手直接触拉触电者。其次，要防止触电者脱离电源后的摔伤或跌倒受伤；最后，根据触电者的状况，迅速实施人工呼吸、胸外心脏按压等抢救措施。

a)　　b)

图 3-22　间接触电

a）跨步电压触电　b）接触电压触电

图 3-23　触电者就地脱离电源的方法

（1）口对口人工呼吸法　人工呼吸法以口对口人工呼吸法效果最好。如图 3-24 所示，捏紧触电者鼻孔，深吸一口气后紧贴触电者的口向其口内吹气，时间约为 2s，吹气完毕后，立即离开触电者的口，并松开触电者的鼻孔，让他自行呼气，时间约 3s。如此以每分钟约 12 次的速度反复进行。口对口人工呼吸法主要针对有心跳而无呼吸的触电者。

（2）胸外心脏按压法　胸外心脏按压法主要针对有呼吸而无心跳的触电者。如

图 3-25 所示，救护者跪在触电者一侧或骑跪在其腰部两侧，两手相叠，手掌根部放在伤者心窝上方、胸骨下，掌根用力垂直向下按压，压出心脏里面的血液，叠压后迅速松开，胸部自动复原，血液充满心脏，如此以每分钟约 60 次的速度反复进行。

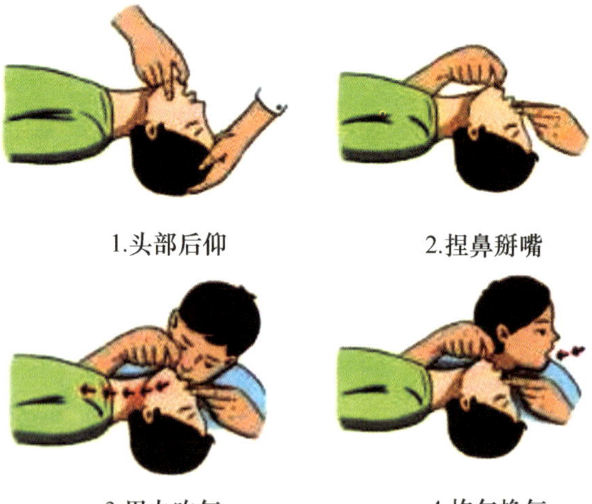

图 3-24　口对口人工呼吸法

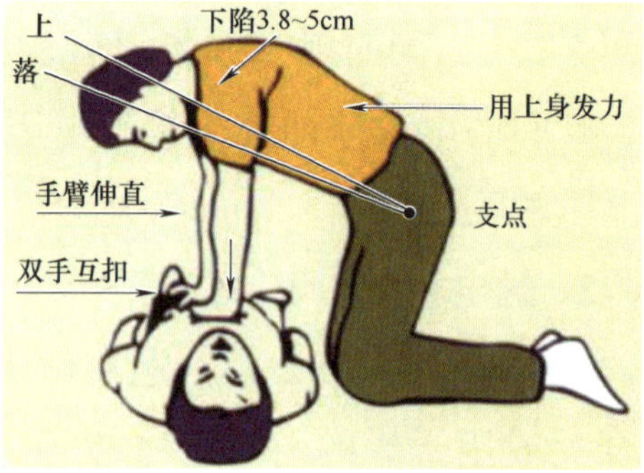

图 3-25　胸外心脏按压法

（3）同时采用人工呼吸和胸外心脏按压法　采用人工呼吸和胸外心脏按压法主要针对心跳和呼吸都停止的触电者。如图 3-26 所示，若现场只有一人时，可采用单人操作。单人进行抢救时，先给触电者吹气 3~4 次，然后再挤压 7~8 次，如此交复进行，直至触电者苏醒为止。若现场有两人，则两人合作进行抢救效果更适宜。方法便是一人做人工呼吸，另一人做胸外心脏按压。但在吹气时应将其胸部放松，按压只可在换气时进行。

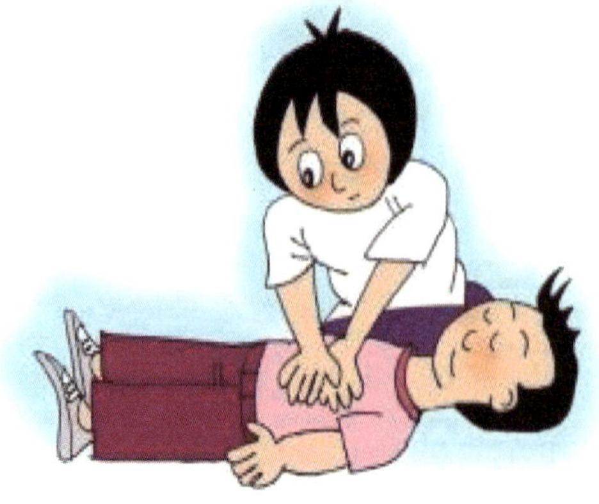

a)

b)

图 3-26　对心跳和呼吸均停止者的急救

a）单人操作法　b）双人操作法

任务三　连接与检测常用照明线路

【任务目标】

知识目标：	核心素养：	技能目标：
1）识读照明控制线路图； 2）识别照明线路的各电气符号。	通过互联网了解我国电力事业的发展情况，牢固树立爱国意识，培养民族自尊心和自豪感。	1）掌握导线绝缘层的剖削与恢复，导线的连接； 2）学会正确安装室内照明线路所需各器件（灯头、开关等）的方法； 3）掌握利用万用表或验电笔检查照明线路的方法。

建议课时：4 课时。

【任务描述】

照明线路是电工中最常见、最常用到的一种电气控制线路，也是维修电工职业资格考试的必备内容。本任务通过识读简单的照明电路原理图，实施线路的连接，来介绍照明线路的器件选择、检测、安装和线路的检查。

【任务实施】

检查图 3-27 所示的简单照明电路所需的器件，并通电测试所连接的电路。

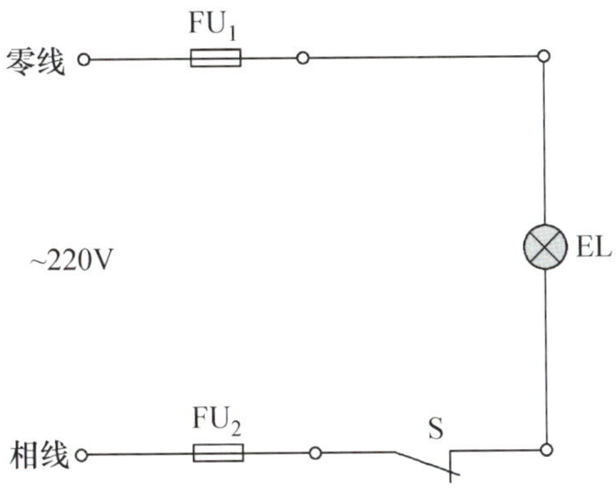

图 3-27　照明电路

一、器材

导线、开关、照明灯、熔丝。

课堂互动

实际电路器件电磁性能复杂，不方便进行定量分析，举例：生活中最常见的白炽灯：消耗电能（电阻性）、电流通过会产生磁场（电生磁）、灯丝由导线绕制成，具有电感性。电路等效时，忽略电感性。因此，理想电路元件是实际电路器件的理想化和近似化，其电特性单一、精确，可定量分析和计算。

——抓主要因素，忽略次要因素，理论联系实际，具体问题具体分析

二、步骤

1. 配齐器件

按照图 3-27 所示的电路原理图，配齐所需器件，将器件型号、规格、质量检查情况记录在表 3-4 中。

表 3-4　照明电路连接实训所需器件清单

器件名称	型　号	规　格	数　量	是否可用

2. 认识器件

认识照明线路所需器件，见表 3-5。

表 3-5　照明线路所需器件

序　号	器　件	名　称	电气符号	备　注
1				
2				
3				
4				
5				

3. 器件检测

用数字万用表“200Ω”电阻档检查表 3-6 所示的熔芯、熔断器、灯泡和开关，并记录检测结果。

表 3-6　器件检查

序　号	检 测 器 件	名　称	阻值 /Ω	器 件 好 坏
1	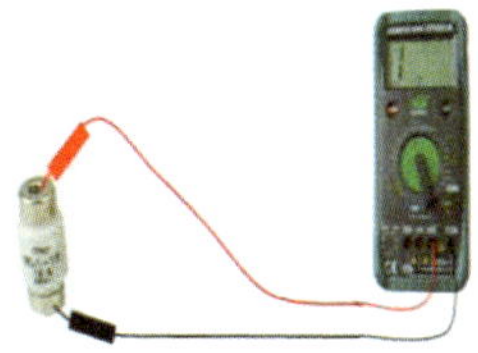	熔芯		
2		熔断器		
3	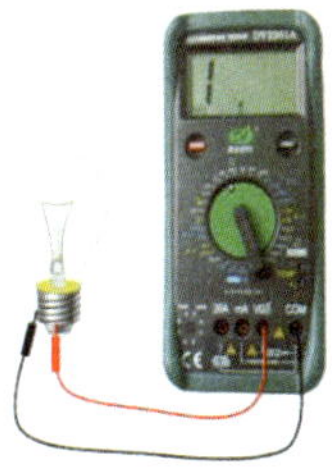	白炽灯		
4	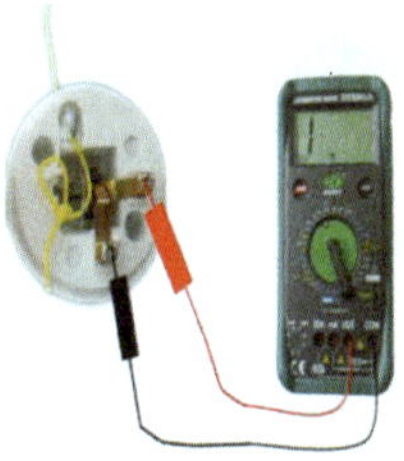	开关		

4. 电路连接

按照表 3-7 所示的步骤，连接器件实物，画出相应的电路图。

表 3-7　照明电路连接步骤

步　骤	连 接 器 件	电 路 名 称	电　路　图
1		熔断器至开关	
2	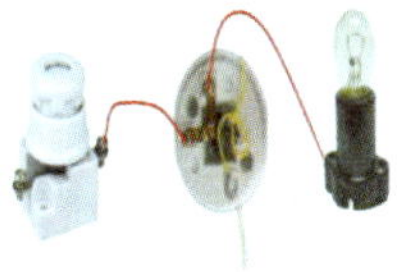	开关至白炽灯灯座	
3	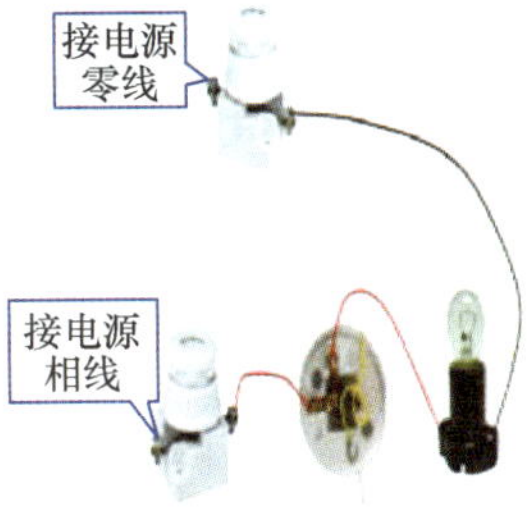	白炽灯灯座至熔断器	

5. 电路测量

（1）线路电阻测量

① 合上开关 S，用数字万用表的电阻档测量图 3-28 所示的 a、b 两点之间电阻，并记录其数值（a、b 两点未接上电压）。

② 断开开关 S，用数字万用表的电阻档测量图 3-28 的 a、b 两点之间电阻，并记录其数值（a、b 两点未接上电压）。

a. 合上开关，测回路电阻，万用表读数：______________

b. 断开开关，测回路电阻，万用表读数：______________

（2）电压测量

① 把交流电源接在图 3-29 所示的 a、b 两点，用数字万用表交流电压“700V”档测量 a、b 两点之间的交流电压，并记录测量结果。

万用表读数：______________

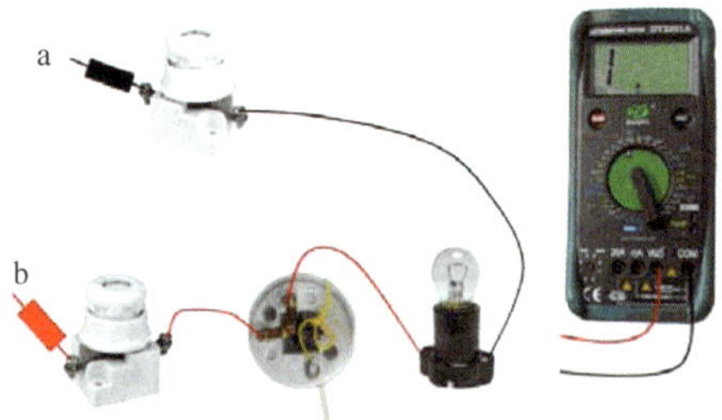

图 3-28　电阻测量

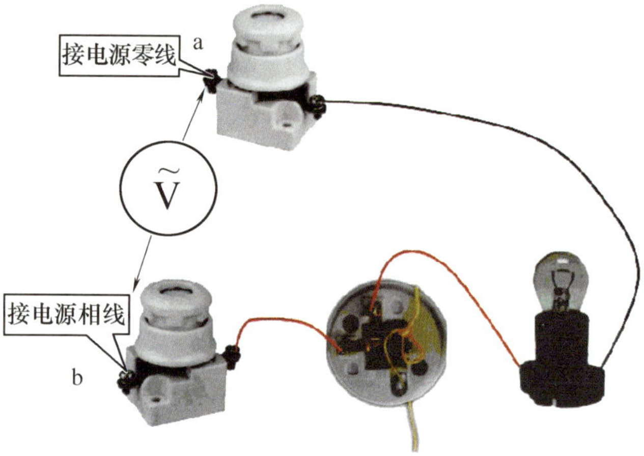

图 3-29　交流电压测量

② 用测电笔检测图 3-30a、b 所示的电源的相线与零线是否带电，并记录测量结果。

测量结果：a. ______________　　b. ______________

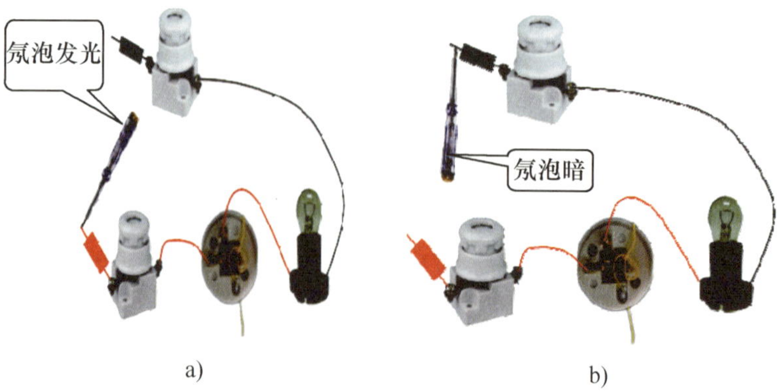

图 3-30　测电笔验电

a）测电笔测量相线　b）测电笔测量零线

6. 通电检验

接上 220V 单相交流电，合上开关，灯泡点亮。

【检测评价】

检测评价见表 3-8。

表 3-8 检测评价

序号	评价项目	评价内容	评分细则	分值	得分
1	准备工作	作业前准备	配取物品，无重复领取，做好物品领取登记	5	
2	认识器件	照明线路所需器件	写出照明线路所需器件的名称、电气符号	5	
3	器件检测	用数字万用表检测器件	正确使用数字万用表 规范检测照明线路所需器件	10	
4	电路连接	熔断器至开关	动作规范合理，无操作失误 接线规范、可靠	10	
		开关至白炽灯灯座	动作规范合理，无操作失误 接线规范、可靠	10	
		白炽灯灯座至熔断器	动作规范合理，无操作失误 接线规范、可靠	10	
5	电路测量	电路电阻测量	动作规范合理，无操作失误 测量电路中 a、b 两点间电阻，记录读数	10	
		电路电压测量	动作规范合理，无操作失误 测量电路中 a、b 两点间电压，记录读数	10	
6	通电检验	通电检验	动作规范合理，无操作失误 合上开关，灯泡点亮	15	
7	素养提升	民族自豪感	培养爱国情怀，树立民族自尊心与自豪感	5	
		安全文明生产	按指导教师要求操作，操作完毕，把物品及工具归位，并进行工位清洁和整理	5	
8	时间	操作时间为 90min	每超过 1min 扣 1 分	10	
合计				100	
说明：每项分都是扣完为止					

任务四　连接三相交流电动机控制线路

【任务目标】

知识目标：	核心素养：	技能目标：
学会识读三相交流电动机控制线路图和识别三相交流电动机控制线路的各电气符号，了解控制线路各器件的功能和作用。	细致探究电路连接和检测要求，养成刻苦钻研、精益求精的职业精神。	掌握三相异步电动机控制线路各器件的安装、导线的连接；掌握利用万用表检查三相电动机控制线路的方法。

建议课时：6 课时。

【任务描述】

三相电动机控制线路是工农业生产中经常用到的一种电气控制线路，也是维修电工职业资格考试的必备内容。本任务通过识读三相电动机实物连接图和电路原理图，实施线路的连接，来介绍低压控制电器、三相交流电动机、万用表检测低压控制电器、三相交流电动机单向和正、反转控制电路的连接。

【任务实施】

选用、检测图 3-31 所示的三相交流电动机单向运转控制线路的器件，并安装后通电试车。

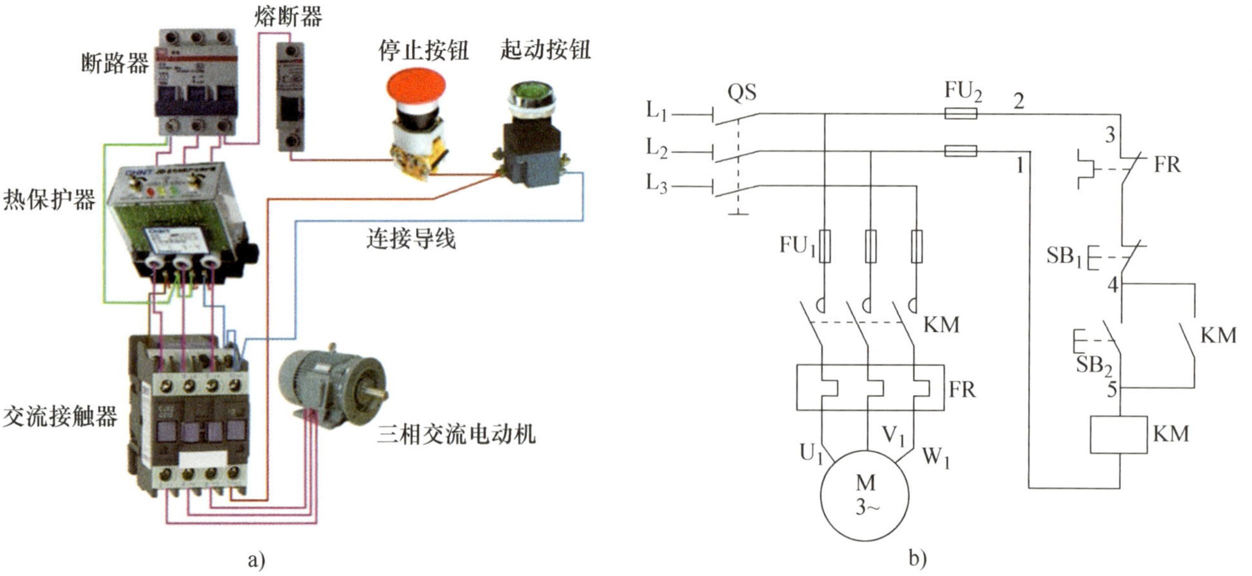

图 3-31　三相交流电动机单向运转控制线路

a）三相交流电动机单向运转控制线路实物图　b）三相交流电动机单向运转控制线路图

一、器材

导线、断路器、转向开关、交流接触器、热继电器、按钮、三相电动机、数字万用表。

二、连接三相交流电动机单向控制线路

1. 配齐器件

按照图 3-31 所示的电路原理图，配齐所需器件，将器件型号、规格、质量检查情况记录在表 3-9 中。

表 3-9　三相交流电动机单向控制线路所需器件清单

器件名称	型　号	规　格	数　量	是否可用

2. 线路安装

1）安装前的器件检测。器件检测见表 3-10。

表 3-10　器件检测

序　号	检测器件	检测示意图	器件好坏
1		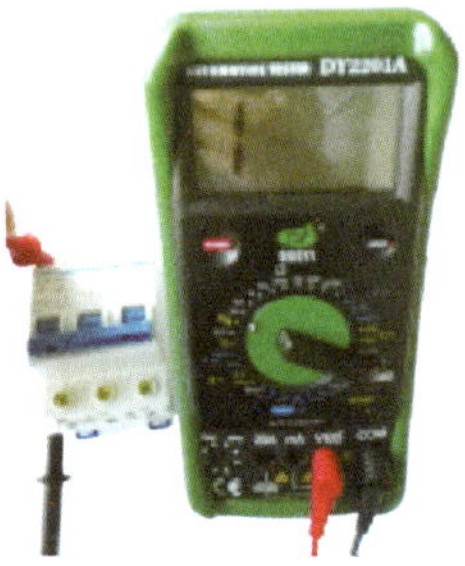	
2			

（续）

序　号	检测器件	检测示意图	器件好坏
3	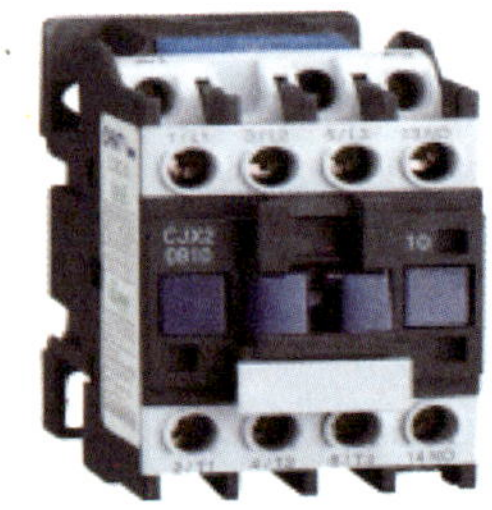	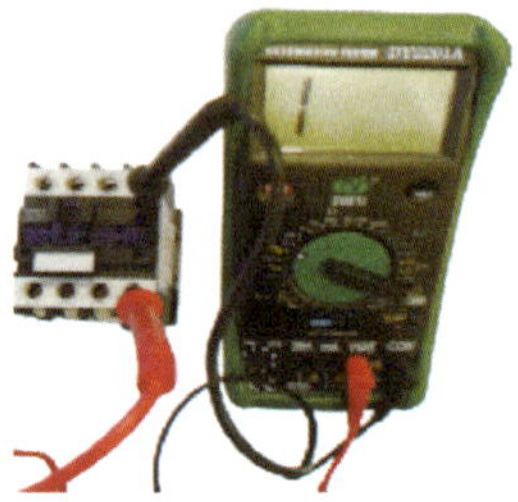	
4		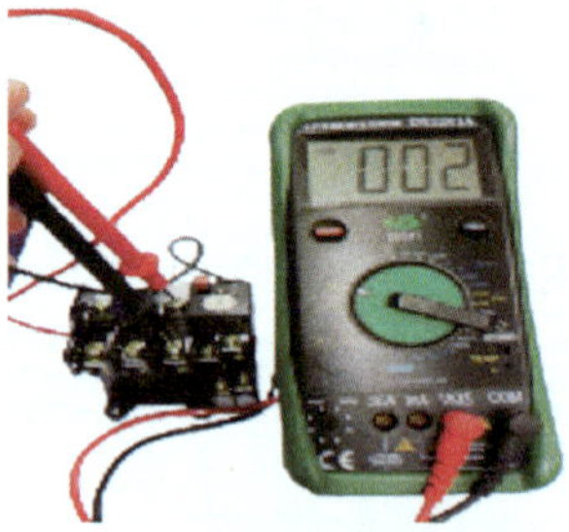	
5		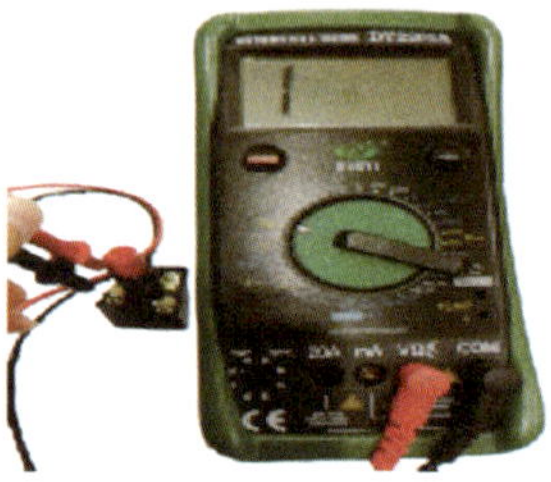	

2）在事先准备好的配电板上，按图 3-32 所示的电路安装图布置器件。

工艺要求：各器件的安装位置要分布均匀，摆放要整齐，器件之间距离要合理，便于操作；紧固器件时，用力要适当，不得过猛，防止损坏器件。

3）连接主电路。按图 3-33 所示，将接线端子排 JX 上左起 1、2、3 号接线桩分别定为 L_1、L_2、L_3，分别用黄、绿、红三种颜色导线连接至 QS，再由 QS 接至 FU_1，再连接到 KM 主触点，FR 热元件接到接线端子排 JX 的 4、5、6 号接线桩，再连接电动机，电动机接成星形联结。

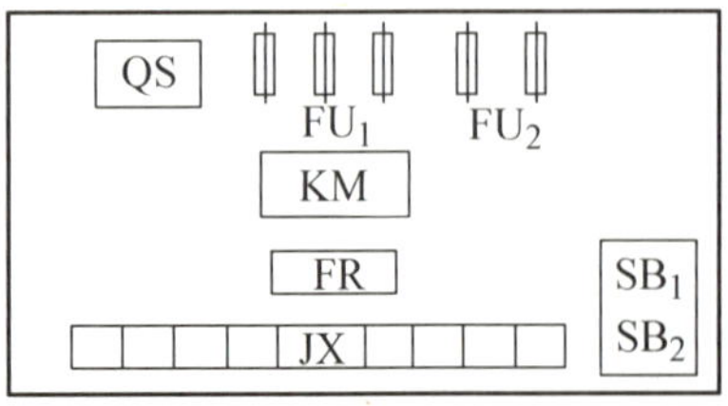

图 3-32　电动机单向运转控制线路安装图

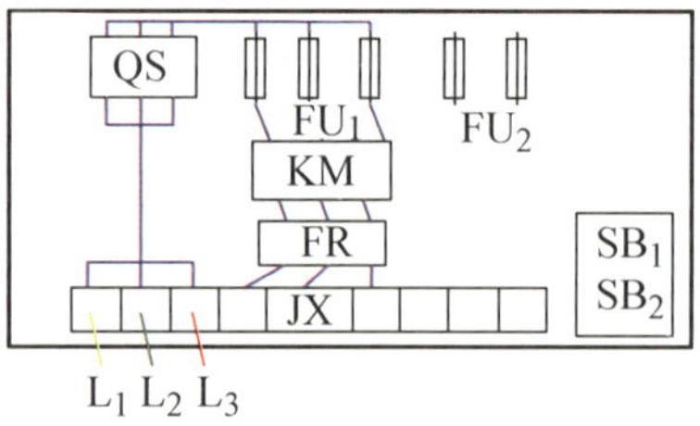

图 3-33　连接主电路

4）连接控制电路。在图 3-33 FU_1 上面的 L_1 相通过导线接至 FU_2 后，再连接热继电器常闭（又称动断）触点 FR、停止按钮 SB_1、起动按钮 SB_2，将接触器的一对常开（又称动合）辅助触点用导线与起动按钮 SB_2 并联，实现自锁，再通过交流接触器

线圈与 FU_2 连接，最后接至 L_2 相电源线。

5）电路检测。

① 万用表检测主电路。主线路接线完毕，在不通电的情况下，学会用万用表检测主电路，先将万用表两表笔接在 FU_1 输入端至电动机星形联结中性点之间，分别测量 U 相、V 相、W 相在接触器不动作时的直流电阻，接着用螺钉旋具将接触器的动合触点系统按下，再次测量三相的直流电阻，分别将测量结果记入表 3-11 中，并判断主电路是否正常。

表 3-11　电动机单向运转主电路电阻测量值

接触器动作前电阻 /Ω			接触器动作后电阻 /Ω		
U 相	V 相	W 相	U 相	V 相	W 相

② 万用表检测控制电路。控制电路接线完毕，在不通电的情况下，用万用表电阻档检查所连接的电路是否正常。按图 3-31 的标示分别用万用表检测控制电路各器件在接触器或按钮不动作和动作（按下按钮 SB_2）两种状态下的直流电阻，并将测量结果记入表 3-12 中，判断控制电路是否正常。

表 3-12　电动机单向运转控制电路电阻测量值

接触器或按钮动作前电阻 /Ω					接触器或按钮动作后电阻 /Ω				
2-3 间	3-4 间	4-5 间	5-1 间	1-2 间	2-3 间	3-4 间	4-5 间	5-1 间	1-2 间

6）通电测试。

① 合上电源开关 QS，接通三相电源电压。

② 按下起动按钮 SB_2，电动机得电运转，KM 动合触点吸合，使电路自锁。

③ 放开起动按钮 SB_2，电动机继续运转。

④ 按下按钮 SB_1，断开控制电路，KM 线圈失电，主触点断开，电动机停转。

⑤ 测试完毕，断开电源开关 QS。

想一想

① 在本任务实施中，如果放开 SB_2，电动机停止运转，该电路问题出在哪里？为什么？

② 在本任务实施中，如果误将交流接触器的自锁触点接成动断触点，通电时会发生什么现象？存在什么安全隐患？

【检测评价】

检测评价见表 3-13。

表 3-13 检测评价

序号	评价项目	评价内容	评分细则	分值	得分
1	准备工作	作业前准备	配取实训所需物品，无重复领取，做好物品领取登记	10	
2	线路安装	安装前的器件检测	按检测示意图做安装前的检测 动作规范合理，无操作失误 检测后填写元器件好坏	10	
		按电路安装图布置器件	各元器件的位置应整齐、均匀，元器件之间的距离合理，便于元器件的更换，紧固元器件时要用力均匀，紧固程度要适当	10	
		连接主电路	连接主电路准确可靠，动作规范合理，无操作失误 电动机接成星形联结	10	
		连接控制电路	连接控制电路准确可靠，动作规范合理，无操作失误	10	
3	电路检测	万用表检测主电路	动作规范合理，无操作失误 分别测量接触器动作前、后电阻 填写检测情况统计表	10	
		万用表检测控制电路	动作规范合理，无操作失误 分别测量接触器或按钮动作前、后电阻 填写检测情况统计表	10	
4	通电检验	通电检验	动作规范合理，无操作失误 通过控制按钮 SB_2，实现电动机准确控制	10	
5	素养提升	刻苦钻研	细致探究电路连接和检测要求，培养精益求精的工作态度	10	
		安全文明生产	按指导教师要求操作。操作完毕，把物品及工具归位，并进行工位清洁和整理	10	
6	时间	操作时间为 120min	每超过 1min 扣 1 分	10	
合计				100	

说明：每项分都是扣完为止

【知识链接】

低压电器能够依据操作信号或外界现场信号的要求，自动或手动改变电路的运行状态或参数，实现对电路或被控对象的保护、指示、调节和测量的作用。

一、熔断器

熔断器用于低压电路的短路保护，可以分为插入式、管式、速熔式和螺旋式熔断器，具体类型可以根据器件外围的标示方式加以区别。熔断器的标示方式为：1 2 3 4—5/6，其中各数字分别代表：

1：用字母 R 表示“熔断器”。

2：指熔断器类型：字母：C——插入式；L——螺旋式；M——密封式；T——填料式；S——快速熔断；X——报警信号。

3：设计序号。

4：设计标志。

5：熔断器的额定电流，单位为 A。

6：熔体的额定电流，单位为 A。

本任务主要介绍螺旋式熔断器。螺旋式熔断器主要由熔体（俗称熔丝）和安装熔体的熔管（或熔座）两部分组成，常用的外观、结构和符号如图 3-34 所示。

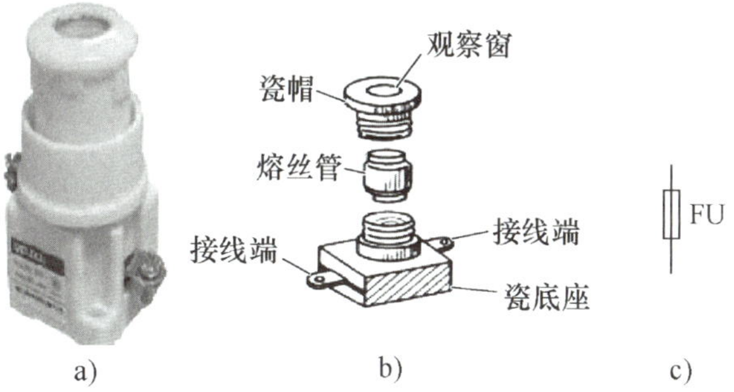

图 3-34　螺旋式熔断器

a）外观　b）结构　c）符号

二、刀开关

刀开关（俗称闸刀开关）由操作手柄、刀片、触点座和底板等组成，如图 3-35 所示。其主要用于通、断负载电流，用作电源隔离开关。注意：安装刀开关时，手柄要向上，不得倒装或平装。

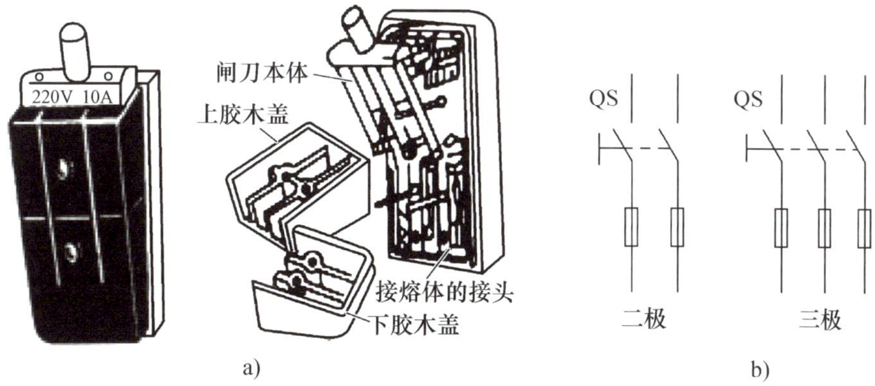

图 3-35　刀开关的外形和符号

a）外形符号　b）图形符号

三、转换开关

转换开关也称电源隔离开关，它有单极、双极和多极之分，是由单个或多个单极旋转开关叠装在同一根转轴上组成的，其上部装有定位机构，它能确保触片处在一定的位置上，其外形、基本结构示意图和符号如图 3-36 所示。它也可以起停 5kW 以下的用电设备，但每小时的接通次数不宜超过 15~20 次，开关的额定电流一般取电动机额定电流的 1.5~2.5 倍。

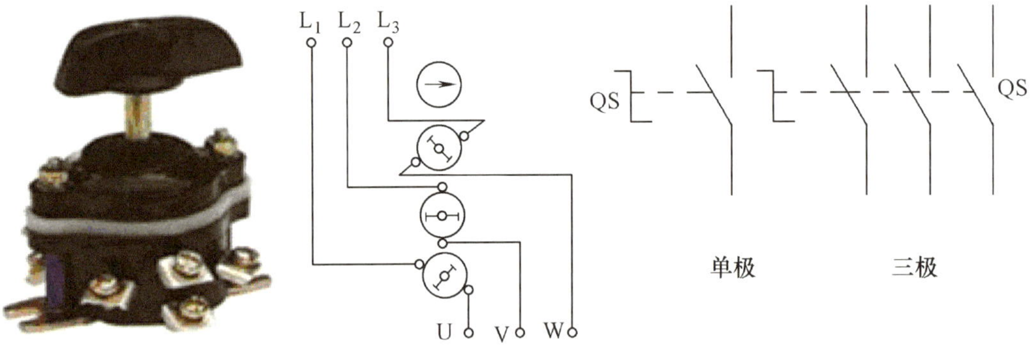

图 3-36　转换开关的外形、结构和符号

四、断路器

断路器俗称自动空气开关，常见的塑壳式断路器的外观和符号如图 3-37 所示。断路器在电路中用于接通、分断和承载额定工作电流和短路、过载等故障电流，并能在线路和负载发生过载、短路、欠电压等情况下，迅速分断电路，进行可靠的保护，其分类有：

1）按极数分：单极、双极和三极。

2）按保护形式分：电磁脱扣器式、热脱扣器式、复合脱扣器式（常用）和无脱扣器式。

3）按全分断时间分：一般和快速式（先于脱扣机构动作，脱扣时间在 0.02s 以内）。

4）按结构形式分：塑壳式、框架式、限流式、直流快速式、灭磁式和漏电保护式。电力拖动与自动控制线路中常用的断路器为塑壳式。

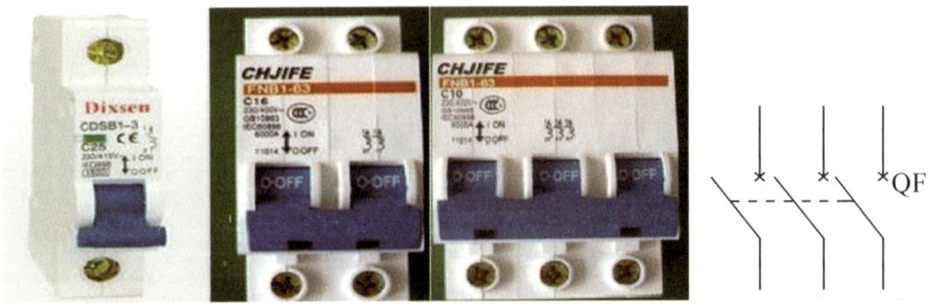

单极　双极　三极

a)　b)

图 3-37　断路器的外观、结构和符号

a）外观　b）符号

五、漏电保护器

漏电保护器简称漏电开关，又叫漏电断路器，其常见的外观如图 3-38 所示。

漏电保护器主要是用来在设备发生漏电故障时以及对人身触电有致命危险时进行保护，具有过载和短路保护功能，可用来保护线路或电动机的过载和短路，也可在正常情况下作为线路的不频繁转换起动之用。当主电路中发生漏电或绝缘破坏时，漏电保护开关可根据判断结果将主电路接通或断开。漏电保护器与熔断器、热继电器配合可构成功能完善的低压开关器件。

目前，市场上常用的漏电保护开关根据功能分为以下几种：

1）只具有漏电保护断电功能，使用时必须与熔断器、热继电器、过电流继电器等保护元件配合。

2）同时具有过载保护功能。

3）同时具有过载、短路保护功能。

4）同时具有短路保护功能。

5）同时具有短路、过载、漏电、过电压、欠电压功能。

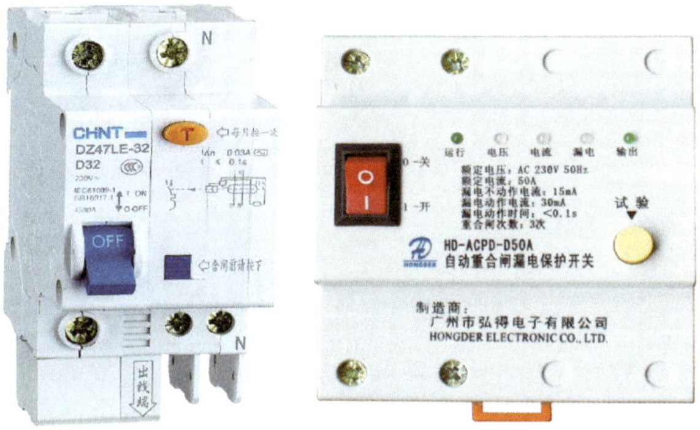

图 3-38　漏电保护器的外观

六、控制按钮

按钮常用于接通和断开控制电路，按钮的外观、结构图及符号如图 3-39 所示。

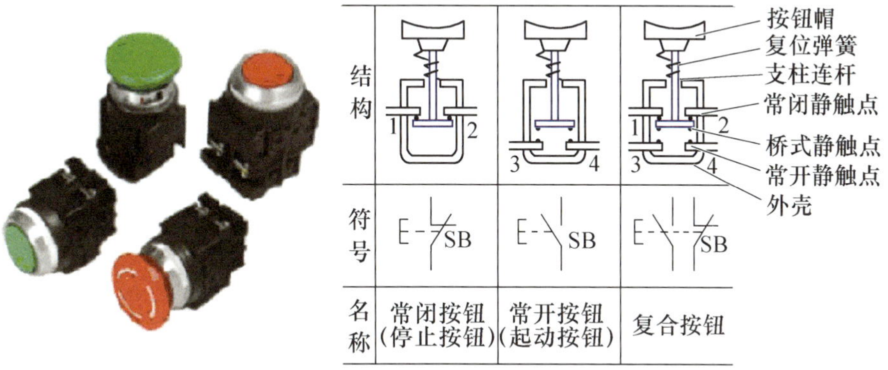

图 3-39　控制按钮的外观、结构和符号

七、交流接触器

常见交流接触器的外观、结构和符号如图 3-40 所示。

交流接触器是用来接通或断开主电路用电设备（如电动机）的一种控制元件。

它是利用电磁力来使开关打开或闭合的电磁控制器，适用于频繁操作（高过每小时 1500 次）、远距离控制大电流的电路。它具有欠电压、失电压保护，同时具有自锁、联锁功能。

工作原理为交流接触器的线圈通电后，在铁心产生磁通及电磁吸力，此电磁吸力克服弹簧反力使得衔铁吸合，带动触点机构动作，常闭触点打开，常开触点闭合，互锁或接通电路。

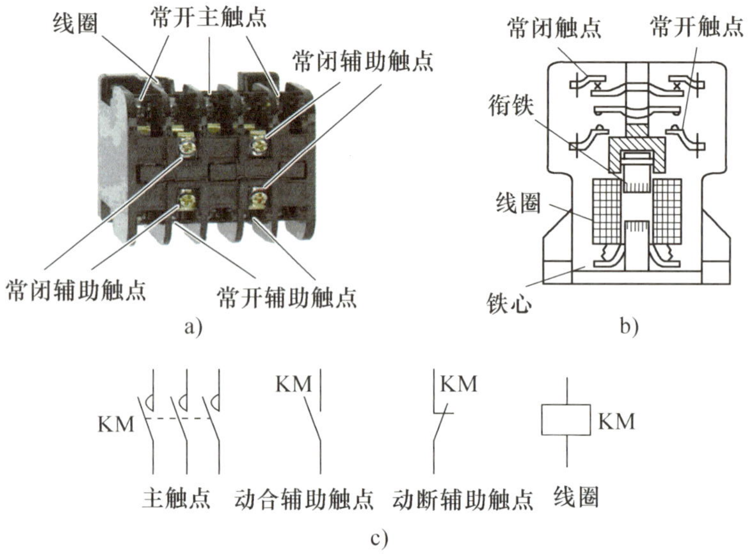

图 3-40　交流接触器

a）外观　b）结构　c）符号

八、热继电器

热继电器是一种根据电流的热效应而动作的保护电器，主要用作三相交流电动机的过载保护。因热继电器中发热元件有热惯性，故不能做瞬时过载保护，更不能做短路保护。

热继电器的外观、结构及符号如图 3-41 所示，型号及含义如图 3-42 所示。由热元件、双金属片、动作机构、触点系统、整定调整装置和温度补偿元件组成。

动作原理是热继电器的热元件串联在主电路中，常闭触点串联在控制电路中，当电动机因过载产生过大电流时，双金属片受热弯曲带动其动作机构动作，将触点断开，从而断开主电路工作电压，达到对电动机的过载保护。

九、空气式时间继电器

时间继电器：是指在获取控制信号后，执行元件要延迟一段时间才动作的继电器叫作时间继电器。这里指的延时区别于一般电磁式继电器从线圈得电到触点闭合所需的固有动作时间。时间继电器分为电磁式、空气阻尼式、电动式、电子式等。这里主要介绍 JS 系列空气式时间继电器，其外观、结构和符号如图 3-43 所示。

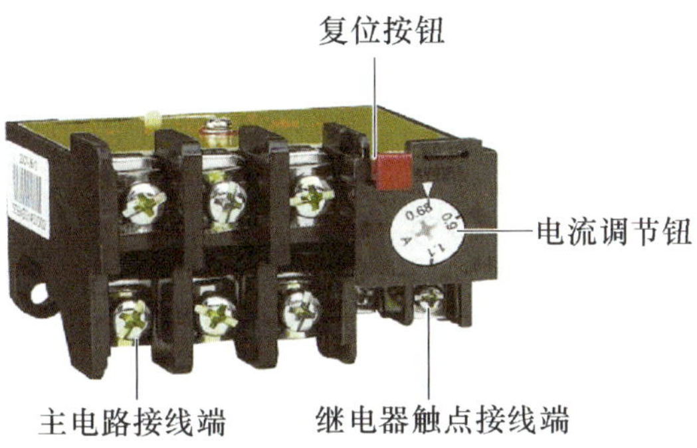

a)

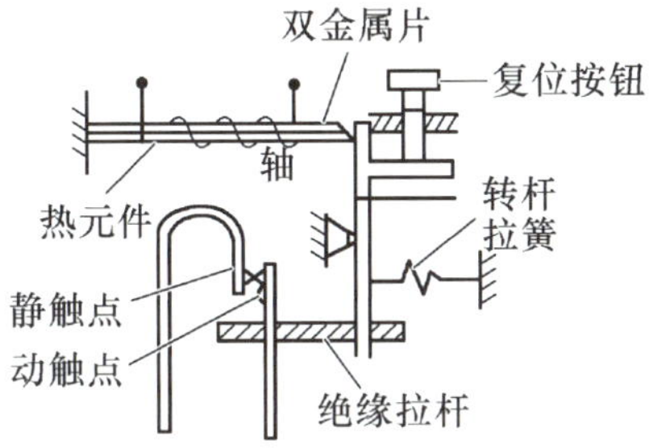

b)

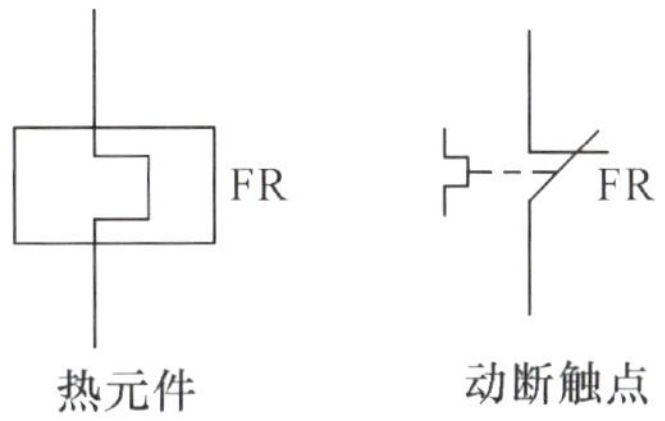

c)

图 3-41 热继电器的外观、结构和符号

a）外观 b）结构 c）符号

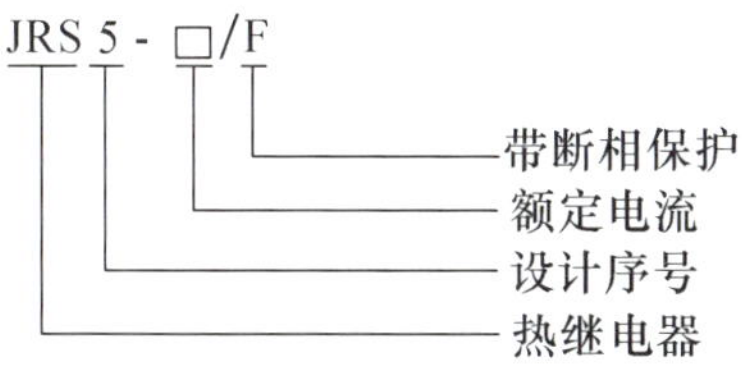

图 3-42 热继电器的型号及含义

a)

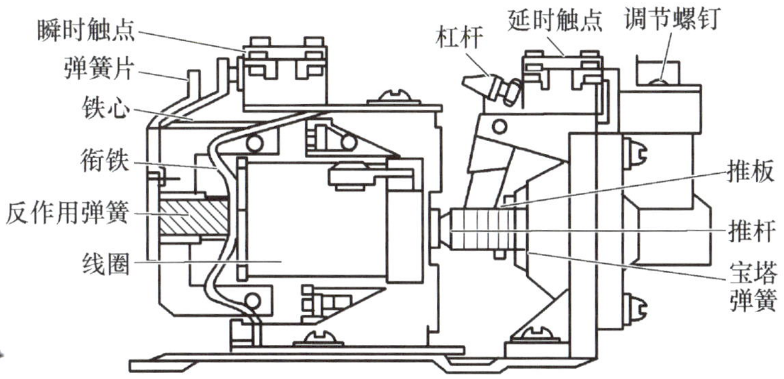

b)

	通电延时	断电延时	瞬时动作	通电延时线圈	断电延时线圈
常开触点	KT 延时闭合的常开触点	KT 延时断开的常开触点	KT	KT	KT
常闭触点	KT 延时断开的常闭触点	KT 延时闭合的常闭触点	KT		

c)

图 3-43 空气式时间继电器

a）外观 b）结构 c）符号

下面以 JS7-A 系列时间继电器为例，介绍空气阻尼式时间继电器的结构与工作原理。空气阻尼式时间继电器又称气囊式时间继电器，它是利用空气通过小孔时产生阻尼的原理获得延时的，它由电磁系统、工作触点、气室及传动机构等部分组成。该继电器有通电延时和断电延时两种类型，如图 3-44 所示。当衔铁位于铁心和延时机构之间时，为通电延时型，如图 3-44a 所示；当通电延时型电磁机构翻转 180° 安装，使铁心位于衔铁和延时机构之间时，为断电延时型，如图 3-44b 所示。下面以通电延时型时间继电器为例介绍其工作原理。

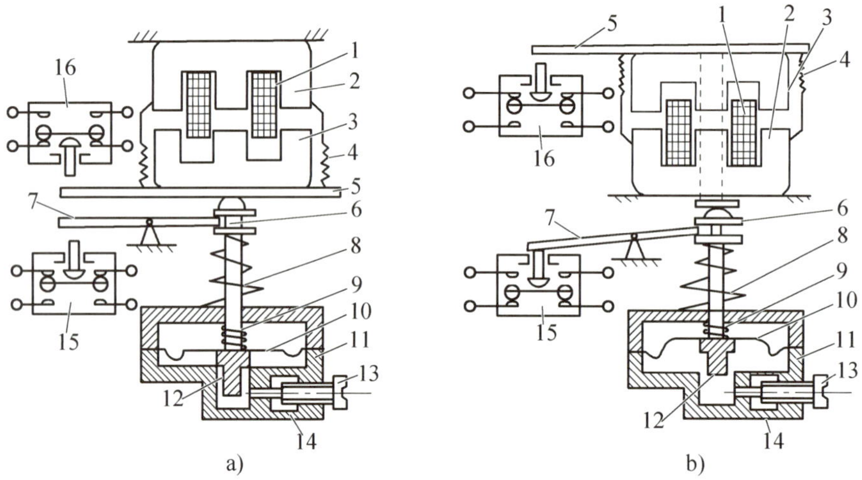

图 3-44　空气式时间继电器的结构

a）通电延时型　b）断电延时型

1—线圈　2—铁心　3—衔铁　4—反力弹簧　5—推板　6—活塞杆　7—杠杆　8—塔形弹簧　9—弱弹簧　10—橡皮膜　11—空气室壁　12—活塞　13—调节螺杆　14—进气孔　15、16—微动开关

当线圈 1 通电后，衔铁 3 吸合，微动开关 16 受压，其触点动作无延时，活塞杆 6 在塔形弹簧 8 的作用下，带动活塞 12 及橡皮膜 10 向上移动，但由于橡皮膜下方气室的空气稀薄，形成负压，因此活塞杆 6 只能缓慢地向上移动，其移动的速度视进气孔的大小而定，可通过调节螺杆 13 进行调整。经过一定的延时后，活塞杆才能移动到最上端。这时通过杠杆 7 压动微动开关 15，使其常闭触点断开，常开触点闭合，起到通电延时作用。

当线圈 1 断电时，电磁吸力消失，衔铁 3 在反力弹簧 4 的作用下释放，并通过活塞杆 6 将活塞 12 推向下端，这时橡皮膜 10 下方气室内的空气通过橡皮膜 10、弱弹簧 9 和活塞 12 肩部所形成的单向阀，迅速地从橡皮膜上方的气室缝隙中排掉，微动开关 15、16 能迅速复位，无延时。从图 3-44 中可看出，微动开关 15 有两个延时触点，即一个延时断开的动断触点和一个延时闭合的动合触点。在线圈 1 通电和断电时，微动开关 16 在推板 5 的作用下都能瞬时动作，用作时间继电器的瞬动触点。

十、三相异步电动机

三相异步电动机的拆装结构如图 3-45 所示，其主要部件由定子、转子和基座等部件组成。

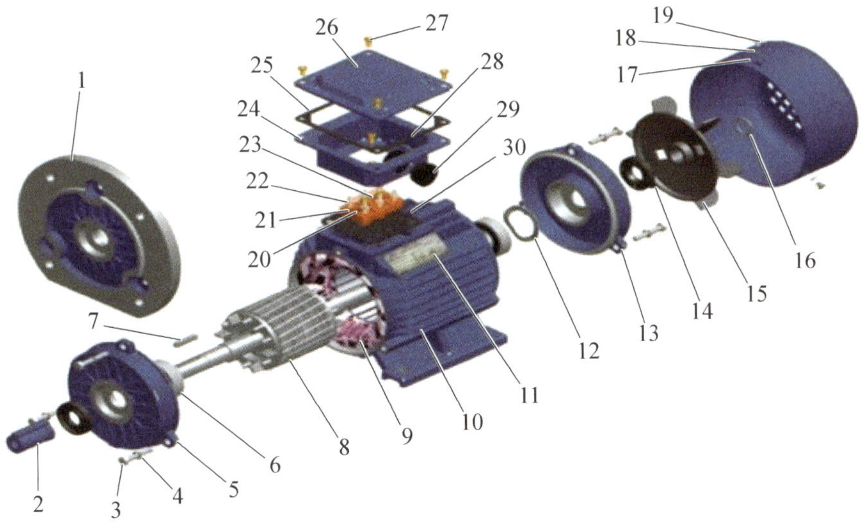

图 3-45 三相异步电动机结构图

1—B5 法兰 2—轴套 3—螺栓 4—弹簧垫圈 5—前端盖 6—轴承 7—键 8—转子 9—定子 10—机座 11—铭牌 12—波形垫圈 13—后端盖 14—密封圈 15—风叶 16—风叶卡簧 17—风罩 18—垫圈 19—风罩螺钉 20—铜螺母 21—铜垫片 22—铜连接片 23—接线板 24—接线盒座 25—密封垫 26—接线盒盖 27—螺钉 28—接地标志 29—护套 30—皮垫

(1) 定子 定子由定子铁心、定子绕组和机座三部分组成。定子铁心是异步电动机非转动的磁路部分，它是由 0.5mm 厚的硅钢片冲制、叠压而成的，其内表面上有许多分布均匀的槽沟，定子绕组就放置在槽内，如图 3-46 所示。

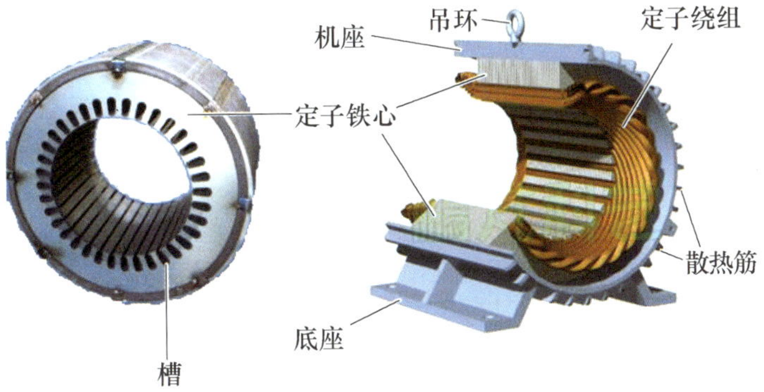

图 3-46 定子硅钢片

定子绕组用绝缘铜线或铝线绕制而成，是电动机的电路部分，小型三相异步电动机的定子绕组通常用高强度漆包线绕制而成。

三相异步电动机的定子绕组有 3 个，每个绕组的始端分别记作 U_1、V_1、W_1，末

端分别记作 U_2、V_2、W_2。定子绕组的连接分为星形“Y”和三角形“△”两种，如图 3-47 所示。若将 3 个首端与 3 个电源连接，3 个末端连接在一起，那么这种连接称为星形联结，记为“Y”，如图 3-47a 所示；若将三相绕组的每相绕组末端与另一相绕组的首端依次相连，然后再将 3 个首端与电源连接，那么这种连接方式称为三角形联结，记为“△”，如图 3-47b 所示。定子绕组的接线端子在机壳外面的接线盒内。

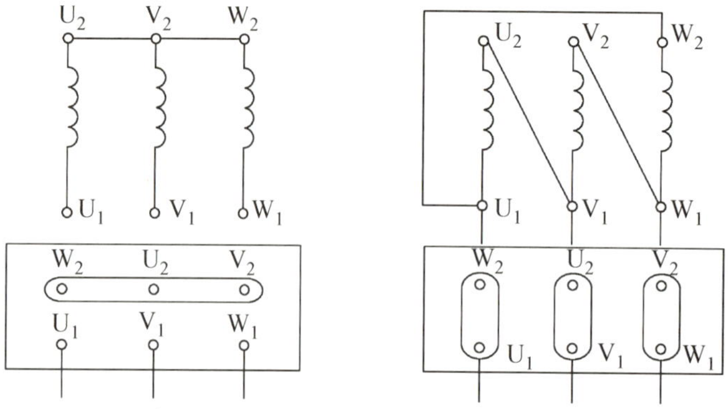

a)　　　　b)

图 3-47　定子绕组的连接

a）“Y”联结　b）“△”联结

（2）转子　转子由转子铁心和转子绕组组成。转子铁心是电动机磁路的一部分，也是用 0.5mm 厚的硅钢片冲制、叠压而成的。在外圆上有许多均匀分布的平行沟槽，槽内放置转子绕组，如图 3-48 所示。

转子绕组分为笼型和绕线型两大类，其作用是产生感应电动势和电磁转矩。笼型转子的每个槽内都有一根裸导体，在铁心两端槽口的深处，用两个端环把所有导体连接起来，如图 3-49 所示。

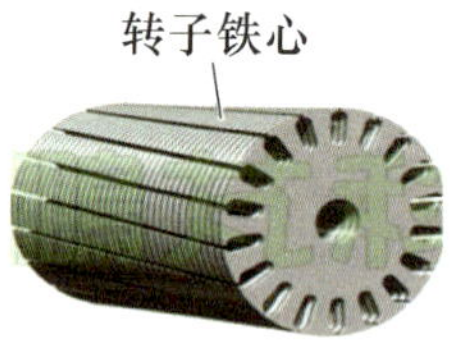

图 3-48　转子

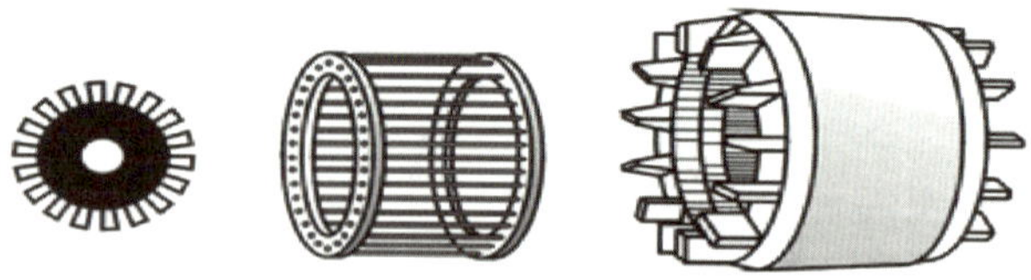
图 3-49　笼型转子绕组

与定子绕组相似，绕线型转子也是三相对称绕组，一般用“Y”联结。三相绕组的 3 根引出线接到转轴上的 3 个集电环上，通过电刷与外电路相连，如图 3-50 所示。

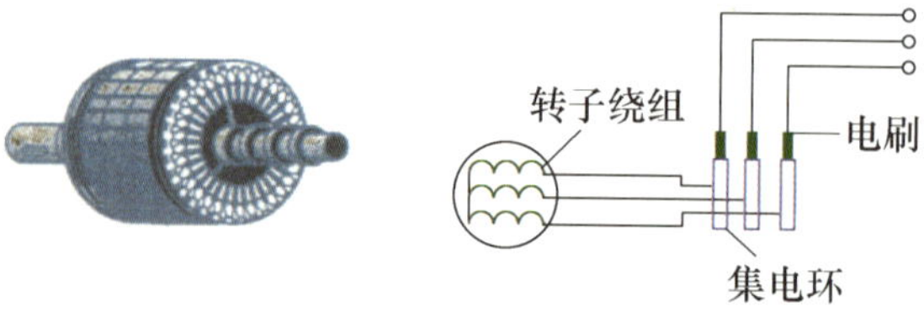

图 3-50　绕线型转子

绕线转子异步电动机的转子结构比笼型的复杂，但绕线转子异步电动机能获得较好的起动和调速性能，在需要大起动转矩时（如起重机械）往往采用绕线转子异步电动机。

（3）铭牌　三相异步电动机的铭牌样式如图 3-51 所示。

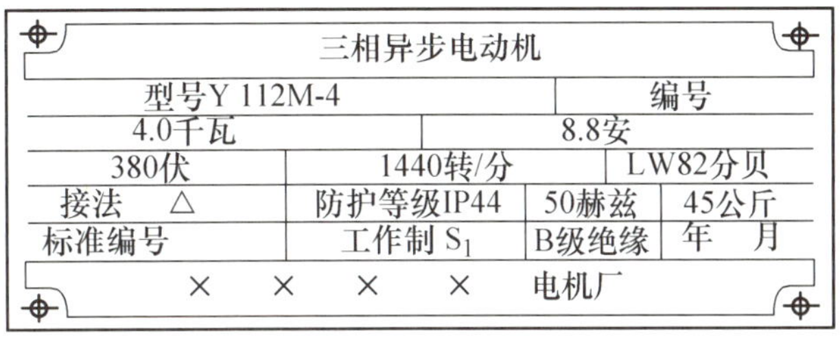

图 3-51　电动机铭牌

1）型号：Y112M-4 中“Y”表示 Y 系列笼型异步电动机（YR 表示绕线转子异步电动机），“112”表示电动机的中心高为 112mm，“M”表示中机座（L 表示长机座，S 表示短机座），“4”表示 4 极电动机。

有些电动机型号在机座代号后面还有一位数字，代表铁心号，如 Y132S2-2 型号中 S 后面的“2”表示 2 号铁心长（1 为 1 号铁心长）。

2）额定功率：电动机在额定状态下运行时，其轴上所能输出的机械功率称为额定功率。

3）额定速度：在额定状态下运行时的转速称为额定转速。

4）额定电压：额定电压是电动机在额定运行状态下，电动机定子绕组上应加的线电压值。Y 系列电动机的额定电压都是 380V。凡功率小于 3kW 的电动机，其定子绕组均为星形联结，4kW 以上都是三角形联结。

5）额定电流：电动机加以额定电压，在其轴上输出额定功率时，定子从电源取用的线电流值称为额定电流。

6）防护等级：指防止人体接触电动机转动部分、电动机内带电体和防止固体异物进入电动机内的防护等级。

防护标志 IP44 的含义：

IP——特征字母，为“国际防护”的缩写；

44——4 级防固体（防止大于 1mm 固体进入电动机）；4 级防水（任何方向溅水应无害影响）。

7）LW 值：LW 值指电动机的总噪声等级，值越小表示电动机运行的噪声越低，噪声单位为分贝（dB）。

工作制：指电动机的运行方式。一般分为“连续”（代号为 S1）、“短时”（代号为 S2）、“断续”（代号为 S3）。

8）额定频率：电动机在额定运行状态下，定子绕组所接电源的频率叫作额定频率。我国规定的额定频率为 50Hz。

9）接法：表示电动机在额定电压下，定子绕组的连接方式（星形联结和三角形联结）。当电压不变时，如将星形联结接为三角形联结，线圈的电压为原线圈的$\sqrt{3}$倍，这样会使电动机线圈的电流过大而发热。如果把三角形联结的电动机改为星形联结，电动机线圈的电压为原线圈的 $1/\sqrt{3}$，电动机的输出功率就会降低。

【拓展训练】

三相异步电动机互锁正反转控制线路安装

安装三相异步电动机互锁正反转控制线路，电路如图 3-52 所示。

1. 器材

导线、断路器、转向开关、交流接触器、热继电器、按钮、三相电动机和数字万用表。

2. 认识三相异步电动机互锁正反转控制线路

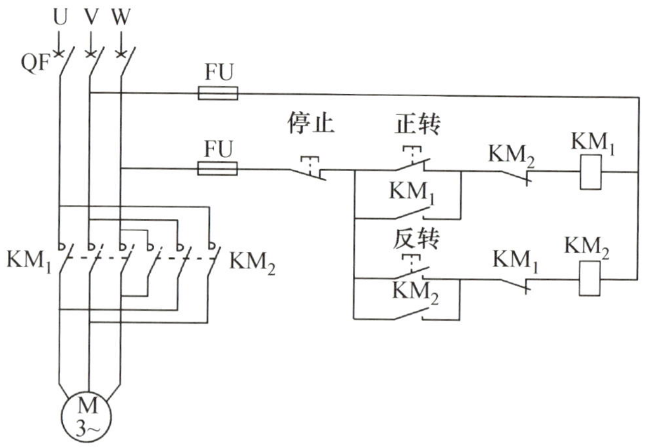

图 3-52　三相异步电动机互锁正反转控制线路

在日常生活中，我们经常会发现机床工作台具有前进与后退操作功能；万能铣床主轴具有正反转操作功能；电梯、起重机具有上升与下降等功能，上述设备所具备的功能主要靠电动机（一般采用三相异步电动机）的正反转来实现。要实现三相异步电动机的正反转控制，只要将其电源的相序中任意两相对调即可（简称换相），通常是 V 相不变，将 U 相与 W 相对调。要实现 U 相与 W 相对调，可通过交流接触器 KM_1 与 KM_2 的轮流动作来实现，为了确保 KM_1 工作期间，KM_2 不工作，常采取 KM_1 与 KM_2 互锁控制线路，其控制线路如图 3-52 所示。采用互锁的原因是：由于将两相相序对调，故必须确保 2 个交流接触器 KM_1、KM_2 的线圈不能同时得电，否则会发生严重的相间短路故障，因此必须采取互锁。其工作原理如下：

1）正转控制：按下正转控制按钮→ U 相电源→ FU →停止按钮闭合触点→正转控制按钮的动闭触点→ KM_2 常闭触点→ KM_1 线圈→ V 相电源，KM_1 线圈通电→ KM_1 常开触点闭合自锁、KM_1 常闭触点分断对 KM_2 实现互锁、KM_1 主触点闭合→电动机 M 起动连续正转。

2）停止：按下停止按钮，停止按钮闭合触点分断，整个控制电路失电，KM_1 主触点分断，电动机 M 失电停转。

3）反转控制：按下反转控制按钮→ U 相电源→ FU →停止按钮闭合触点→反转控制按钮的动闭触点→ KM_1 常闭触点→ KM_2 线圈→ V 相电源，KM_2 线圈通电→ KM_2 常开触点闭合自锁、KM_2 常闭触点断开对 KM_1 实现互锁、KM_2 主触点闭合→电动机 M 起动连续反转。

3. 安装

请参照三相异步电动机单向控制线路的连接和检查步骤进行线路的安装与检查，连接好的实物连接图如图 3-53 所示。

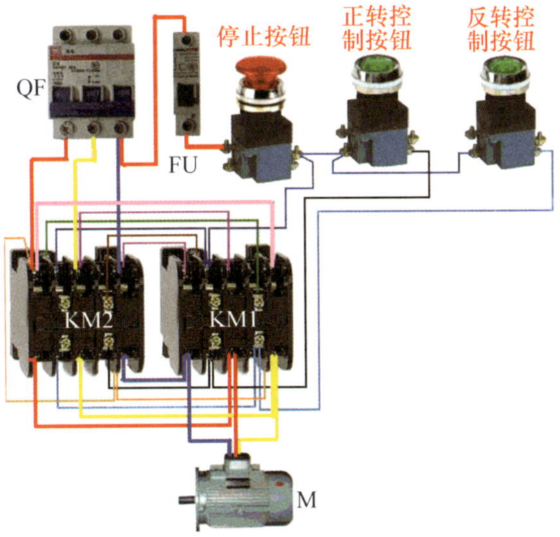

图 3-53　连接好的实物图

动手把相关的实物元件连接好，连接好的线路要基本与图 3-53 的连线相似，做到导线横平、竖直。最后检查线路连接无误后，通电试车（图 3-52 中的 QF 和 FU 可用断路器替代）。

课 后 测 评

一、填空题

1. 正弦交流电的三要素是________、________和________。________值可用来确切反映交流电的做功能力，其值等于与交流电________相同的直流电的数值。

2. 已知一正弦交流电压为 $u=220\sqrt{2}\sin(314t+45°)$ V，该电压最大值为________V，角频率为________rad/s，初相位为________，频率是________Hz，周期是________s。

3. 我国生产和生活所用交流电（即市电）电压为________V，其有效值为________V，最大值为________V，工作频率 f=________Hz，周期为 T=________s，其角速度 ω=________rad/s，在 1s 内电流的方向变化是________次。

4. 对称三相交流电是指三个________相等、________相同、________上互差 120° 的三个________的组合。

5. 由发电机绕组首端引出的输电线称为________，由电源绕组尾端中性点引出的输电线称为________，________与________之间的电压是线电压，________与________之间的电压是相电压。

6. 由三相四线制供电的交流电源，其相电压为________，线电压为________。

7. 保护接地可分为____________和____________两种。

8. 由于受接触电压作用而导致的触电现象称为____________。

9. 已知电压为 220V、功率为 40W 的灯泡，它的电阻是____________。

10. 用额定电压为 220V 的甲乙两只灯泡串联后加 380V 电压，甲灯泡功率为 100W，乙灯泡功率为 40W，则乙灯泡比甲灯泡____________。

二、判断题

1. 线电流与相电流大小都是相等的。（　　）
2. 电击对人体有危险，电伤没有危险。（　　）
3. 可以使用电源电压与电气设备额定电压不相符的电器。（　　）
4. 两相触电非常危险，单相触电不会有生命危险。（　　）
5. 交流电每重复变化一次所需的时间称为频率。（　　）
6. 正弦量的三要素是指其最大值、角频率和相位。（　　）
7. 中线的作用就是使不对称接三相负载的端电压保持对称。（　　）
8. 人无论在何种场合，只要接触的电压在 36V 以下，就是安全的。（　　）
9. 三相不对称负载越接近对称，中线上通过的电流就越小。（　　）
10. 为保证中线可靠，不能安装熔丝和开关，且中线截面较粗。（　　）

三、选择题

1. 有“220V、100W”“220V、25W”白炽灯两盏，串联后接入 220V 交流电源，其亮度情况是（　　）。

A. 100W 灯泡最亮　　B. 25W 灯泡最亮　　C. 两只灯泡一样亮

2. 已知工频正弦电压有效值和初始值均为 380V，则该电压的瞬时值表达式为（　　）。

A. u=380sin314tV　　B. u=537sin（314t+45°）V

C. u=380sin（314t+90°）V

3. 一个电热器，接在 10V 的直流电源上，产生的功率为 P。把它改接在正弦交流电源上，使其产生的功率为 P/2，则正弦交流电源电压的最大值为（　　）。

A. 7.07V　　B. 5V　　C. 14V　　D. 10V

4. 已知 i_1=10sin（314t+90°）A，i_2=10sin（628t+30°）A，则（　　）。

A. i_1 超前 i_2 60°　　B. i_1 滞后 i_2 60°　　C. 相位差无法判断

5. 三相四线制中，中线的作用是（　　）。

A. 保证三相负载对称　　B. 保证三相功率对称

C. 保证三相电压对称　　D. 保证三相电流对称

6. 三相对称的额定工作电压为 380V，由我国供电系统供电，该三相负载应接成（　　）。

A. 三角形接法　　B. Y形接法　　C. 两种接法都不行

7. 若照明用交流电 U=220sin100πtV 以下说法正确的是（　　）。

A. 交流电压最大值为 220V　　B. 1s 内交流电压方向变化 50 次

C. 1s 内交流电压有 100 次达最大值

8. 我国低压供电电压单相为 220V，三相线电压为 380V，此数值指交流电压的（　　）。

A. 平均值　　B. 最大值　　C. 有效值　　D. 瞬时值

9. 正弦交流电通过纯电阻元件时，下列关系式中正确的是（　　）。

A. $I=U/R$　　B. $i=U/R$　　C. $i=U_m/R$　　D. $I=U_m\sin\omega t$

10. 已知电流的初相位为 -60°，在纯电感电路中，其电压的初相位应该为（　　）。

A. 60°　　B. 30°　　C. 90°　　D. 120°

四、计算题

1. 试求下列两正弦波的周期、频率、初相位和两者的相位差。

1）$3\sin314t$；

2）$8\sin(5t+17°)$。

2. 某教学楼照明电路发生故障，第二层和第三层楼的所有电灯突然暗淡下来，只有第一层楼的电灯亮度未变，试问这是什么原因？同时发现第三层楼的电灯比第二层楼的还要暗些，这又是什么原因？你能说出此教学楼的照明电路是按何种方式连接的吗？这种连接方式符合照明电路安装原则吗？

学习反思

通过本模块的学习，你对交流电路的知识点和技能点有哪些新的领悟，在职业的核心素养上有哪些新的提升，请总结归纳。

____

____

____

模块四 常见半导体器件

【模块描述】

半导体器件在汽车上有着广泛的应用，如图 4-1 所示。本模块以宝马品牌汽车为例，讨论二极管、晶体管等常见半导体器件在汽车上的典型应用，借此将半导体的结构、二极管和晶体管的特性、工作原理等各种抽象且不易理解的知识点，用生动、形象、实用的方式进行介绍。

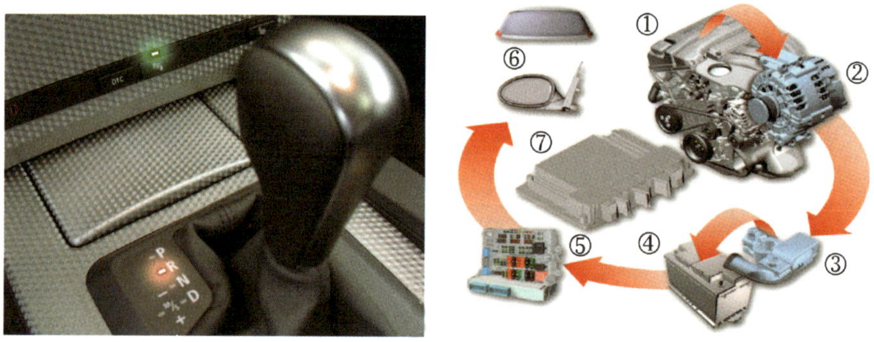

a) b)

图 4-1 半导体器件在汽车上的典型应用

a）发光二极管用作汽车功能指示灯 b）汽车当中的能量转换及电源供应示意图

图 4-1a 为汽车内部按键的功能指示灯，大部分也都采用了发光二极管。其实，除此之外，发光二极管在汽车上还有很多的应用。

图 4-1b 为汽车当中的能量转换及电源供应示意图，其中，发电机 2 通过传送带随发动机转动，产生的是三相交流电，不能够直接为配电盒 5、电动后视镜 6、控制单元 7 等用电设备使用，必须经过发电机内部的二极管整流电路将三相交流电转换为直流电输出，给用电器供电，同时给蓄电池 4 充电。

想一想

在图 4-1 中所应用的半导体器件是如何实现发光、整流、开关、控制等功能的？

任务一　认知与检测常见二极管

【任务目标】

知识目标：	核心素养：	技能目标：
1）了解二极管的结构、电路符号、引脚、伏安特性、单向导电性； 2）了解硅稳压管、发光二极管、光电二极管、变容二极管等特殊二极管的外形特征、功能和实际应用。	通过实践操作，养成认真记录、规范操作和严谨分析的职业习惯。	1）学会辨析各种不同类型的二极管； 2）能用万用表判别二极管的极性和质量优劣。

建议课时：4 课时。

【任务描述】

二极管在汽车当中有着广泛的应用，通过任务实施认识二极管，了解二极管的结构和基本特性，熟悉其功能以及实际应用，学会检测二极管的极性，并能够判别其好坏。

【任务实施】

二极管的识别与检测。

扫一扫

二极管的测量

一、器材

所需器材见表 4-1。

表 4-1　二极管识别与检测所需器材

序号	名　称	实　物　图	序号	名　称	实　物　图
1	普通二极管	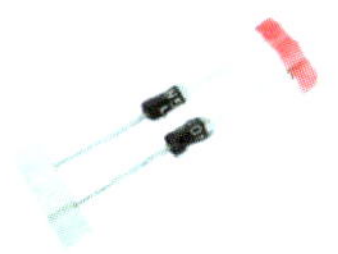	3	数字万用表	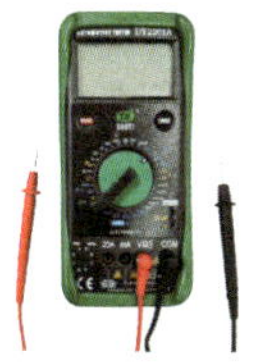
2	发光二极管	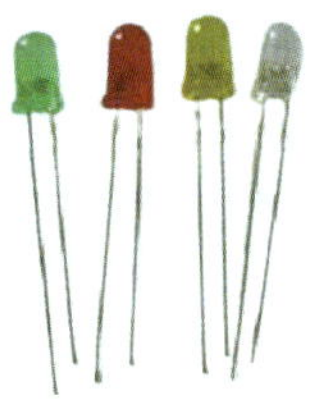	4	模拟万用表	

二、分别使用模拟和数字万用表检测二极管

1. 认识各种二极管

把不同外观的二极管分别分给各小组，请各小组根据表 4-2 所示的二极管外形，了解所分到的各二极管的种类，并记录下来。

表 4-2　不同用途的二极管

种　类	外　形	符　号	用　途
整流二极管	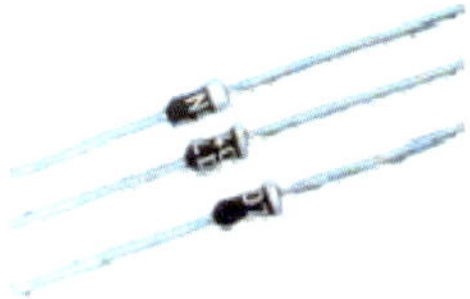	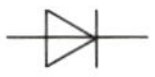	多用于整流电路中，将交流电转换为直流电
开关二极管		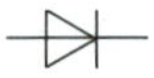	多用于逻辑电路中，起开关作用
检波二极管		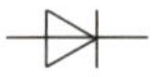	用于检波电路中
稳压二极管		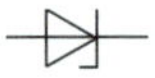	用于电路中需要稳压的部分
发光二极管	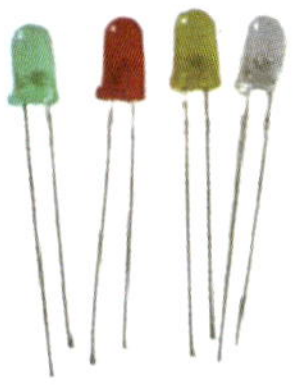		用于电气设备指示灯等
光电二极管		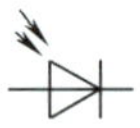	多用于遥控接收器和工业自动控制的检测元件
变容二极管	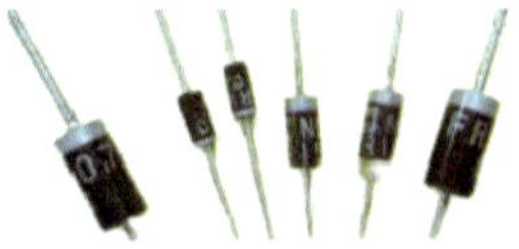	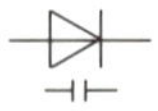	多用于电调谐、自动频率调整、稳频电路中

二极管有两条从密封的管体上引出的电极引线，称之为正极（或阳极）和负极（或阴极），管体外壳的标记通常表示负极。二极管的外形如图 4-2 所示。在电路中，通常用图 4-3 所示的符号来表示二极管。

2. 用模拟（指针式）万用表测量各二极管正反向电阻，并判别极性

1）挡位选择。将模拟万用表置于 $R\times1\text{k}$（或 $R\times100$）档。

2）调零。调节欧姆调节旋钮，使指针指到 0Ω 处，具体操作如图 4-4 所示。注

意：每次换档之后都要进行调零。

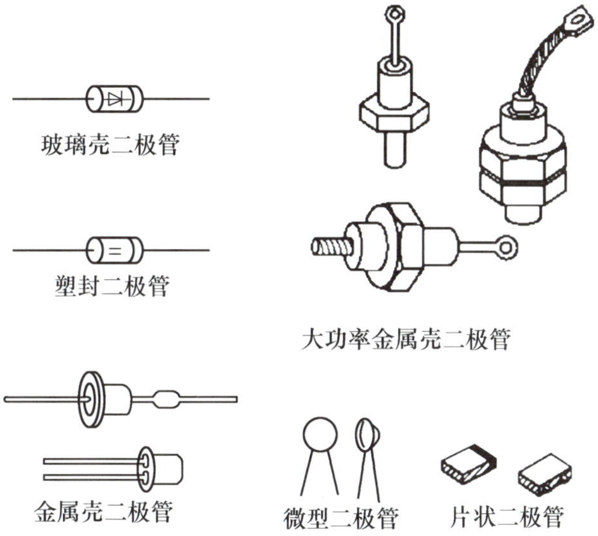

图 4-2　二极管的外形

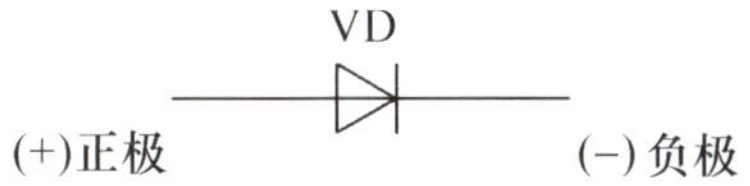

图 4-3　二极管的符号

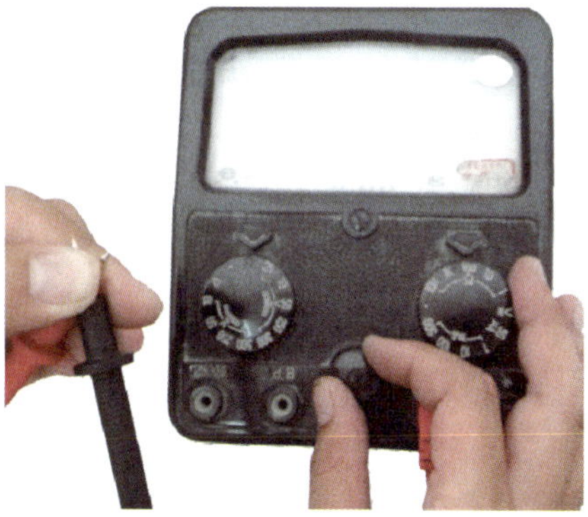

图 4-4　万用表调零

3）模拟万用表判别二极管极性。先用红、黑表笔测量二极管任意两端子间的电阻值，然后交换表笔再测量一次，如果二极管是好的，两次测量结果必定出现一大一小，如图 4-5 所示。以阻值较小的一次测量为准，模拟万用表黑表笔所接的一端为二极管正极，红表笔所接的一端则为二极管负极。

a)　　b)

图 4-5　模拟万用表测试二极管极性

a）阻值大　b）阻值小

4）记录测量数据。

模拟万用表黑表笔对着阳极，红表笔对着阴极，万用表显示____________。

模拟万用表黑表笔对着阴极，黑表笔对着阳极，万用表显示____________。

3. 用数字万用表判别二极管的极性

1）测量。将数字万用表置于二极管档位，红表笔接二极管阳极，黑表笔接阴极，可显示二极管的正向压降，如图 4-6a 所示，正常应显示零点几的数字（硅材料为 0.5~0.8V，锗材料为 0.15~0.3V）。此时所显示的读数为“522”，其含义是二极管导通电压为“0.522V”；若红、黑表笔对调，再次测量，如图 4-6b 所示，显示屏显示数值为“1”，表示二极管截止。

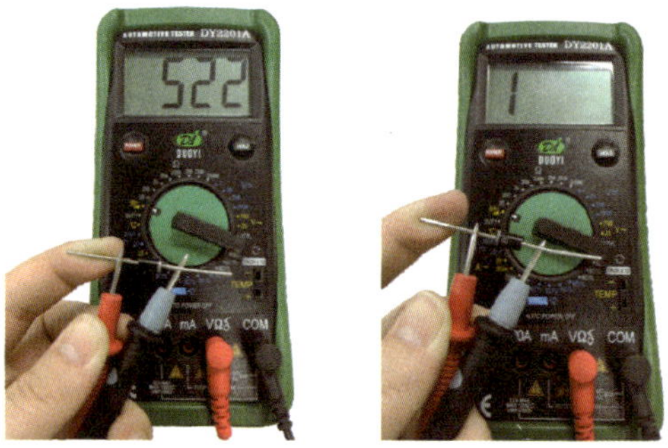

a)　　b)

图 4-6　数字万用表判别二极管极性

a）有数值显示“522”　b）显示数值仍为“1”

2）记录。

数字万用表红表笔对着阳极，黑表笔对着阴极，显示数字____________。

数字万用表红表笔对着阴极，黑表笔对着阳极，显示数字____________。

4. 结论

通过以上测量不难发现，二极管正向导通时阻值很小，反向截止阻值较大，将这一特性称之为二极管的单向导电性。二极管的状态可以用表 4-3 的测量的结果来表示。

表 4-3　用数字万用表鉴别二极管质量好坏

序　号	测量结果	结果分析	测量记录
1	正向电测量压降为 0V 反向电测量压降也为 0V	二极管击穿短路，损坏	
2	正向电测量压降为 1 反向电测量压降为 1	二极管开路，损坏	
3	一个测量压降小于 1，一个测量压降为 1	二极管正常	
4	两个测量压降小于 1，很接近	失去单向导电性，损坏	

5. 认识二极管的单向导电性

按照图 4-7 所示电路连接元器件，电路中用灯亮或不亮来判别电路导通或不通。在图 4-7a 中，给二极管两端加一定的正向电压（正极电位 > 负极电位），发现灯亮，表明二极管导通；在图 4-7b 中，给二极管加反向电压（正极电位 < 负极电位），发现灯不亮，表明二极管截止。这就是晶体二极管的单向导电性在实际电路当中的应用

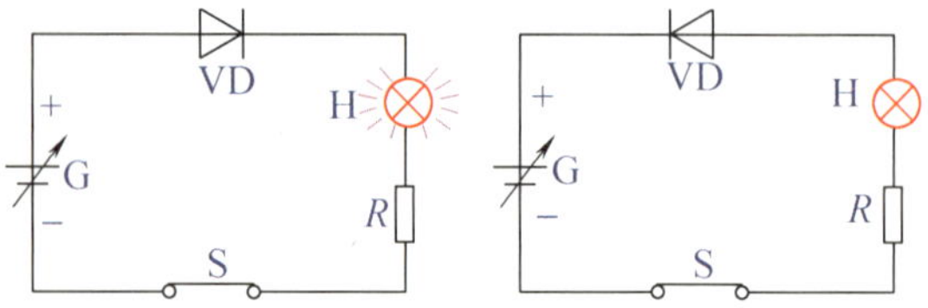

a)　　b)

图 4-7　二极管的单向导电性

a）灯亮　b）灯不亮

效果。因此，汽车电路当中，二极管经常被当作“电子开关”来使用，它有着无触点火花、工作寿命长、易于控制等诸多优点。

想一想
为什么二极管能够单向导电呢？它又有着怎样的内部结构呢？

【检测评价】

检测评价见表 4-4。

表 4-4　检测评价

序号	评价项目	评价内容	评分细则	分值	得分
1	准备工作	准备工具器材	器材和工具准备齐全	5	
2	认识二极管	依次认识各二极管	正确判别二极管类型	10	
3	用模拟万用表测量二极管	测量二极管	万用表操作规范	20	
4	用数字万用表测量二极管	测量二极管	万用表操作规范	20	
5	鉴别二极管质量好坏	检测二极管好坏	正确使用模拟和数字万用表检测二极管	20	
6	素养提升	职业精神	规范使用仪器仪表，认真对测量数据进行分析与判断	10	
		安全文明生产	按指导教师要求操作，操作完毕，把器件、工具和万用表归位，并进行工位清洁和整理	10	
7	时间	限制 25min	超时 3min 扣 1 分，超时 5min 扣 5 分	5	
合　计				100	
说明：每项分都是扣完为止					

【知识链接】

一、半导体基本知识

1. 半导体材料

半导体是指导电能力介于导体与绝缘体之间的材料。常见的半导体主要由硅（Si）、锗（Ge）和砷化镓（GaAs）等材料制成。硅晶体内部是由单个硅原子构成的固态结构，每个原子的外部电子壳内都有 4 个电子，如图 4-8 所示。原子各个方向上都有一个电子与相邻原子的相应电子相连，与其形成稳定的电子化合物。因此，纯硅在固态形式下形成晶格，其电阻较高，是一种不良导体。为了有目的地影响或控制半导体的导电能力，通过加入更高或更低化合价

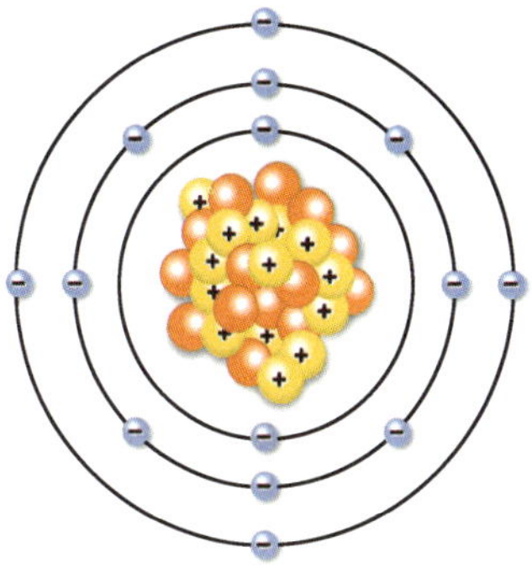

图 4-8　硅原子基本结构

的杂质，这一过程称为“掺杂”。

在室温条件下半导体的导电性很低。半导体受到热、光、电压形式的能量或磁能影响时，其导电能力就会发生变化。由于半导体对压力、温度和光线很敏感，因此，在汽车上也是理想的传感器材料。

2. 杂质半导体

（1）N 型掺杂　将一个五价元素（例如磷）作为杂质加入一个硅晶体内时，磷原子可以顺利地加入硅晶格结构内。虽然磷原子有五个电子，但其中只有四个电子能与相邻的硅电子形成稳定的电子对连接。也就是说，还剩余一个自由电子，可以使得导电性能大大提升。以这种方式掺杂形成的晶体为 N 型半导体，如图 4-9a 所示。

（2）P 型掺杂　向一个硅晶体内加入一个三价元素（例如硼）的杂质。一个硼原子的最外侧电子轨道上有三个电子，但需要四个电子与其四个相邻电子形成稳定的电子对连接。在缺少一个电子的部位留下了一个“空位”，这个“空位”称之为空穴。空穴很容易再次吸收电子，以便重新达到中性状态，导电能力也因此得到提升。掺杂后带有这种空穴的晶体称为 P 型半导体，如图 4-9b 所示。

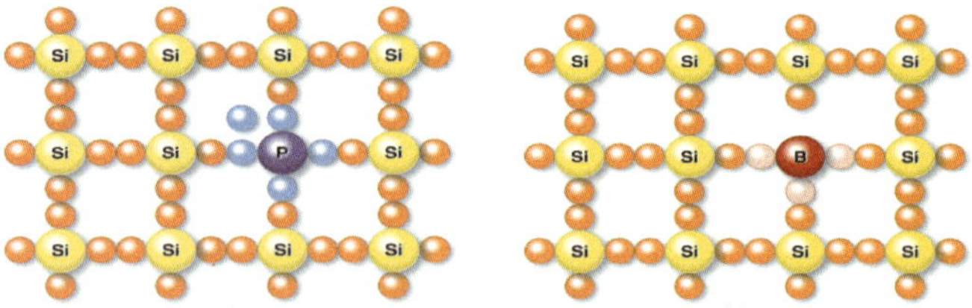

图 4-9　杂质半导体

a）N 型半导体　b）P 型半导体

3. PN 结

将采用不同的掺杂方式所得到的两种半导体，P 型和 N 型半导体以一定的工艺结合在一起，在两种材料之间就会形成一个边界层，称为 PN 结，如图 4-10 所示。

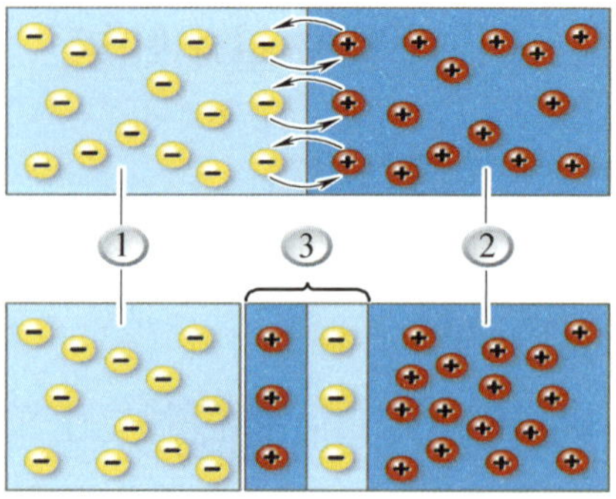

图 4-10　PN 结内部电子和空穴的运动

受环境热量的影响，两个区域边界层上的电子由 N 型半导体移入 P 型半导体，并填补那里的空穴，同时在 N 型半导体内留下空穴。这样就在 P 型与 N 型半导体之间的边界处形成了一个空间电荷区。

如果电源正极连接在 N 型半导体上，负极连接在 P 型半导体上，N 型掺杂半导体中多余的电子就会通过电源进入 P 型掺杂半导体的空穴内。这样边界层就会扩大，且没有电流经过硅晶体，如图 4-11a 所示。此时，PN 结出现截止状态。

相反，如果电源负极连在 N 型半导体上，正极连在 P 型半导体上，那么经过 N 型掺杂边界层就会从电源负极获得大量电子，而 P 型掺杂边界层的电子则被吸收，从而在 N 型掺杂边界层内会出现更多的剩余电子，而右侧区域内则会出现更多的空穴。这样绝缘层就会完全消失并有电流流过，如图 4-11b 所示。此时，PN 结出现导通状态。

总之，PN 结作为整流器（二极管）允许电流朝一个方向流动并阻止其向另一个方向流动，这与单向导电性的结论一致。

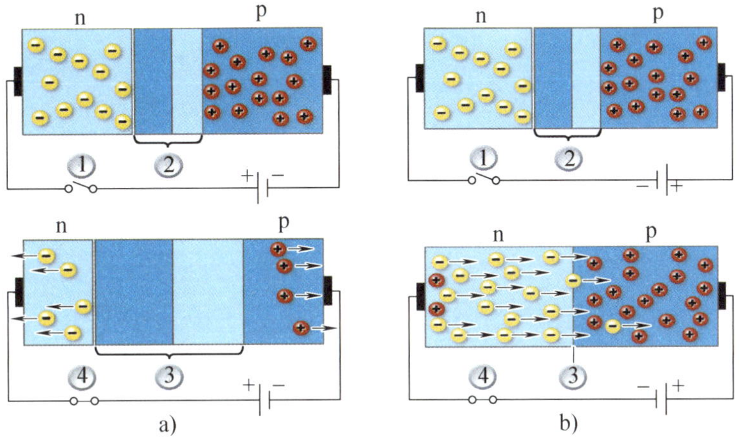

图 4-11　PN 结外加电压时的内部工作状态

a）截止方向（反向）电压　b）导通方向（正向）电压

二、判别二极管的极性

二极管极性的识别很简单，可以通过外壳上的标志进行判别。小功率二极管的 N 极（负极），在二极管表面大多采用一种色环标出来，有些二极管也用二极管专用符号标志“P”和“N”来确定二极管极性，发光二极管的正负极可从引脚长短来识别，长脚为正，短脚为负。若无法看出极性，可采用模拟万用表或数字万用表检测判别。

1）从外壳上的图形符号看，如图 4-12 所示。

2）用色环来标志电极，如图 4-13 所示。

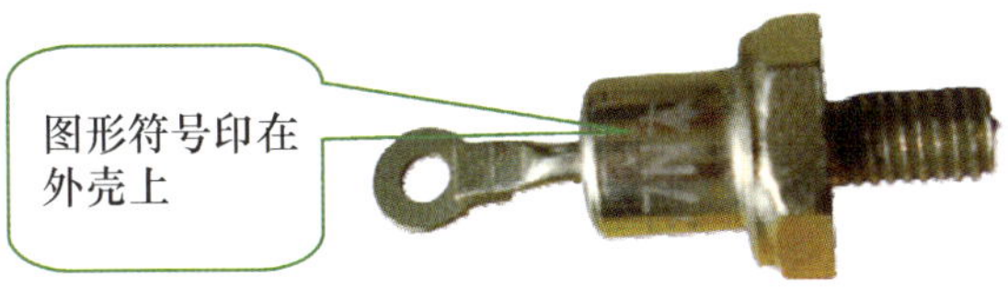

图 4-12　从外壳上的图形符号看极性

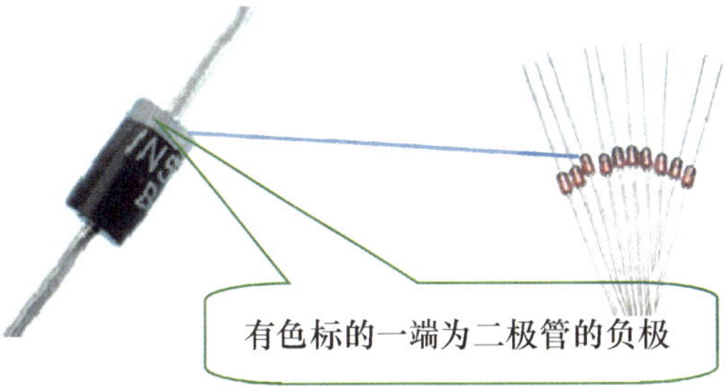

图 4-13　用色环标志看极性

三、二极管的伏安特性

二极管是一个二端元件，它不同于电阻一类的二端元件，有其正反向工作特性，可以通过图 4-14 所示的图形来认识一下它的电流与其两端电压之间的关系，即伏安特性。

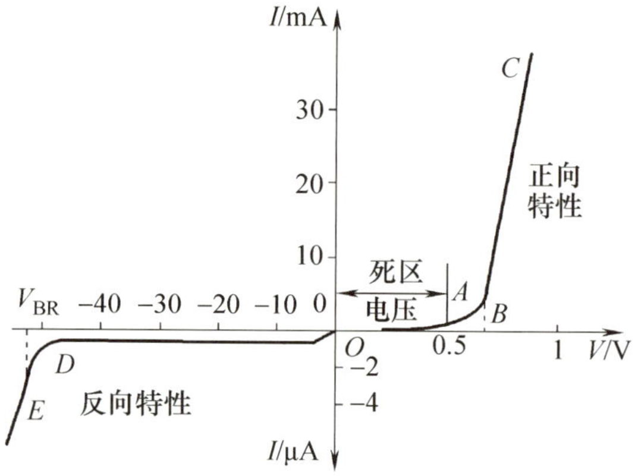

图 4-14　二极管的伏安特性

1）正向特性：正向特性表现为图 4-14 中的 *OC* 段。表示施加在二极管的正向电压较小，此时正向电流几乎为零，称此段对应的电压为死区电压（硅管为 0.4~0.5V，锗管约为 0.2V），也称为死区。图中 *AC* 段，当施加的正向电压大于死区电压后，正向电流便迅速增长，二极管正向导通。硅二极管的导通压降为 0.6~0.7V，锗管约为 0.3V。

2）反向截止特性：反向截止特性表现为图 4-14 中的 *OD* 段。

当二极管承受的电压未达到击穿电压 V_{BR} 时，二极管呈现很大电阻，流过的仅为少数载流形成的反向饱和电流，所以其数值很小，此值越小，二极管的反向截止特性越好。

3）反向击穿特性：反向击穿特性表现为图 4-14 中 *DE* 段。当施加在二极管的反向电压增加到一定值时，反向电流剧增，二极管反向击穿。对于普通二极管而言，反向击穿会造成永久损坏，应避免出现。

四、二极管分类

二极管分类见表 4-5。

表 4-5　二极管分类

分类标准	分类结果
结构材料	硅二极管、锗二极管
用途	整流、开关、检波、稳压、发光、光敏、变容、各类敏感类二极管
制作工艺	点接触型、面接触型、平面型
外包装材料	玻壳、塑封、金属

任务二　连接与检测整流电路

【任务目标】

知识目标：	核心素养：	技能目标：
1）掌握整流电路的作用及类型； 2）掌握各整流电路的原理及特点； 3）了解整流电路在汽车中的应用。	认真读数、严谨记录并计算数值、验证结果、规范操作，养成认真细致的职业素养。	1）学会正确选择和检测整流器件； 2）学会制作整流电路； 3）会用示波器观察波形。

建议课时：4 课时。

【任务描述】

此次任务分为两个部分，首先采用单个二极管 VD、灯泡 L 及开关接入 12V 的单相交流电源，组成半波整流电路，如图 4-15a 所示。其次，采用二极管桥式全波整流电路，由 VD_1~VD_4 组成的整流桥，将输入的 12V 单相交流电源整流后向负载 L 提供脉动直流电，如图 4-15b 所示。

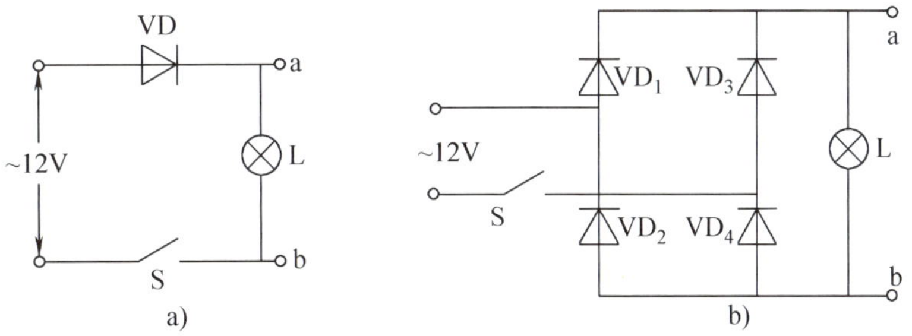

图 4-15　整流电路原理图

a）单相半波整流电路　b）单相桥式全波整流电路

【任务实施】

二极管半波和桥式全波整流电路连接与检测。

一、器材

所需器材见表 4-6。

表 4-6　器材

序号	名　称	实　物　图	序号	名　称	实　物　图
1	导线		7	开关	
2	斜口钳		8	熔丝	
3	剥线钳		9	灯泡 12V，5W	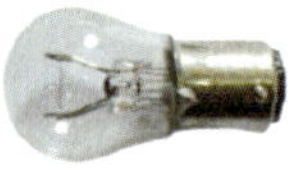
4	二极管 1N4007		10	镊子	
5	电源变压器（220V/12V）		11	双踪示波器	
6	模拟万用表		12	数字万用表	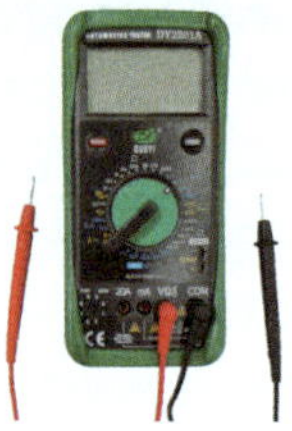

二、认识单相半波整流电路和桥式全波整流电路

1. 元器件识别与检测

元器件识别与检测方法见表 4-7。

表 4-7　元器件识别与检测

名称	外观识别	符　号	测量现象	结果分析
负载电阻 R_1		 R	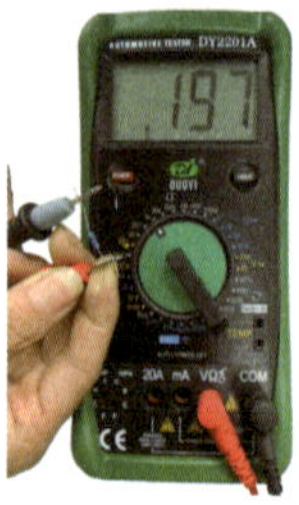	色环电阻：先识读其标称阻值，再用万用表检测其实际阻值

（续）

名称	外观识别	符　号	测量现象	结果分析
整流二极管		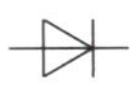		用万用表 $R\times1\text{k}$ 档测二极管的正、反向电阻，正向电阻小，反向电阻大，说明该整流二极管性能良好
小灯泡			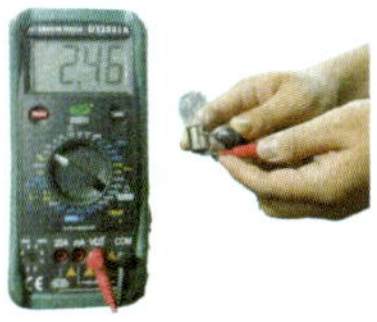	用数字万用表电阻档检查小灯泡电阻，有阻值，表示小灯泡完好，阻值无穷大，则表示小灯泡坏

2. 单相半波整流电路的连接与检测

1）请根据图 4-16 所示的半波整流电路，连接相关元器件。

2）电路连接无误后，接通电源，闭合开关 S。

① 利用数字万用表的交流档测量图 4-16 中 u_2 两端的电压，并记录，填入表 4-8。

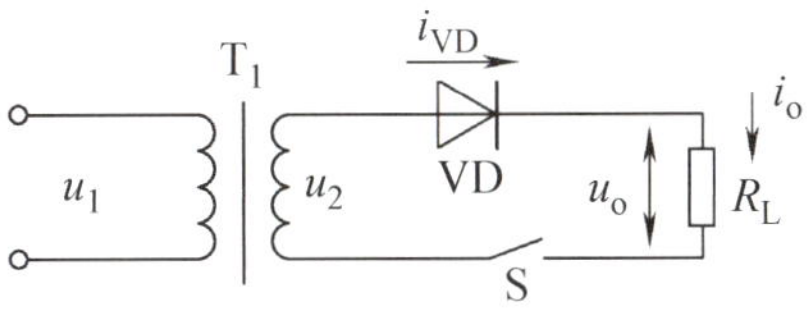

图 4-16　半波整流电路

② 用示波器测量图 4-16 中的 u_2 两端之间的电压波形，并记录，填入表 4-8。

③ 利用数字万用表直流档测量图 4-16 中负载电阻 R_L 两端的电压，并记录，填入表 4-8。

④ 用示波器测量图 4-16 中的 R_L 两端之间的电压波形，并记录，填入表 4-8。

表 4-8　半波整流电路检测结果

检测电压	电压大小	波形图	结果分析
输入电压 u_2 （12V 电源两端）			
输出电压 （电阻 R_L 两端）			

3. 单相桥式全波整流电路的连接与检测

1）请根据图 4-17 所示的单相桥式全波整流电路，连接相关元器件。

2）电路连接无误后，接通电源，闭合开关 S。

① 利用万用表测量图 4-17 中负载灯泡 L 两端的电压，如图 4-18 所示，并记录，填入表 4-9。

② 用示波器测量图 4-17 中 12V 交流电源两端之间的波形，如图 4-19 所示，并记录，填入表 4-9。

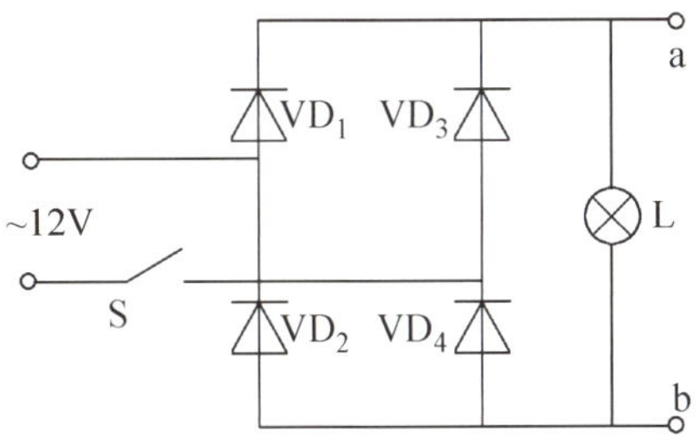

图 4-17　单相桥式全波整流电路

图 4-18　用万用表测输出电压

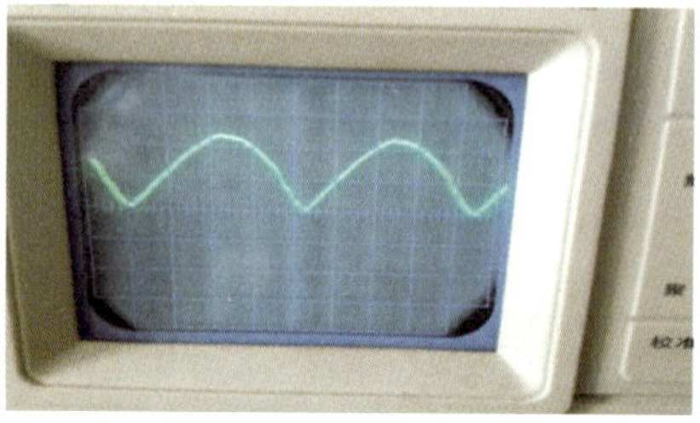

图 4-19　用示波器检测桥式全波整流的输出波形

表 4-9　桥式全波整流电路检测结果

检测电压	电压大小	波形图	结果分析
输出电压 （桥式全波整流后 L 两端）			

4. 测量发电机整流板

发电机整流板如图 4-20 所示，可以利用检测二极管的方法和步骤，分组检测发电机整流板，检测结果填入表 4-10。

图 4-20　发电机整流板

表 4-10　发电机整流板检测结果

分类	数量	加正向电压时显示	加反向电压时显示	电路简图
共正极的二极管				
共负极的二极管				

【检测评价】

检测评价见表 4-11。

表 4-11　检测评价

序号	评价项目	评价内容	评分细则	分值	得分
1	准备工作	按需要准备工具及元器件	元器件选择正确，元器件检测正确	10	
2	检测元器件	安装表笔和选择数字万用表档位，测量	表笔安装正确 档位选择正确	20	
3	连接电路	按图连接整流电路	操作规范，连接正确	20	

（续）

序号	评 价 项 目	评 价 内 容	评 分 细 则	分值	得分
4	整流电路的检测	进行整流电路参数测量	通电实验，如有故障应进行分析并排除。按要求进行相应数据的测量，若测量正确，该项计分，若测量错误，该项不计分	25	
5	素养提升	细致严谨	认真读数、严谨记录并计算数值、验证结果、规范操作	10	
		安全文明生产	按指导教师要求操作，操作完毕，把器件、工具和万用表归位，并进行工位清洁和整理	10	
6	时间	限制 25min	超时 3min 扣 1 分，超时 5min 扣 5 分	5	
合　计				100	
说明：每项分都是扣完为止					

【知识链接】

一、单相半波整流电路的工作原理

1. 原理

半波整流电路如图 4-21a 所示，在 u_2 的正半波周期：二极管 VD 因加正向电压而导通，电流由 a 点经二极管 VD、负载 R_L 到 b，$u_o=u_2$；在 u_2 的负半波周期：二极管 VD 因加反向电压而截止，负载中电流为零，$u_o=0$；输入电压 u_2 和输出电压 u_o 的波形如图 4-21b 所示。

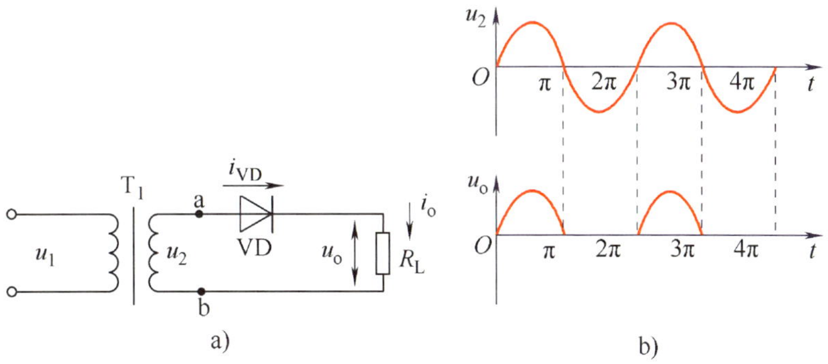

图 4-21　单相半波整流电路

a）单相半波整流电路　b）整流波形变换

2. 半波整流电路的特性

（1）主要参数

输出电压的平均值　　$U_o=0.45U_2$

通过二极管的平均电流　　$I_{VD}=I_L=0.45U_2/R_L$

二极管承受的最大反向电压　　$U_{RM}=2U_2$

想一想

为什么交流电经过桥式全波整流电路以后，波形被“削掉”的一半又找回来了？灯泡的亮度也明显变亮？灯泡两端的电压也提高了，而且方向始终不变？

（2）整流二极管的选择　I_{VD} 和 U_{RM} 是选择半波整流二极管的主要依据，实际选择时，应使二极管的最大整流电流和反向耐压值分别大于上述两式的数据。

（3）电路特点　这种整流电路输入一个周期的正弦波，而输出的只有半个波形，故称为半波整流电路。

二、单相桥式全波整流电路的工作原理

1. 原理

单相桥式全波整流电路如图 4-22a 所示，在 u_2 的正半波周期：二极管 VD_1、VD_3 导通，VD_2、VD_4 截止，电流由 A 端经 VD_1、R_L、VD_3 流向 B 端，此时 $u_o=u_2$；在 u_2 的负半波周期：二极管 VD_2、VD_4 导通，VD_1、VD_3 截止，电流由 B 端经 VD_2、R_L、VD_4 流向 A 端，负载 R_L 得到的仍然是正方向的半波电压和电流，此时 $u_o=-u_2$。输入电压 u_2 和输出电压 u_o 的波形如图 4-22b 所示。

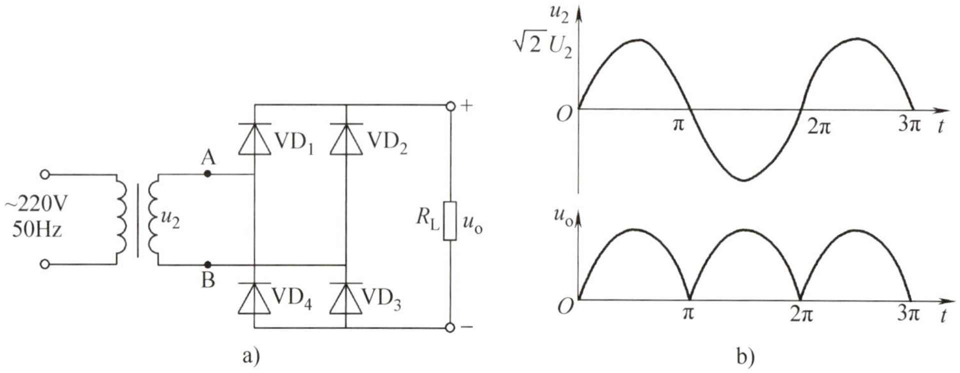

图 4-22　单相桥式全波整流电路

a）单相桥式全波整流电路　b）单相桥式全波整流波形变换

2. 桥式全波整流电路的特性

（1）主要参数

输出电压的平均值　　$U_o=0.9U_2$

通过二极管的平均电流　　$I_{VD}=0.5I_L=0.45U_2/R_L$

当 VD_1、VD_3 导通时，忽略其管压降，VD_2、VD_4 是并联的关系，所承受的反向电压的最大值是 u_2 的峰值，即

$$U_{RM}=\sqrt{2}U_2$$

（2）整流二极管的选择　二极管的最大整流电流和反向耐压值应分别大于上述

两式的数据。

（3）电路特点　通过比较半波整流和全波整流两种类型的整流电压输出波形可知，桥式全波整流输出的直流电压和电流脉动程度要小，而且电能利用率高，所以桥式全波整流电路得到广泛的应用。

三、汽车上的整流电路

实际上，汽车发电机内部的整流电路为三相整流，如图 4-23a 所示。电路结构及二极管导通原则：VD_1、VD_2、VD_3 组成共阴极连接的三相半波整流电路，VD_4、VD_5、VD_6 组成共阳极连接的三相半波整流电路，负载 R_L 接在共阴极接点和共阳极接点之间。在任一瞬间，共阴极组中电位最高的二极管和共阳极组中电位最低的二极管优先导通，构成电流回路，经分析，负载电压始终为正压输出，其波形如图 4-23b 所示。

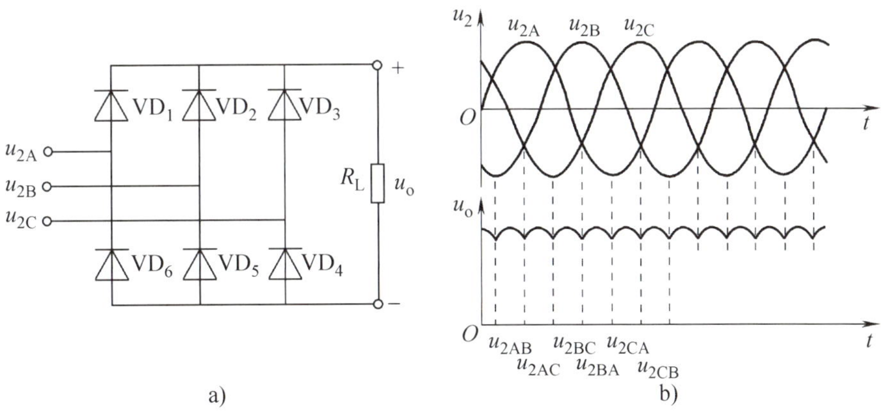

图 4-23　汽车上的三相整流电路

a）三相整流电路　b）三相整流输出波形

汽车上的整流电路的电路特性如下：

（1）主要参数

输出电压的平均值　$U_o=2.34U_2$

输出电流的平均值　$I_L=U_L/R_L$

通过二极管的平均电流　$I_F=I_L/3$

二极管承受的最大反向电压　$U_{RM}=\sqrt{2}\times\sqrt{3}\,U_2=2.45U_2$

（2）整流二极管的选择　实际选择二极管时，二极管的最大整流电流 $I \geqslant I_F$，反向耐压值 $U \geqslant U_{RM}$。

（3）电路特点　与单相整流电路相比，显然三相整流电路输出波形要平滑得多，脉动更小。

任务三　认知与检测晶体管

【任务目标】

知识目标：	核心素养：	技能目标：
1）了解晶体管的结构、电路符号、引脚、放大特性和开关特性及其在汽车电路中的应用； 2）了解小、中、大功率晶体管的外形特征。	学会类比和分析，养成自学习惯和培养创新意识。	具备用数字万用表判别晶体管类型、鉴别质量好坏、BCE 极判别和放大倍数测量的能力。

建议课时：4 课时。

【任务描述】

晶体管在汽车当中有着广泛的应用，本任务以万用表测量为手段，从认识晶体管的特性和结构开始，进一步理解晶体管在汽车当中的应用和工作原理。

【任务实施】

晶体管类型判别与检测。

一、器材

数字万用表，如图 4-24 所示；9012 晶体管，如图 4-25 所示；9013 晶体管，如图 4-26 所示。

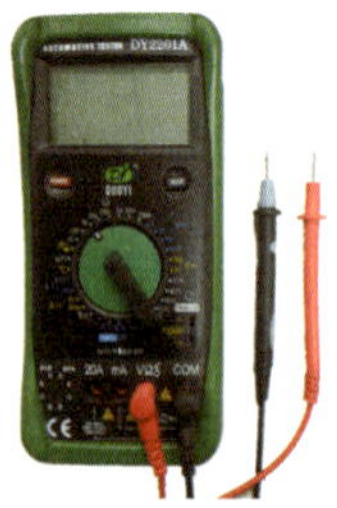

图 4-24　数字万用表

图 4-25　9012 晶体管

图 4-26　9013 晶体管

二、用数字万用表检测晶体管的步骤

1. 晶体管类型和基极检测

晶体管类型和基极检测见表 4-12。

表 4-12　晶体管类型和基极检测

测量目的	测量结果		检测方法
	9013	9012	
判断晶体管基极 B 极并判断型号（NPN 或 PNP）	表笔对调读数相同，为 0.645	表笔对调读数相同，为 1	1. 万用表置于蜂鸣档 2. 先用红表笔接某一引脚，黑表笔接另外两个引脚，测得两个 PN 结电压降。再将红表笔换接另一引脚，重复以上步骤，直至测得两个电压降（大小基本相等）都很小或都很大，这时红表笔所接的是 B 极 3. 若测得的两个电压降基本相等且都很小，则为 NPN 型管；若测得的两个电压降基本相等且都很大，则为 PNP 型管
	表笔对调读数相同，为 1	表笔对调读数相同，约为 0.65	
分析结果	中间是 B 极是 NPN 型管	中间是 B 极是 PNP 型管	

2. 用数字万用表检测晶体管 C 极、E 极和放大倍数 β

晶体管 C 极、E 极和放大倍数 β 检测见表 4-13。

表 4-13　晶体管 C 极、E 极和放大倍数 β 检测

测量目的	测量结果		检测方法
	9013	9012	
判断 C、E 极	读数显示 010	读数显示 039	1. 万用表置于 h_{FE} 档 2. 插入对应的 PNP、NPN 型晶体管测试座插孔 3. B 极不变，再判断 C、E 极，显示读数较大的时候，对应的就是 C、E 极。读数较大的数值就是晶体管的放大倍数 β
	读数显示 108	读数显示 266	
分析结果	从左到右为 E、B、C	从左到右为 E、B、C	
放大倍数 β	108（β）	266（β）	

想一想

既然晶体管能采用上述方法进行测量，那么对比二极管，你能总结出来它的结构吗？它又是怎样工作的呢？

【检测评价】

检测评价见表 4-14。

表 4-14　检测评价

序号	评价项目	评价内容	评分细则	分值	得分
1	准备工作	按需准备器材和工具	准备正确	5	
2	判别晶体管类型	用万用表判别晶体管的类型和基极	操作规范，检测正确	20	
3	判定 C、E 极并测量放大倍数	找出 B、C、E 极，并判别晶体管的好坏	操作规范，判别正确	20	
		读出放大倍数	正确读出放大倍数	10	

（续）

序号	评 价 项 目	评 价 内 容	评 分 细 则	分值	得分
4	晶体管应用及电路图分析	说出晶体管的应用，并举例进行简单分析	说出三个以上晶体管的应用	20	
5	素养提升	类比和创新	会分析晶体管各个引脚，能进行比较研究和分析，养成自学习惯和创新意识	10	
		安全文明生产	按指导教师要求操作，操作完毕，按要求把器件、工具和万用表归位，并进行工位清洁和整理	10	
6	时间	限制 25min	超时 3min 扣 1 分，超时 5min 扣 5 分	5	
合 计				100	
说明：以上项目分数扣完为止					

【知识链接】

一、晶体管的分类

1. 按功率分类

晶体管按功率分类，分为表 4-15 所示的三种类型。

表 4-15　不同功率的晶体管

种　类	外　形	符　号	用　途
大功率晶体管	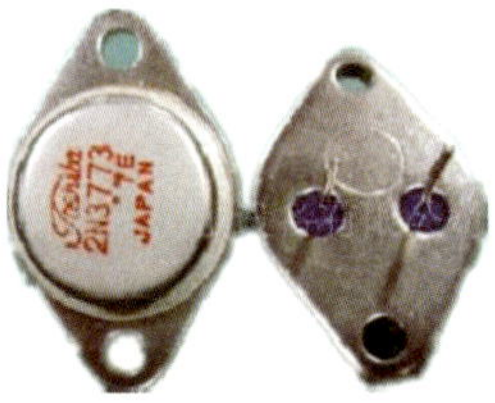	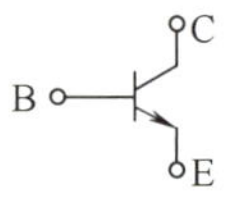 2N3773	多用于音频功放，功率达到 50W
中功率晶体管		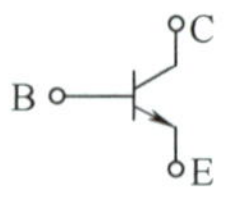 S8050	高频放大功率 1W
小功率晶体管		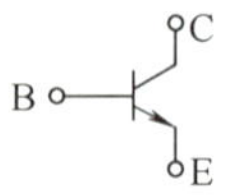 S9013	低频放大功率约 0.5W

2. 按类型分类

晶体管按类型分类，分为表 4-16 所示的 NPN 与 PNP 两种类型的晶体管。

表 4-16　NPN 与 PNP 两种类型的晶体管

类　型	外　形	符　号	用　途
PNP		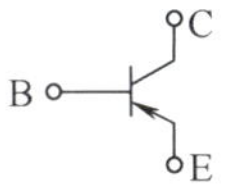	按电路要求使用
NPN		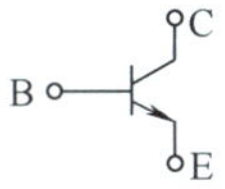	按电路要求使用

二、晶体管的结构

晶体管由两个 PN 结构成，两个 PN 结把整个半导体基片分成三部分，中间部分是基区。根据 P 型半导体和 N 型半导体的排列方式不同，可分为 PNP 和 NPN 两种。

从三个区引出相应的电极，分别为基极 B、发射极 E 和集电极 C。发射区和基区之间的 PN 结叫发射结，集电区和基区之间的 PN 结叫集电结。如图 4-27 所示，图中箭头方向为发射结处在正向偏置时发射极电流方向。

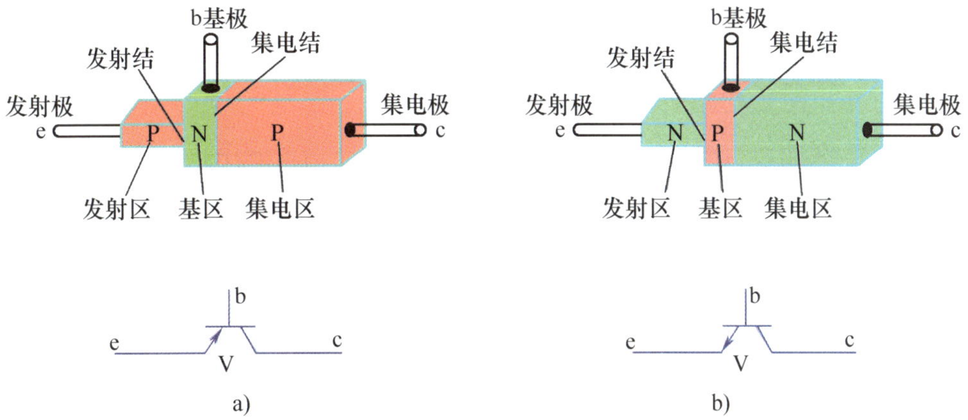

图 4-27　晶体管的结构与电路图形符号

a）PNP 型管及其符号　b）NPN 型管及其符号

三、晶体管的开关作用和放大作用实验

晶体管的开关作用和放大作用实验电路如图 4-28 所示。

1. 器材

12V 直流稳压电源、9013 晶体管、可调电阻、限流电阻、灯泡、电流表、毫安表。

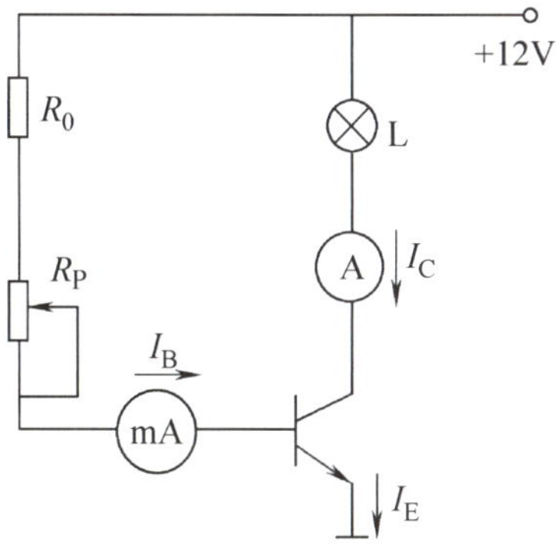

图 4-28　晶体管的作用实验电路

2. 步骤

1）根据图 4-28 接好电路。

2）接通电源，调节 R_P，观察灯泡 L 的亮度变化，并填到表 4-17 中。

3）观察毫安表(mA)和电流表(A)的读数，并记录到表 4-17 中。

表 4-17　实验数据记录

灯泡 L 的亮度	不　亮	微　亮	较　亮	很　亮	最　亮
毫安表(mA) I_B					
电流表(A) I_C					

3. 结论

当 I_B 为 0 时，I_C 也为 0，此时，灯泡不亮，表示晶体管处于截止状态，相当于开关关断。

当 I_B 逐渐增大时，I_C 也快速增大，此时，灯泡逐渐变亮，表示晶体管进入放大状态；此时，有 $I_C=\beta I_B$。

当 I_B 增大到某一数值时，I_C 不再增大，此时，灯泡亮度维持不变，表示晶体管处于饱和导通状态，相当于开关接通。

四、晶体管的伏安特性

晶体管的特性曲线是指各电极间电压和各电极电流之间的关系曲线，其中主要有输入特性曲线和输出特性曲线两种。现分别介绍晶体管的输入特性曲线、输出特性曲线。

1. 输入特性曲线

输入特性曲线是指 U_{CE} 为某一固定值时，输入回路中的 I_B 和 U_{BE} 之间的关系曲线，如图 4-29 所示。

输入回路中，由于发射结实际是一个正向偏置的 PN 结，因此，输入特性就与二极管的正向伏安特性相似，不同的是输出电压 U_{CE} 对输入特性有影响。当 $U_{CE} \geqslant 1V$ 时，PN 节的死区电压比 $U_{CE}=0V$ 时略有增大，$U_{CE} \geqslant 1V$ 时，不同 U_{CE} 值的输入曲线基本重合。

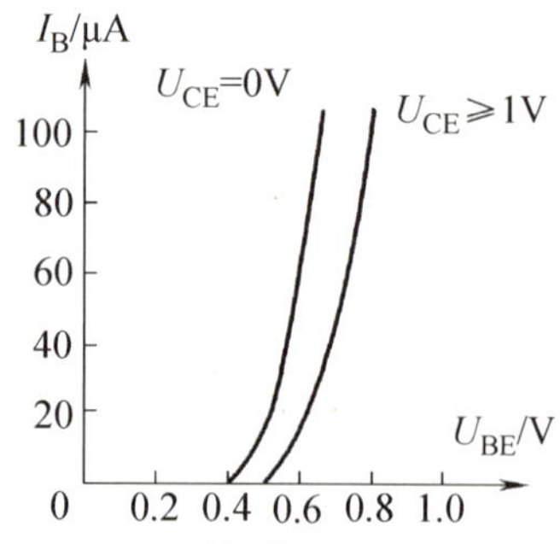

图 4-29　晶体管的输入特性曲线

2. 输出特性曲线

输出特性曲线是指 I_B 为某一固定值时，输出回路中 I_C 和 U_{CE} 之间的关系曲线，如图 4-30 所示。在图中每一条曲线都与一个 I_B 值相对应。根据输出特性曲线，晶体管的工作区域可分为三种情况。

（1）截止区　把 I_B=0 时的曲线与 U_{CE} 轴之间的区域称为截止区。晶体管工作在截止区时，发射结和集电结均为反偏，相当于一个开关断开状态。在此区域，晶体管失去了电流放大能力。

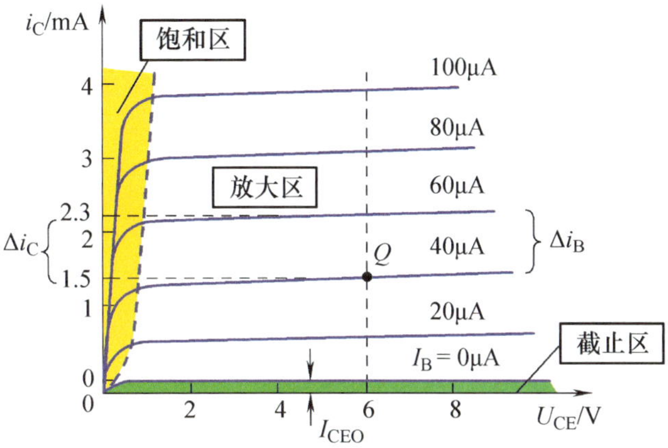

图 4-30　晶体管的输出特性曲线

（2）饱和区　输出特性曲线簇陡直上升且互相重合的曲线与纵轴 I_C 之间的区域称为饱和区。晶体管工作在饱和区时，发射结和集电结都处于正向偏置。在这个区域，各 I_B 值所对应的输出特性曲线几乎重合在一起，I_C 随 U_{CE} 的升高而增大，当 I_B 变化时，I_C 基本不变，$I_C \approx \dfrac{E_C}{R_C}$，即 I_C 不受 I_B 的控制，晶体管失去电流放大作用。在此区域，相当于一个开关闭合状态。

（3）放大区　输出特性曲线的平坦部分与 U_{CE} 轴之间的区域称为放大区。晶体管处于放大状态时，发射结正偏，集电结反偏。在这个区域，集电极电流受控于基极电流，体现了晶体管的电流放大作用，有 $I_C=\beta I_B$。特性曲线的间隔大小反映了管子的 β 值，体现了不同晶体管的电流放大作用；对于一定的 I_B，I_C 基本不受 U_{CE} 的影响，即无论 U_{CE} 怎么变化，I_C 几乎不变，这说明晶体管有恒流特性。

五、晶体管的参数

晶体管的参数是设计电路、选用晶体管的依据，主要有电流放大系数，穿透电流、集电极最大允许电流、反向击穿电压和集电极最大允许耗散功率。

1. 电流放大系数 β

通常晶体管的电流放大系数 β 值在 20~280，β 值太小，放大能力差；β 值太大，工作性能不稳定。常用的 β 值在 100 左右为宜。

2. 穿透电流 I_{CEO}

基极开路时（I_B=0），集电极和发射极之间的反向电流称为穿透电流，用 I_{CEO} 表示，I_{CEO} 随温度的升高而增大，I_{CEO} 越小，管子的性能越稳定。硅管的穿透电流比锗管小，因此硅管的稳定性较好。

3. 集电极最大允许电流 I_{CM}

集电极最大允许电流是指正常工作时，集电极允许的最大电流。当 I_C 超过一定值时，电流放大系数 β 会下降，如果超过了 I_{CM}，β 会下降到无法正常工作的程度。

4. 反向击穿电压 U_{CEO}

反向击穿电压是指基极开路时，加在集电极和发射极之间的所能承受的最大反向电压，用 U_{CEO} 表示。

5. 集电极最大允许耗散功率 P_{CM}

晶体管正常工作时，集电结所允许的最大耗散功率称为集电极最大允许耗散功率，用 P_{CM} 表示。P_{CM}<1W 的称为小功率管，P_{CM}>1W 的称为大功率管。

课后测评

一、填空题

1. 整流电路是把__________转换为__________的电路。

2. 在硅材料本征半导体中掺入微量__________价元素，可形成__________型半导体；掺入微量__________价元素，就形成了__________型半导体；在 P 型半导体和 N 型半导体结合后，在它们的交界处就形成了__________。

3. 二极管按用途分有__________、__________和__________三大类。

4. 画出电路中二极管的符号__________。

5. 由二极管伏安特性图可知，在二极管导通后，正向电流与正向电压呈__________关系，正向电流变化较大时，二极管两端正向压降近似于__________V，硅管的正向压降为__________V，锗管约为__________V。

6. 正向导通时，认为管压降为零，相当于开关__________；反向截止时，认为反向电流为零，相当于开关__________。

7. 基本的整流电路可分为__________整流电路和__________整流电路。

8. 电子器件中的特殊二极管有__________、__________、__________、变容二极管等。

9. 晶体二极管加一定的__________电压时导通，加__________电压时__________，这一导电特性称为二极管的__________特性。

10. 晶体管又称__________，除了具有开关作用外，还具有__________作用。

11. 晶体管根据组成结构的不同，分为__________和__________两种类型。晶体管的三个电极分别称为基极 B、__________和__________。

12. 晶体管的特性曲线分成三个区域：__________、__________和__________。

二、判断题

1. 半导体是导电能力介于导体与绝缘体之间的材料。（ ）

2. 本征半导体是具有完整单晶体结构的半导体材料。（ ）

3. PN 结外加正偏电压，PN 结呈高阻、截止状态。（ ）

4. 晶体管电流放大作用的外部条件是集电结加正向偏压、发射结加反向偏压。（ ）

三、简答题

1. 二极管的用途是什么？

2. 如何来判别二极管的极性和好坏，说明理由。

3. 简述 PN 结形成及其导向导电性的工作原理。

4. 用万用表鉴别表 4-18 所示的晶体管。

表 4-18　待鉴别的晶体管

管子型号			3AX55	8050	2N3773
管子外形					
档位量程	蜂鸣档	正向压降			
		反向压降			
	h_{FE} 档 C、B、E 插孔	管型			
		引脚排列			
		放大倍数			

学习反思

通过本模块的学习，你对常见半导体器件的知识点和技能点有哪些新的领悟，在职业的核心素养上有哪些新的提升，请总结归纳。

____

____

____

模块五　简单数字电路

【模块描述】

一直以来，汽车都在不断地向信息化与智能化方向发展，而汽车的信息化与智能化离不开各种数字电路的应用。目前，汽车上已出现越来越多的数字化元件，如各系统所使用的电子控制模块（ECM），其内部全以数字方式处理信号。各种电子电路和微处理技术在汽车的控制中发挥着重要的作用。本模块利用直观的实验把数字电路中的数制与码制、基本逻辑门、逻辑符号、逻辑表达式、真值表等各种抽象且不易理解的知识点，用形象、实用的方式进行介绍，并借助科鲁兹汽车的门控控制系统介绍总线通信的控制过程。数字电路在科鲁兹汽车上的应用如图 5-1 所示。

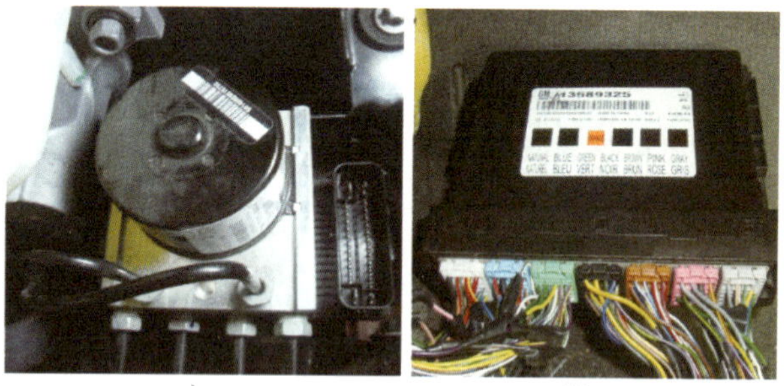

a)　　　　b)

图 5-1　数字电路在汽车上的应用

a）发动机控制模块　b）车身控制模块（K9）

想一想

要让图 5-1 中科鲁兹汽车的发动机控制模块和车身控制模块这些设备工作起来，需要哪些条件？

任务一　认知基本逻辑门电路

【任务目标】

知识目标：	核心素养：	技能目标：
1）认识 TTL 与非门、或门和非门的外形和引脚； 2）掌握 TTL 与非门、或门和非门输入与输出之间的逻辑关系。	养成一定的逻辑分析和推算能力，勇于接受与挑战工作中的困难。	1）熟悉数字电路实验的有关设施（电平开关、电平显示等）的结构、基本功能和使用方法； 2）熟悉 TTL 器件的使用规则和与非门、或门、非门的功能。

建议课时：4 课时。

【任务描述】

集成电路在汽车中的应用越来越多，对汽车专业的学生来说，了解基本逻辑门的逻辑关系，并能对集成块进行简单测试是非常必要的。本任务主要通过对 74LS00、74LS32 和 74LS04 三个集成块的功能测试，建立数字逻辑思维。

【任务实施】

数字门电路逻辑测试。

一、器材

数字电路实验箱、74LS00、74LS32、74LS04、导线。

二、步骤

1. 认识数字电路实验箱和 74LS00、74LS32、74LS04 集成电路

数字电路实验箱如图 5-2 所示，74LS00 集成电路如图 5-3 所示，74LS32 集成电路如图 5-4 所示，74LS04 集成电路如图 5-5 所示。

2. 74LS00（四个 2 输入“与非”门）电路功能的测试

1）认识 74LS00 引脚排列，74LS00 引脚排列如图 5-6 所示。

2）检查实验箱电源为关闭状态，电平开关置于低电平。将 74LS00 的引脚 7 与试验箱的“地”连接，如图 5-7 黑色连接线所示。

图 5-2　数字电路实验箱

图 5-3　74LS00

图 5-4　74LS32

图 5-5　74LS04

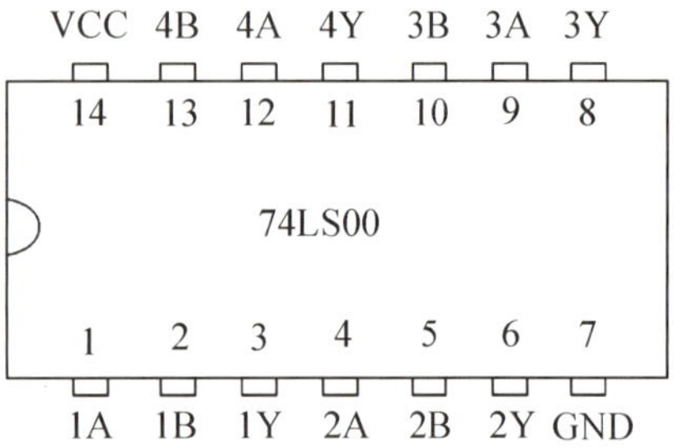

图 5-6　74LS00 引脚排列图

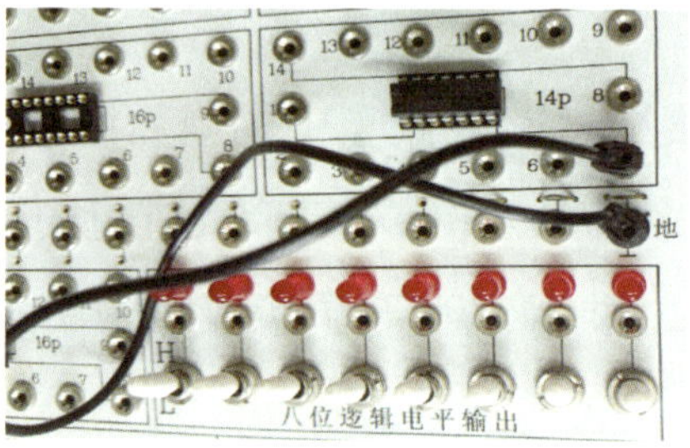

图 5-7　连接地线

3）将 74LS00 的第 3 脚接八位逻辑电平显示中任意一个，如图 5-8 黄色连接线所示。

4）将 74LS00 的第 1 脚、第 2 脚接八位电平开关中任意两个，如图 5-9 绿色连接线所示，用试验台的电平开关输出作为被测器件的输入，拨动开关，则改变器件的输入电平。

图 5-8　连接逻辑电平显示

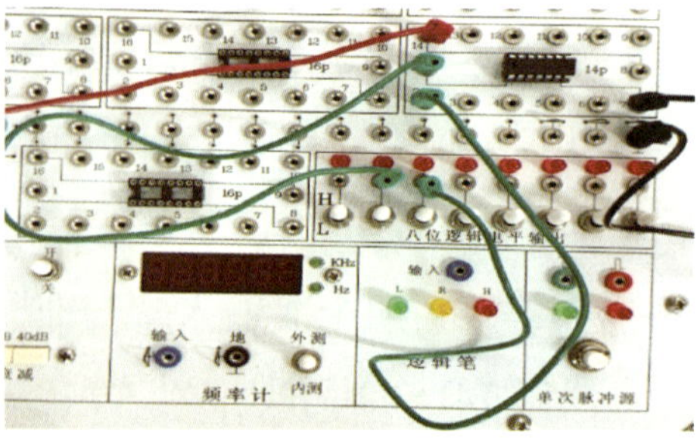

图 5-9　连接逻辑电平输入

5）将 74LS00 的引脚 14 与试验箱的 +5V 电源连接，如图 5-10 红色连接线所示。

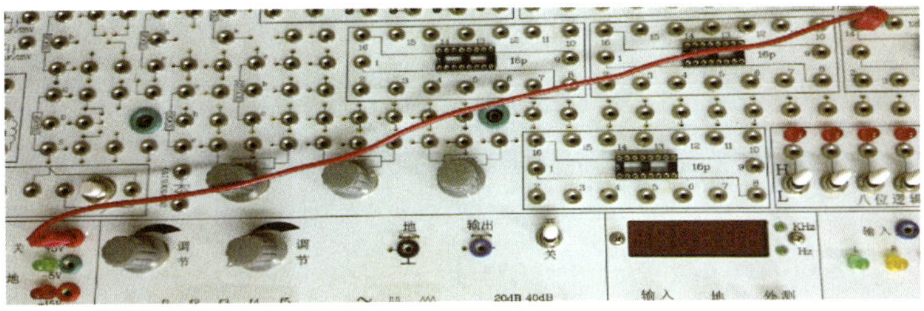

图 5-10　连接 +5V 电源

6）按真值表要求操作电平开关（做四次，即四个与非门功能都要测到），由教师示范 1 脚、2 脚输入与非门功能测试，结果显示见表 5-1。学生测试其余三个与非门功能，将测试结果 Y 的状态填入表 5-2、表 5-3、表 5-4 中。规定：开关拨上为“1”，开关拨下为“0”；发光二极管（LED 灯）亮为“1”，暗为“0”。

表 5-1　74LS00　1 脚、2 脚输入测试结果

A、B 脚实物图	1A（输入） 1 脚	1B（输入） 2 脚	1Y（输出，LED 灯） 3 脚
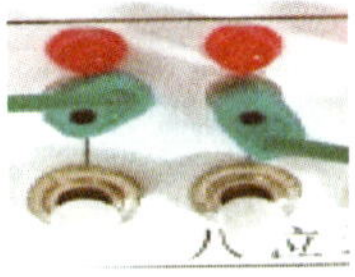	0 下	0 下	1 亮 
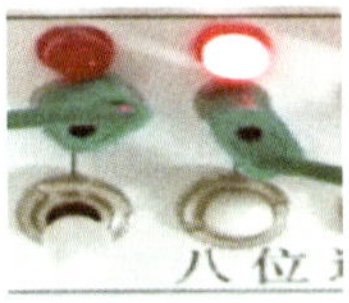	0 下	1 上	1 亮 
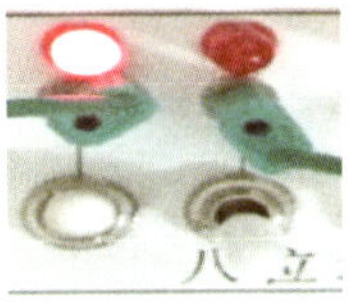	1 上	0 下	1 亮 
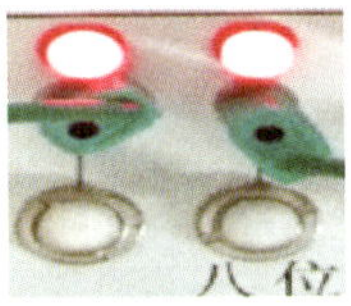	1 上	1 上	0 暗 

想一想

当输入脚为什么情况时使输出 Y 灯灭？

表 5-2　74LS00　4 脚、5 脚输入测试结果

2A（输入） 4 脚	2B（输入） 5 脚	2Y（输出，LED 灯） 6 脚
0 下	0 下	
0 下	1 上	
1 上	0 下	
1 上	1 上	

表 5-3　74LS00　9 脚、10 脚输入测试结果

3A 9 脚	3B 10 脚	3Y（LED 灯） 8 脚
0 下	0 下	
0 下	1 上	
1 上	0 下	
1 上	1 上	

表 5-4　74LS00　12 脚、13 脚输入测试结果

4A 12 脚	4B 13 脚	4Y（LED 灯） 11 脚
0 下	0 下	
0 下	1 上	
1 上	0 下	
1 上	1 上	

3. 74LS32 电路功能的测试

1）认识 74LS32 引脚排列，74LS32 引脚排列如图 5-11 所示。

2）检查实验箱电源为关闭状态，电平开关置于低电平。将 74LS32 的引脚 7 与试验箱的“地”连接，如图 5-12 黑色连接线所示。

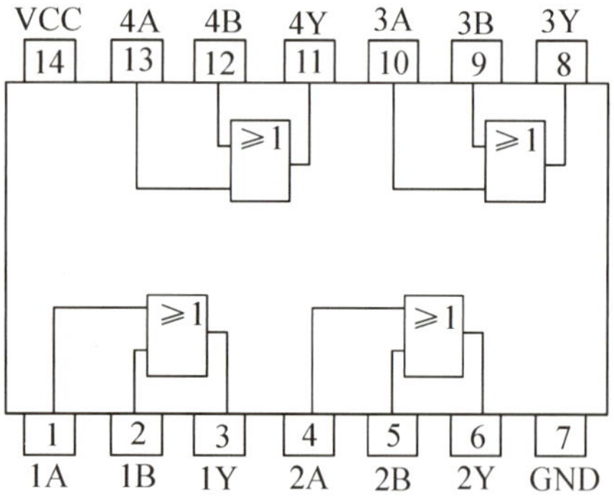

图 5-11　74LS32 引脚排列图

图 5-12　连接地线

3）将 74LS32 的第 3 脚接八位逻辑电平显示中任意一个，如图 5-13 黄色连接线所示。

4）将 74LS32 的第 1 脚、2 脚接八位电平开关中任意两个，如图 5-14 所示，用试验台的电平开关输出作为被测器件的输入，拨动开关，则改变器件的输入电平。

5）将 74LS32 的引脚 14 与试验箱的 +5V 电源连接，如图 5-15 红色连接线所示。

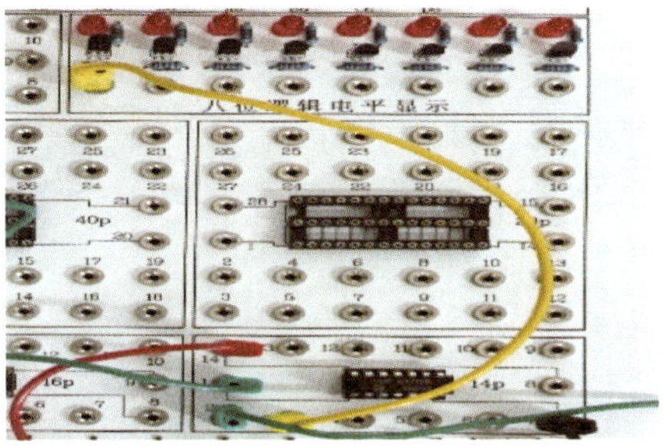

图 5-13　连接逻辑电平显示

图 5-14　连接逻辑电平输入

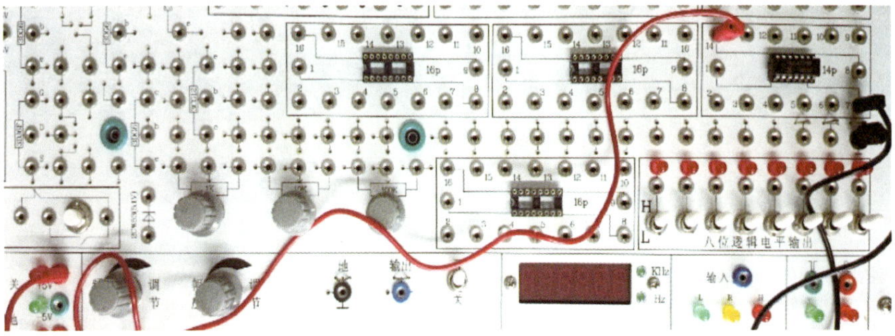

图 5-15　连接 +5V 电源

6）按真值表要求操作电平开关（做四次，即四个或门功能都要测到），由教师示范 74LS32 的 1 脚、2 脚输入或门功能测试，把测试结果填入表 5-5 中。学生测试其余三个或门功能，并将测试结果 Y 的状态填入表 5-6、表 5-7、表 5-8 中。

表 5-5　74LS32　1 脚、2 脚输入测试结果

A、B 脚实物图	1A 1 脚	1B 2 脚	1Y（LED 灯） 3 脚
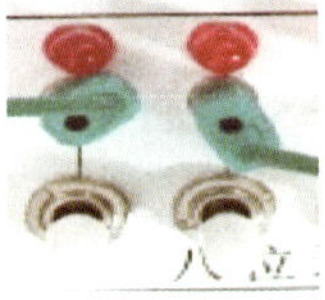	0 下	0 下	0 暗 
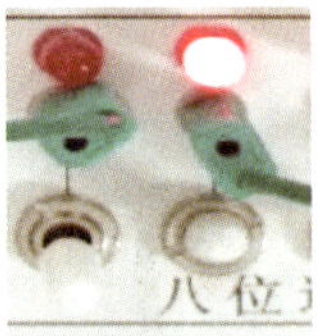	0 下	1 上	1 亮 
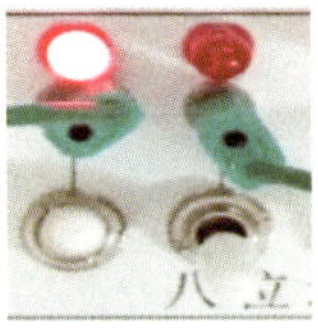	1 上	0 下	1 亮 
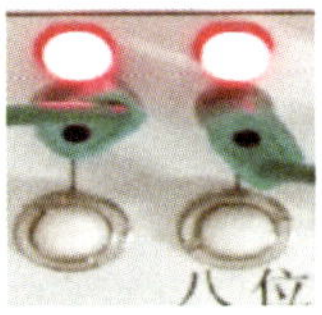	1 上	1 上	1 亮 

表 5-6　74LS32　4 脚、5 脚输入测试结果

2A 4 脚	2B 5 脚	2Y（LED 灯） 6 脚
0 下	0 下	
0 下	1 上	
1 上	0 下	
1 上	1 上	

表 5-7　74LS32　9 脚、10 脚输入测试结果

3A 9 脚	3B 10 脚	3Y（LED 灯） 8 脚
0 下	0 下	
0 下	1 上	
1 上	0 下	
1 上	1 上	

表 5-8　74LS32　12 脚、13 脚输入测试结果

4A 12 脚	4B 13 脚	4Y（LED 灯） 11 脚
0 下	0 下	
0 下	1 上	
1 上	0 下	
1 上	1 上	

4. 74LS04 电路功能的测试

1）认识 74LS04 引脚排列，74LS04 引脚排列图如图 5-16 所示。

2）检查实验箱电源为关闭状态，电平开关置于低电平。将 74LS04 的引脚 7 与试验箱的“地”连接，如图 5-17 黑色连接线所示。

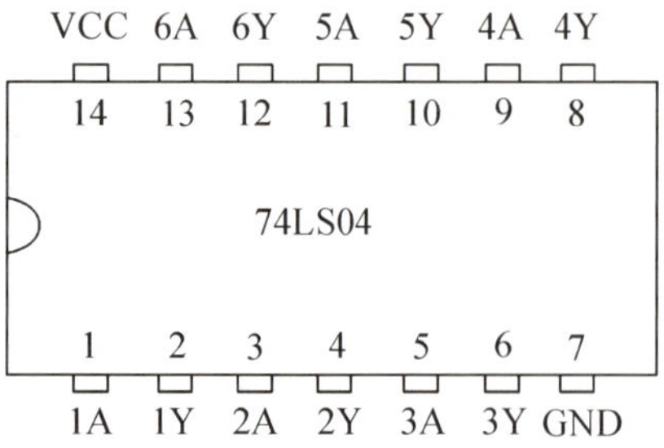

图 5-16　74LS04 引脚排列图

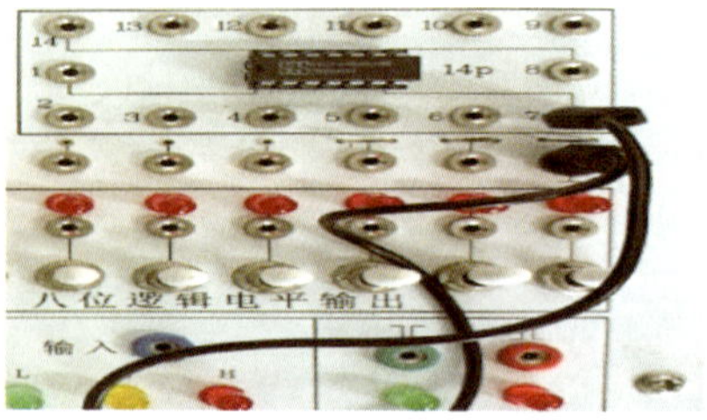
图 5-17　连接地线

3）将 74LS04 的第 2 脚接逻辑电平显示，如图 5-18 黄色连接线所示。

4）将 74LS04 的第 1 脚接八位电平开关中任意一个，如图 5-19 绿色连接线所示，用试验台的电平开关输出作为被测器件的输入，拨动开关，则改变器件的输入电平。

5）将 74LS04 的引脚 14 与试验箱的 +5V 电源连接，如图 5-20 红色连接线所示。

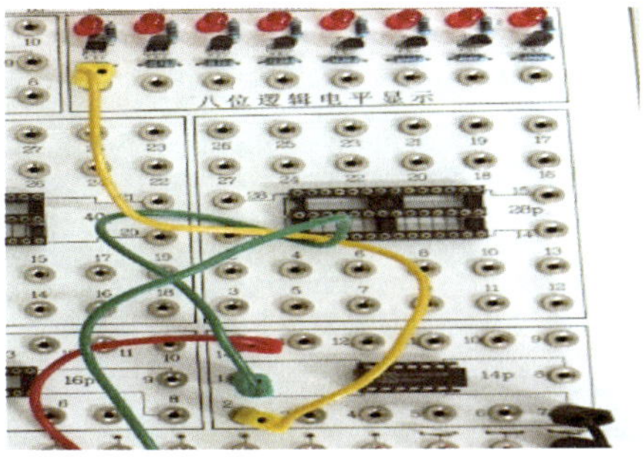

图 5-18 连接逻辑电平显示

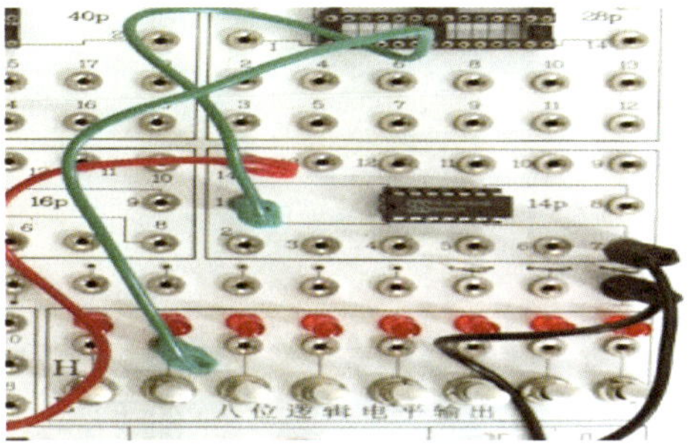

图 5-19 连接逻辑电平输入

图 5-20 连接 +5V 电源

6）按真值表要求操作电平开关（做六次，即六个非门功能都要测到），由教师示范 1 脚输入非门功能测试，学生测试其余五个非门功能，并将测试结果 Y 的状态填入表 5-9~ 表 5-14 中。

表 5-9 74LS04 1 脚输入测试结果

A 脚实物图	1A（输入） 1 脚	1Y（输出，LED 灯） 2 脚
	0 下	1 亮 
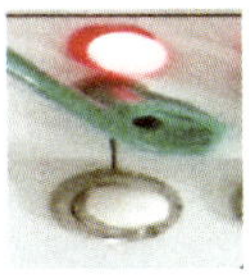	1 上	0 暗 

表 5-10 3 脚输入测试结果

2A（输入） 3 脚	2Y（输出，LED 灯） 4 脚
0 下	
1 上	

表 5-11　5 脚输入测试结果

3A（输入） 5 脚	3Y（输出，LED 灯） 6 脚
0 下	
1 上	

表 5-12　9 脚输入测试结果

4A（输入） 9 脚	4Y（输出，LED 灯） 8 脚
0 下	
1 上	

表 5-13　11 脚输入测试结果

5A（输入） 11 脚	5Y（输出，LED 灯） 10 脚
0 下	
1 上	

表 5-14　13 脚输入测试结果

6A（输入） 13 脚	6Y（输出，LED 灯） 12 脚
0 下	
1 上	

【检测评价】

检测评价见表 5-15。

表 5-15　检测评价

序号	评 价 项 目	评 价 内 容	评 分 细 则	分值	得分
1	准备工作	作业前准备	准确领取各元器件和导线，无重复领取	10	
2	电路接线	根据任务所用的 TTL 逻辑门的引出端功能，完成与非门、或门和非门任务实施电路接线	要认真、全面检查电路，接线无操作失误	20	
3	电路功能测试	通电操作，正确调节电平，将得到的实验数据填入表格中	正确调节电平进行实验	30	
4	素养提升	逻辑思维	养成一定的逻辑分析和推算能力，能进行简要的数制换算	10	
		安全文明生产	按指导教师要求操作，不损坏仪表仪器；桌面保持整洁；操作完毕，把仪表仪器、工具摆放整齐	10	

（续）

序号	评 价 项 目	评 价 内 容	评 分 细 则	分值	得分
5	撰写报告	通过实验结果，正确填写表格，完成实验报告	正确填写表格和撰写工作报告	10	
6	时间	操作时间为 60min	每超过 2min 扣 1 分	10	
合　计				100	
说明：每项分都是扣完为止					

【知识链接】

一、模拟信号和数字信号

电子电路所传递和处理的电信号有两类：一类是模拟信号；另一类是数字信号。处理模拟信号的电路是模拟电路；处理数字信号的电路是数字电路。数字电路具有抗干扰能力强、能耗低、便于集成等优点。因此数字电路发展迅猛，在汽车电子电路中，电信号主要在传感器、ECU 及执行器之间传递。

1. 模拟信号

“模拟”这个概念来源于希腊语“Analogos”，表示“类似于”。模拟显示数据是指通过直接与数据成比例的、连续变化的物理量进行表示。例如，听音乐时耳朵接收到模拟信号（声波连续变化），电气设备（音响系统、收音机、电话等）以同样的方式通过连续变化的电压表示出这种声音，如图 5-21 所示。模拟信号的特点是，它可以采用 0~100% 之间的任意值，因此该信号为无级方式。常见模拟信号的应用有指针式测量仪器、水银温度计、指针式时钟。

2. 数字信号

“数字”这个概念来源于拉丁语“Digitus”，表示手指或脚趾。因此，“数字”就是指可以用几个手指就算清的所有事务，更确切地说，就是分为各个独立阶段的所有事务，如图 5-22 所示。

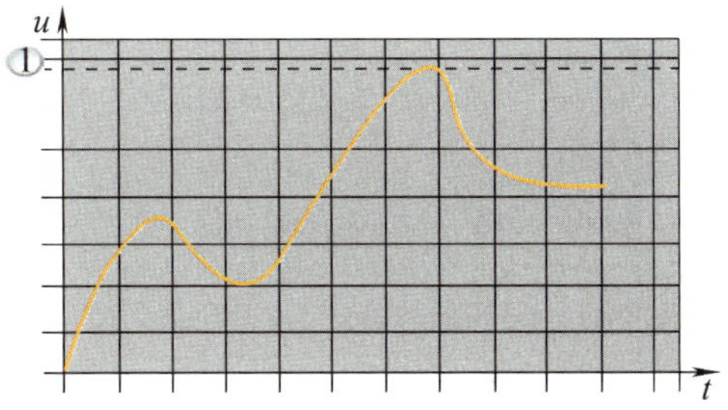

图 5-21　模拟信号

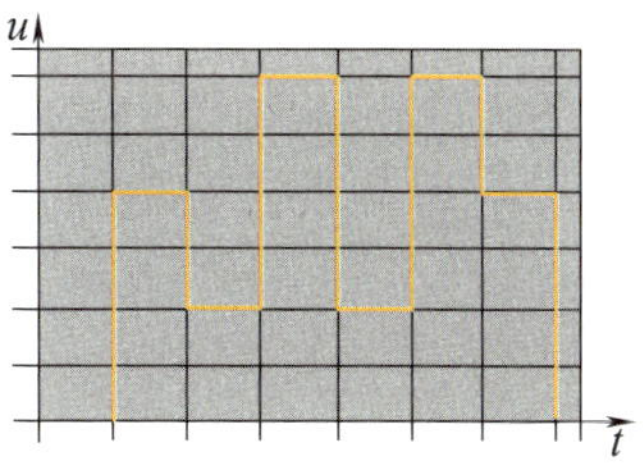

图 5-22　数字信号

数字表示方式就是以数字形式表示不断变化的参数。尤其在计算机内，所有数据都以“0”和“1”的序列形式表示出来（二进制）。因此，“数字”是“模拟”的对立形式。常见数字信号的应用有数字万用表、数字时钟、CD、DVD。

二、数制和码制

1. 数制

数制是数的表示方法，计算机技术采用了三种重要的数字系统：十进制、二进制和十六进制数字系统，最常用的数制是十进制，在计算机和数字通信中二进制更加适用。

（1）十进制数　十进制是一种常用的阿拉伯数字系统，这种数字系统以 10 为基数。十进制数采用 0、1、2、…9 十个基本数码，按照一定规律排列来表示数值大小，数码的个数称为数基，所以十进制数的运算规则是“逢十进一，借一当十”，故称十进制。

课堂互动

1+1 的计算结果因语境不同，答案不一样。在数字电路中，二进制代数运算，1+1=10；二进制到十进制代数运算，1+1=2；逻辑代数运算，1+1=1。综上所述，同样的数字在不同的语境中，运算结果不一样。

在信息化时代，同学们看待问题，既不能教条主义，也不能经验主义，更不能主观臆断，而是要运用研究性思维，把问题放在现实事物发展的具体情境中去考量和研判，切不可凭感觉或经验判断而造成失误或错误。

——因势而新有效前行

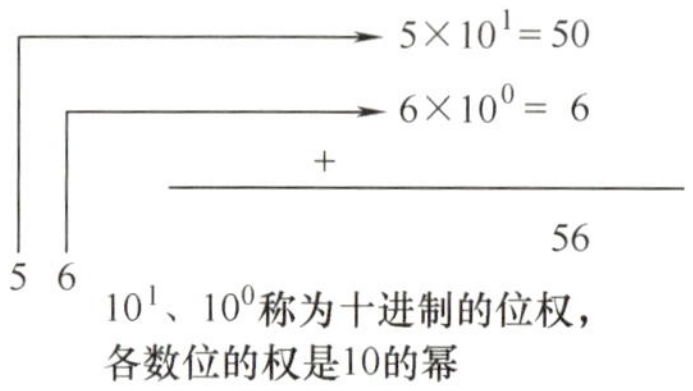

例如，十进制数 56 的计算方法如下：

所以，十进制数 56 的位权展开式为：$(56)_{10}=5\times10^1+6\times10^0$。

（2）二进制数　以汽车微计算机为例，任何传感器所传送来的信号，不论是模拟信号还是数字信号，都要经过微计算机内部转换成二进制数据（例如 10010110）后再做处理。

二进制数仅有 0 和 1 两个不同的数码。运算规则为“逢二进一，借一当二”。对于任意一个二进制数可表示为

$$(N)_2=k_{n-1}\times2^{n-1}+k_{n-2}\times2^{n-2}+\cdots+k_1\times2^1+k_0\times2^0+k_{-1}\times2^{-1}+k_{-2}\times2^{-2}+\cdots$$

例如：$(110.01)_2=1\times2^2+1\times2^1+0\times2^0+0\times2^{-1}+1\times2^{-2}$

其中，2^2、2^1、2^0、2^{-1}、2^{-2} 为位权。

二进制数的每一位数字只有“0”或“1”两种可能，容易用电路状态来表达。例如，晶体管截止时，其输出为“0”；饱和导通时，其输出为“1”；输入脉冲的低电平为“0”；高电平为“1”；车灯亮起为“1”；继电器已断开为“0”；供电为“1”，等等。若用 0 表示高电平，用 1 表示低电平，则成为负逻辑，本书均采用正逻辑，图 5-23 所示为二进制的高电平和低电平。

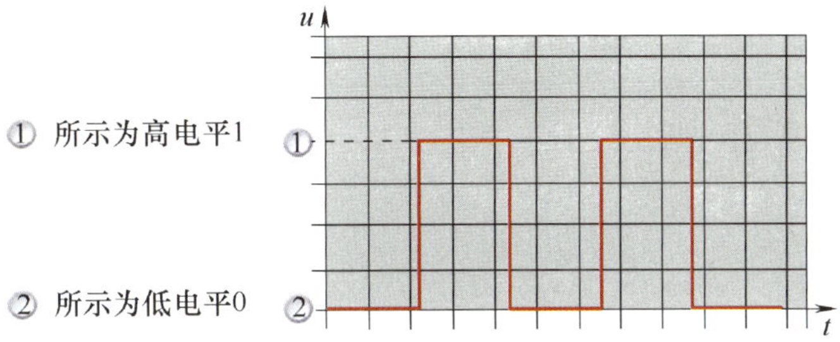

图 5-23　二进制的高电平和低电平

（3）十六进制数　十六进制用于缩短二进制字符。例如，采用两个十六进制数字可表示八位二进制数字。

2. 码制

在数字电路中的二进制数码不仅用来表示数量的大小，还可表示各种文字、符号、图形等非数值信息，通常把表示文字、符号等信息的多位二进制数码叫作代码。如运动场上运动员的编号，它仅表示和运动员之间的对应关系，而无数值大小的含义。建立这种代码与文字、符号或其他特定对象之间一一对应关系的过程，称为编码。

由于在数字电路中经常使用的是二进制数据，而人们习惯使用十进制数码，所以就产生了用四位二进制数表示一位十进制数的计数方法，这种用于表示十进制数的二进制代码称为二 - 十进制编码（简称 BCD 码）。其中 8421 BCD 码使用最多，其含义见表 5-16，从表中可以看出，十进制数转换为四位二进制数时，其位权从高到低依次是 8、4、2、1，因此称其为 8421 BCD 码。

表 5-16　8421 BCD 码编码表

十进制数码	二进制数码			
	位权 8	位权 4	位权 2	位权 1
0	0	0	0	0
1	0	0	0	1
2	0	0	1	0
3	0	0	1	1
4	0	1	0	0
5	0	1	0	1
6	0	1	1	0
7	0	1	1	1
8	1	0	0	0
9	1	0	0	1

注意

汽车电路图中高电平和低电平的区分方法是，输出电压 $=V_{CC}$ 就是高电平，输出电压 =GND（一般是 0V）就是低电平，分别用“1”和“0”来表示，这是理想值，但实际上它有一个范围，2.4V 以上为“1”，而 0.3V 以下为“0”。

三、基本逻辑门

数字电路也称为逻辑电路。门电路是数字电路中最基本的逻辑电路，它指的是能实现一定因果关系的单元电路。在数字电路中，有三种最基本的逻辑关系：与逻辑、或逻辑和非逻辑。对应的逻辑门为与门、或门和非门，这三种逻辑门是构成各种复合逻辑门及复杂逻辑电路的基础。

1. 与门

实现与逻辑关系的电路称为与门。

用两个串联开关控制一盏灯，与逻辑控制电路如图 5-24 所示，与逻辑功能表见表 5-17。

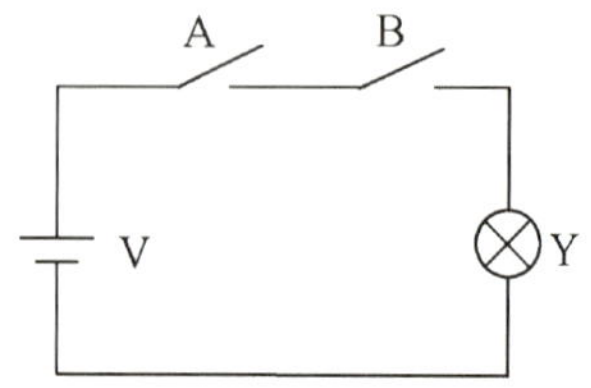

图 5-24　与逻辑控制电路

表 5-17　与逻辑功能表

A	B	灯 Y
断开	断开	不亮
断开	闭合	不亮
闭合	断开	不亮
闭合	闭合	亮

用 A 和 B 代表两个开关，假设闭合为 1，不闭合为 0，Y 代表灯，亮为 1，不亮为 0，则与逻辑关系可用表 5-18 表示，与逻辑符号如图 5-25 所示。这种表征逻辑事件输入和输出之间全部可能状态的表格，称为真值表。

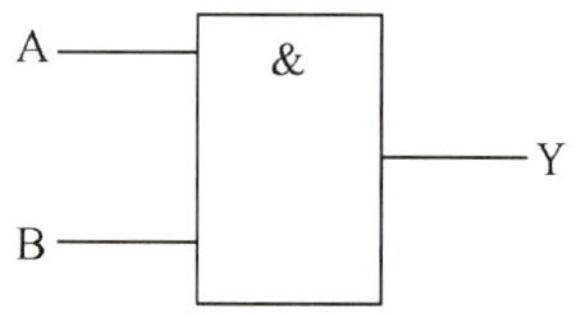

图 5-25　与逻辑符号

表 5-18　与逻辑真值表

A	B	Y
0	0	0
0	1	0
1	0	0
1	1	1

根据实验可知，只有 A 与 B 两个开关都闭合，灯才会亮。

逻辑表达式：$Y=A \cdot B=AB$

上式读作 Y 等于 A 与 B。

与逻辑关系可总结为：全 1 出 1，有 0 出 0。

2. 或门

实现或逻辑关系的电路称为或门。

用两个并联开关控制一盏灯，或逻辑控制电路如图 5-26 所示，或逻辑功能表见

表 5-19。

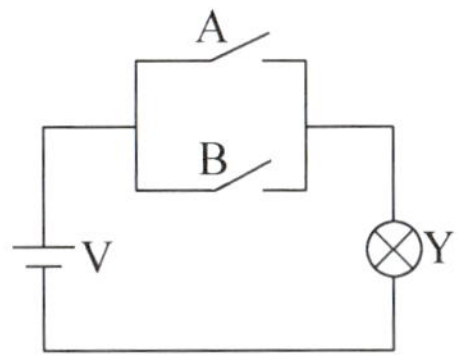

图 5-26　或逻辑控制电路

表 5-19　或逻辑功能表

A	B	灯 Y
断开	断开	不亮
断开	闭合	亮
闭合	断开	亮
闭合	闭合	亮

用 A 和 B 代表两个开关，假设闭合为 1，不闭合为 0，Y 代表灯，亮为 1，不亮为 0，则或逻辑的真值表见表 5-20，或逻辑符号如图 5-27 所示。

根据实验可知，A 或 B 开关其中一个闭合，灯就会亮。

逻辑表达式：Y=A+B

上式读作 Y 等于 A 或 B。

或逻辑关系可总结为：全 0 出 0，有 1 出 1。

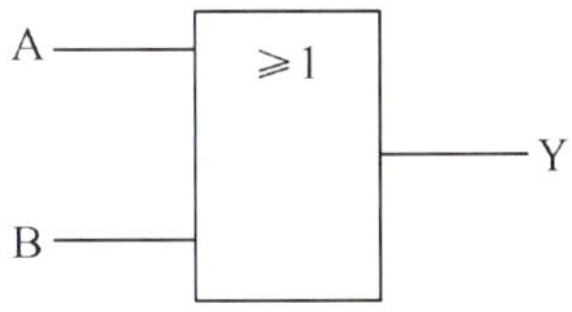

图 5-27　或逻辑符号

表 5-20　或逻辑真值表

A	B	Y
0	0	0
0	1	1
1	0	1
1	1	1

3. 非门

实现非逻辑关系的电路称为非门。

用一个开关控制一盏灯，非逻辑控制电路如图 5-28 所示，非逻辑功能表见表 5-21。

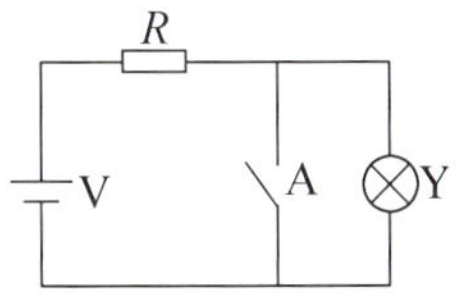

图 5-28　非逻辑控制电路

表 5-21　非逻辑功能表

A	灯 Y
断开	亮
闭合	不亮

用 A 代表开关，假设闭合为 1，不闭合为 0，Y 代表灯，亮为 1，不亮为 0，则非逻辑的真值表见表 5-22，非逻辑符号如图 5-29 所示。

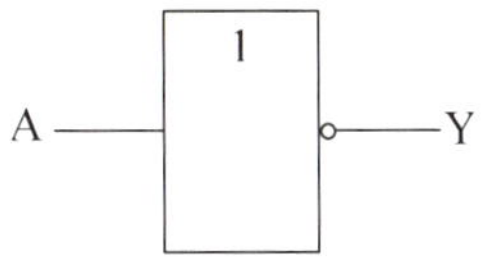

图 5-29　非逻辑符号

表 5-22　非逻辑真值表

A	Y
0	1
1	0

根据实验可知，开关 A 闭合，灯不亮，开关 A 打开，灯亮，开关和灯的状态正好相反。

逻辑表达式：$Y=\overline{A}$

上式读作 Y 等于 A 非（或 A 反）。

非逻辑关系可总结为：输入为 1，输出为 0；输入为 0，输出为 1。

4. TTL 门电路

门电路的输入脚和输出脚都采用了晶体管结构，称之为双极型晶体管集成电路，简称 TTL 门电路。它开关速度快，是目前应用较多的一种集成逻辑门。这里不再介绍其内部电路组成，主要了解它的外部特性和逻辑功能。

1）型号的规定。按照现行国家标准的规定，TTL 门电路的型号由五部分构成，现以 CT74LS04CP 为例说明型号的意义。

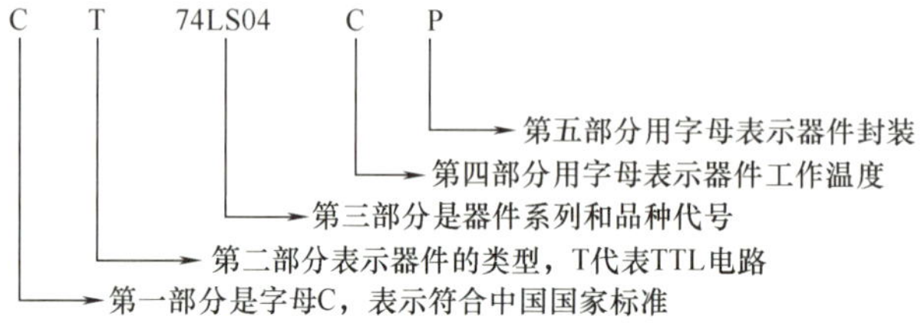

2）引脚识读。TTL 门电路通常是双列直插式外形。根据功能不同，有 8~24 个引脚，引脚编号判读方法是把凹槽标志置于左方，引脚向下，逆时针自下而上顺序排列，如图 5-30 所示。

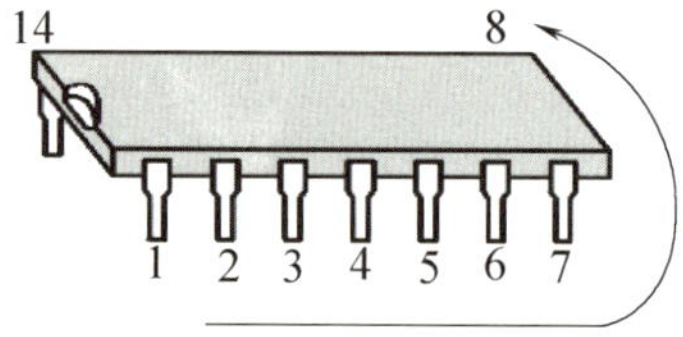

图 5-30 TTL 门电路引脚编号排列

任务二 认知门控控制系统

【任务目标】

知识目标：	核心素养：	技能目标：
1）了解逻辑门对数字信号的控制作用； 2）了解汽车总线和汽车电子控制系统。	养成认真严谨、规范有序的操作意识，培育团队协作和勤于动手的能力。	1）能简单分析汽车门锁控制系统的工作原理； 2）能简单分析电路和解决生产实践中的一些实际问题。

建议课时：4 课时。

【任务描述】

数字集成电路在现代汽车上得到了广泛的应用，如发动机油量的电喷控制，自动变速器档位的无级控制等。特别在高档轿车中还可实现车门锁机构的车速控制。在这些诸多功能中，门锁控制是一项重要内容。本任务主要介绍数字电路在门锁控制中的应用。

【任务实施】

认识科鲁兹汽车门锁控制电路及操作过程。

一、器材

科鲁兹汽车、遥控开关。

二、步骤

1. 认识汽车控制电路开关布置图和门锁控制电路

汽车主要开关布置如图 5-31 所示，门锁控制系统的控制电路部分如图 5-32 所示，这些开关的作用是产生控制电路所需要的输入信号。

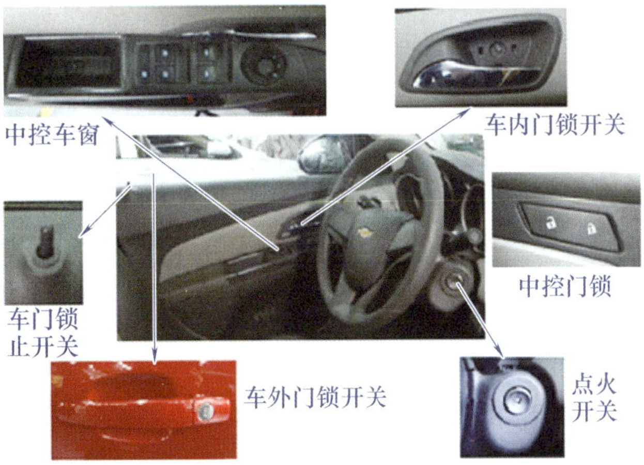

图 5-31　控制电路开关布置图

由图 5-32 可见，该电路由非门、与门、与非门和或门电路组成。输入信号包括：点火钥匙检测开关，钥匙插入点火开关内为闭合，拔出为断开；车门状态检测开关，车门打开为闭合，车门关闭为断开；解锁位置检测开关，处于解锁位置为闭合，处于锁止位置为断开；车门钥匙的锁止位置和开锁位置；车内门锁控制开关的锁止位置和开锁位置。

2. 认识点火钥匙检测开关

点火钥匙检测开关简称点火开关，即汽车点火系统的开关（通常要使用钥匙）。以点火钥匙检测开关为例：当点火钥匙插入点火开关锁孔时，开关闭合，电路输入搭铁，引入低电平信号；反之，当点火钥匙拔出时，开关断开，输入接 +12V，引入高电平信号。图 5-33 为点火钥匙的三种工作状态。

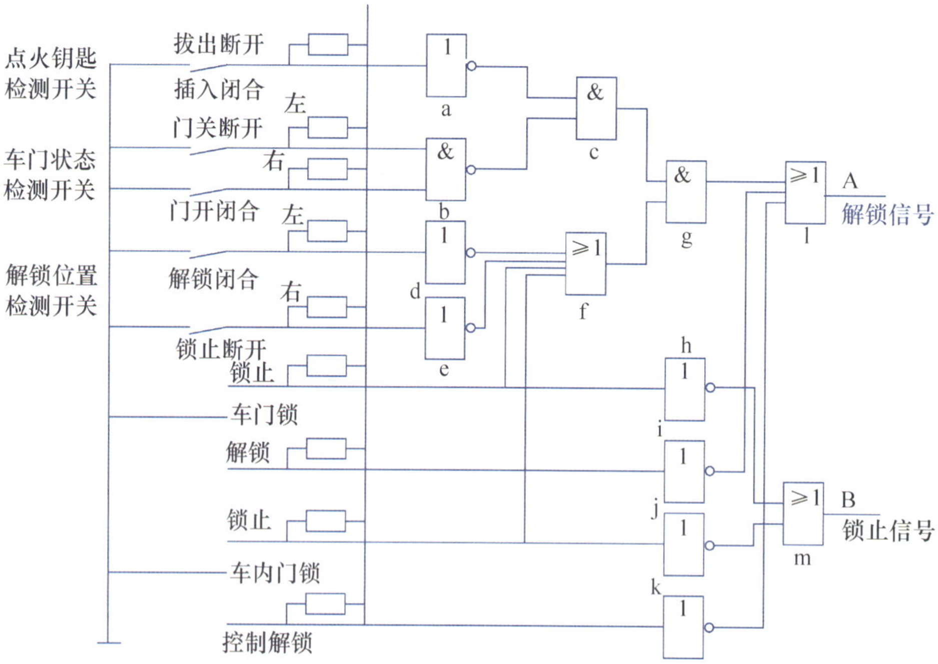

图 5-32　汽车门锁控制电路

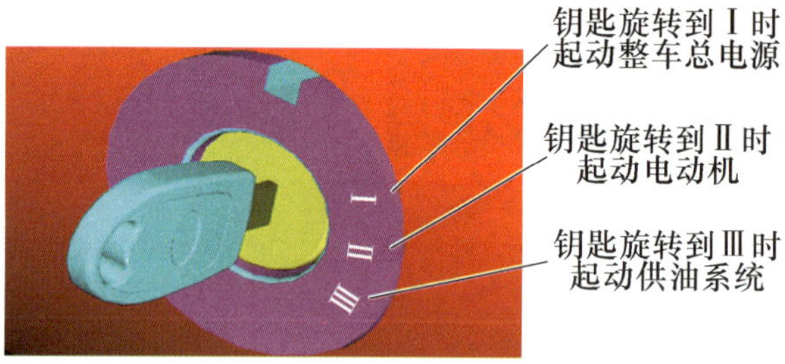

图 5-33　点火钥匙的三种工作状态

3. 门锁控制操作

1）点火钥匙正常拔出后，遥控关上汽车门，观察发生的现象，并记录。

2）点火钥匙忘记拔出时，遥控关上汽车门，观察发生的现象，并记录。

【检测评价】

检测评价见表 5-23。

表 5-23　检测评价

序号	评价项目	评价内容	评分细则	分值	得分
1	准备工作	作业前准备	检查汽车整车外观	10	
2	正确认识各控制开关和操作方法	门锁控制操作	动作规范合理，无操作失误	30	
		中控操作			
		车内门锁操作			

（续）

序号	评价项目	评价内容	评分细则	分值	得分
3	点火开关操作	点火钥匙插入和拔出	动作规范合理，无操作失误	15	
		正确点火	动作规范合理，无操作失误	15	
4	素养提升	规范严谨	认真严谨、规范有序地操作	10	
		安全文明生产	按指导教师要求操作，操作完毕，把仪器归位，并进行工位清洁和整理	10	
5	时间	操作时间为 20min	每超过 1min 扣 1 分	10	
合计				100	
说明：每项分都是扣完为止					

【知识链接】

一、门锁控制工作原理

门锁控制工作分两种情况讨论。

1. 正常开关车门

在正常情况下，当驾驶人拔出车钥匙，准备锁车时，车钥匙检测开关断开，非门 a 输入高电平，输出低电平。与门 c、g 均输出低电平，控制解锁信号 A 的或门 l 的状态完全由车门锁开关或车内门锁控制开关实现控制。

当门锁开关插入车钥匙并旋向锁止位置时，非门 h 输入低电平，输出高电平；控制锁止信号的或门 m 输出高电平，发出锁止信号 B。

反之，当车门钥匙旋向解锁位置时，非门 i 输入低电平，输出高电平；控制解锁信号的或门 l 输出高电平，发出解锁信号 A。与此相似，当车内门锁控制开关被扳向锁止或解锁位置时，或门 m 或 l 也会发出相应的锁止信号 B 和解锁信号 A。

2. 异常情况发生时提醒驾驶人注意

1）当车门未关好，准备锁车时，由于车门状态检测开关中的一个为闭合状态，与非门 b 有一个输入端为低电平，所以输出为高电平，使与门 c、g 均输出高电平，控制或门 l 输出高电平，发出解锁信号 A，使得车门无法锁止，提醒驾驶人车门未关好。

当解锁时，如果解锁装置不到位，开关断开，解锁位置检测开关输入为高电平，非门 d、e 中有一个输出为低电平，或门 f 输出为高电平，与门 g 输出为高电平，或门 l 输出为高电平，发出解锁信号 A，使解锁过程到位。

2）当驾驶人将车钥匙遗忘在点火开关内，准备锁车时，车钥匙检测开关闭合，

想一想

在点火开关内，车钥匙插入和拔出点火开关锁孔，点火开关分别给了什么信号？

非门 a 输入低电平，输出高电平，使与门 c、g 均输出高电平（其他开关均正常），或门l输出高电平，发出解锁信号 A，车门不能关闭，提醒驾驶人车钥匙被遗忘在车内。

二、认识总线（CAN-BUS）系统

1. 总线（CAN-BUS）系统概述

CAN-BUS 总线技术是“控制器局域网总线技术（Controller Area Network-BUS）”的简称。它能够以最少的线路连接所有的装置，汽车上的每个单元即控制系统、信息系统、驾驶系统和传感执行系统，通过 CAN-BUS 进行互联实现数据共享。

2. CAN 数据传输

CAN 网络上任意一个节点可在任何时刻向网络上的其他节点发送信息而不分主从。

当两个节点（即子系统）同时向网络上传递信息时，优先级低的停止数据发送，而优先级高的节点可不受影响地继续传送数据。具有点对点、一点对多点及全局广播接收传送数据的功能。

3. CAN 数据总线的构成

CAN 数据总线由 1 个控制器、1 个收发器、2 个数据传输终端和 2 条数据传输线构成，如图 5-34 所示。

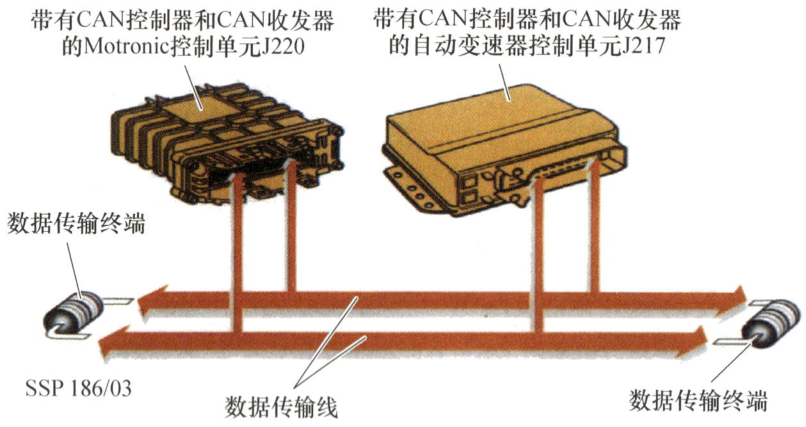

图 5-34　CAN 数据总线的构成

（1）CAN 控制器的功能　接收在控制单元中的微处理器中的数据；将数据处理并传送给 CAN 收发器；接收 CAN 收发器的数据，处理并传送给微处理器。

（2）CAN 收发器的功能　CAN 收发器是一个发送器和接收器的组合。它将 CAN 控制器提供的数据转化为电信号并通过数据线发送出去；同时接收数据，并将数据传送到 CAN 控制器。

（3）数据传输终端的功能　数据传输终端是一个电阻器。它阻止数据在传输终了被反射回来并产生反射波，因为反射波会破坏数据。

（4）数据传输线的功能　数据传输线是用于传输数据的双向数据线。它分为CAN高位数据线（CAN-HIGH）和CAN低位数据线（CAN-LOW）。数据总线没有指定接收器，数据通过数据总线发送并由各控制单元接收和计算。

4. CAN数据总线的数据传输过程

CAN数据总线的数据传输过程如图5-35所示。

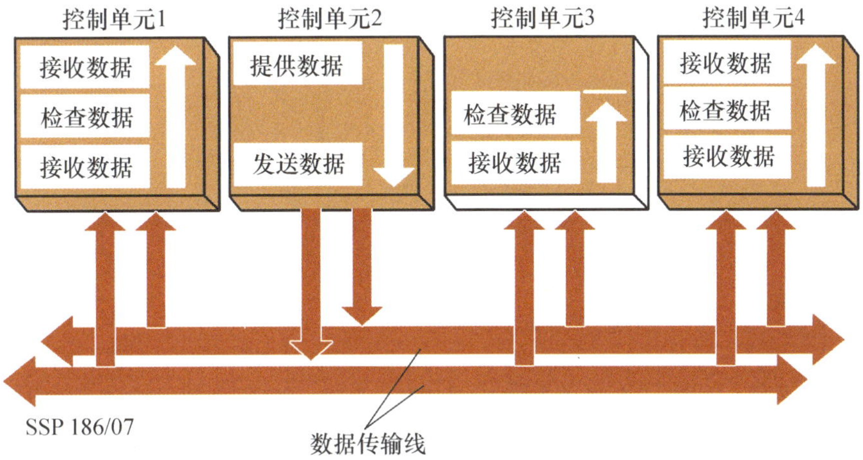

图5-35　CAN数据总线的数据传输过程

1）提供数据。控制单元向CAN控制器提供需要发送的数据。

2）发送数据。CAN收发器接收由CAN控制器传来的数据，转为电信号并发送。

3）接收数据。CAN系统中，所有控制单元转为接收器。

4）检查数据。控制单元检查判断所接收的数据是否为所需要的数据。

5）接收数据。如接收的数据重要，它将被接收并进行处理，否则忽略。

5. CAN数据总线传输数据的构成

CAN数据总线在极短的时间里，在各控制单元间传输数据，可将其分为7个部分。

CAN数据总线传输的数据由多位构成。在数据中，位数的多少由数据域的大小决定。

一位是信息的最小单位——单位时间电路状态。在电子学中，一位只有0或1两个值，也就是只有“是”和“不是”两个状态。

6. 数据的产生

数据由多位构成，每1位只有0或1两个值或状态。

表5-24以灯开关状态为例说明带有0或1的状态是如何产生的。根据表中电路

开关打开或关闭，灯有两个不同的状态、波形、位值及对应电压。

表 5-24　灯开关状态

电路	状态	波形	位值	电位
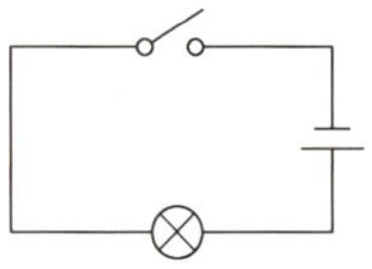	值“0 状态” 开关打开，灯不亮	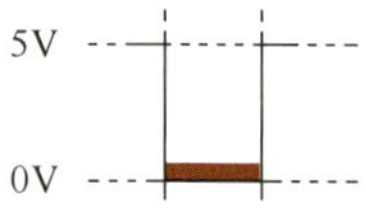	0	低电位
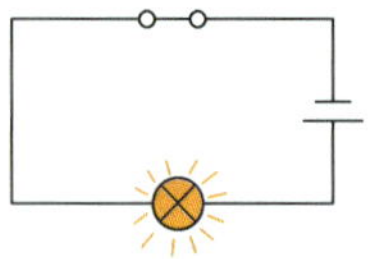	值“1 状态” 开关关闭，灯亮	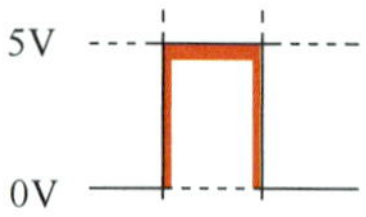	1	高电位

三、汽车电子控制系统

汽车电子控制系统的功用是提高汽车的整体性能，包括动力性、经济性、安全性、舒适性等。目前，汽车电子控制系统已应用到汽车的各个方面，主要有汽油发动机系统、汽车防抱死制动系统（ABS）、驱动防滑控制系统、自动变速控制系统、行驶和安全控制系统、舒适与方便性控制系统等。

汽车电子控制系统有硬件和软件两部分，基本组成如图 5-36 所示，硬件有电子控制单元（Electronic Control Unit，ECU）及其接口、执行机构、传感器等。

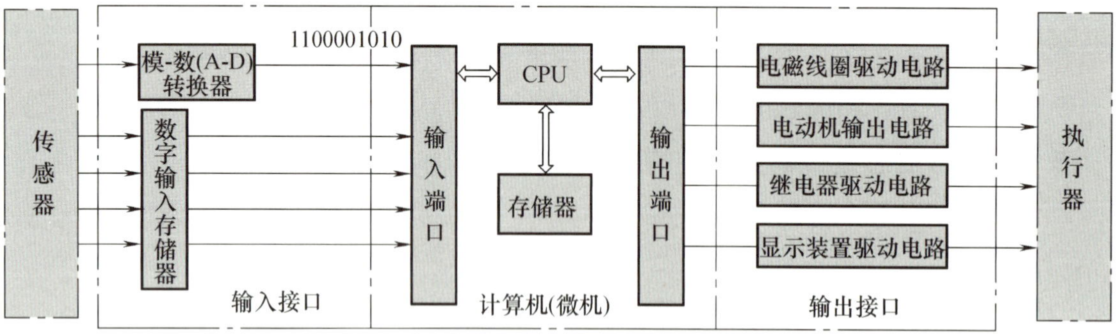

图 5-36　汽车电子控制系统的基本组成

软件存储在 ECU 中，支配电控系统完成数据采集、计算处理、输出控制、系统监控与自诊断等。

大部分 ECU 的电路结构大同小异，控制功能的变化则依赖于软件及输入、输出模块的变化，随控制系统所完成任务的不同而不同。

课 后 测 评

一、填空题

1. 8421 BCD 码为 1001，它代表的十进制数是____________。

2. 逻辑门电路中，最基本的逻辑门是____________、____________和____________。

3. 数字信号的基本工作信号是____________________进制数字信号，对应在电路上需要在____________不同状态下工作，即____________和____________。

4. $(35)_{10}$=（　　　　　　）$_2$=（　　　　　　）$_{8421BCD}$。

二、判断题

1. 模拟信号是指在时间上和幅度上都是连续变化的信号。（　　）

2. 十进制数是数字电路中应用最广泛的一种数值表示方法，二进制数是人们日常生活中最熟悉的数值表示方法。（　　）

3. 与逻辑关系可总结为：全 1 出 0，有 0 出 1。（　　）

4. 或逻辑关系可总结为：全 1 出 1，有 0 出 0。（　　）

5. 最基本的逻辑关系是：与、或、非。（　　）

6. 高电平用 0 表示，低电平用 1 表示，称为正逻辑。（　　）

7. 四位二进制数所能表达的最大十进制数为 15。（　　）

三、选择题

1. 数字信号是指那些在时间和幅度上都是（　　）的信号，如矩形波就是典型的数字信号。

A. 连续　　B. 离散　　C. 突变　　D. 断续

2. 数字信号只有两个离散值——（　　），是一种二值信号。

A. 高电平和低电平　　B. 中电平和低电平

C. 高电平和中电平　　D. 强电平和弱电平

3. 将十进制数 9 写成二进制数应是（　　）。

A. 01001　　B. 01101　　C. 00111

4. 将二进制数 01101 写成十进制数应是（　　）。

A. 15　　B. 13　　C. 11

5. 逻辑代数运算中，1+1=（　　）。

A. 1　　B. 2　　C. 3

四、简答题

1. 完成下列数制转换：

1）$(101101)_2$=（　　）$_{10}$；

2）$(110100)_2$=（　　）$_{10}$；

2. 分别总结与门、或门、非门的逻辑表达式、逻辑符号、真值表。

学 习 反 思

通过本模块的学习，你对简单数字电路的知识点和技能点有哪些新的领悟，在职业的核心素养上有哪些新的提升，请总结归纳。